Treasures for Scholars Worldwide

"十四五"时期国家重点出版物出版专项规划项目
国家社科基金重大项目"清末民国社会调查数据库建设"项目中期成果
（项目编号：15&ZDB041）

清末社会调查资料丛编·初编

习惯卷 4

总主编：黄兴涛 夏明方

本卷主编、点校：邱志红

广西师范大学出版社
·桂林·

龙游县法制科民事习惯调查报告

民事习惯第三类　债权

甲　债权通则

第一款　范围及目的

一　债权〔券〕

（甲）兹录其繁数及单简两项债券格式于左：

立债券人某某今向到某某君前借出英洋几元，每月二分起息，约至来年冬岁连本一注送还，不敢少欠，恐口无凭，立此债券为证。

　　　　　宣统几年某　月　日立债券人某某押

　　　　　凭票付英洋几元，约来年三月十五日如期付足，不敢过期，此照。

　　　　　宣统几年某　月　日立凭票人某某押

（乙）本邑债券惟有借票、撮票、期票、拔票四种，其他并无相沿成习之惯例。

（丙）以债券为服人之具，而承认其后日不必还债之事，本邑此风甚少。如有此事，则可照有情借票、兴隆票、叹契票等名目，向债主言明以抵制之可也。

（丁）债券上万不可缺之有件，惟繁数票之花押，及中人之花押，单简票之印记图章为第一要件，如无此要件则作为无效。

二　目的物　本邑债权之目的物，惟以英洋为最多，虽负债之日有银角、银锭、铜元诸名目，早已议定折洋若干元，然后立票，故无先后参差，一面受损害之弊。

三　利息　既成债券,则必慨有利息,若贫民向殷户借谷米,此债多系无利,又欠利至几时方可以利作本,本邑并无定例。若此债果系多年利息,年年交清,债主情愿以利作本者,亦有之。

四　利率　凡债项利息之额,通例每百元以内以每月二分、每年二分为最多,至千元以上,则以每年一分,若存店生息,则每年七八厘者亦有之。如特别重利,或急债被人要挟者,至多每年三分。

五　债务当事者之能力　本邑民间凡未成年者,及疯癫浮浪聋盲喑哑者不能自由放债借债,其或妇人因其夫中年妖〔殀〕折而以襁褓之子或嗣子出名立契,虽非正当之道,实出于无可如何,此又不能以未成年为藉口也。

第二款　债权之效力

一　偿还期之迁延　凡债务延期不清债款,则所有约票、期票等据自应作废,再行订约,然亦可两方协议,仍用原票为凭之例。

二　违约金　债务者延期不清债款,而此款适为债权者欲充生活之费用,因延期而致受损害,以本地习惯言,债权者只能向欠债者速偿本利,不能使欠债者担赔偿之责任。

三　预期支取　凡定期之债款,债权者因不得已事故而欲预期索取本利,债务者自得以拒绝其请求,然亦有通融办理委曲而从其请求者,此不可一律论也。

四　预期偿还　凡定期之债款,如债务者欲先期偿还时,债权者不得以利息短少之故而不愿收领。若不愿收领,则是近于存心盘剥矣。

五　债务之承继　本邑债务承继之人无一定范围,果系正当所欠之债,亦视欠债者有产业与否。如无产业则亦已矣。如有产业,即父兄亦宜承认偿还。如债务有人承继而尚未到期,换票可,不换票亦可。如债权者不知承继之事,则债务者自应先行通知。

六　债权之划收　凡债权者不可取债务者之债权以充自己之债权。如经债务者之允许,亦无不可。

七　债权之取消权　凡债权者不能因保护自己之权利而干涉债务者之行为。

第三款　债务之种别

一　多数当事者　此等多数当事者之债项，本处民间办法，以全部总索总还者少，以全部照份均分，使各人分担其自己之一部为多。

二　不可分债务　此等不可分之债务，如其债主不止一人，则索债时须各人共同出场，若系经手者为一人，则一人出场亦可代表全体。如其债户不止一人，则索债时须各处遍行通知，不可向一人追讨。既为不可分债务，即不能对于一债主还其一部分，亦不能对于一债户索其一部分，径令其中一债主于一债户有特别之钱款往来，则必改变其方针，自可以私相抵押，而在全部债务中扣留其一部分者也。

三　连带债务　此等连带债务，本处民间诚有此等办法。如甲乙丙三人共开一店，举甲为经理人，当店本缺乏之时，甲以店号出面，向丁借洋五百元，限于三个月内偿还，乃届期不能践约，是即甲一人独用，而乙丙亦有清偿之责也，虽乙丙未尝从中保证，而责任实比保证为更重，此则无论先向何人追索，皆有全部清还之义务，其权力最大、担保最确之债权盖如此。

四　保证债务

（甲）凡无能力与夫能力之欠缺者，自不得保证债务。

（乙）无偿还债务之资力者，亦不得以保证债务。

（丙）债务者不履行债务时，债权者自可向保证人催索。但本邑习惯，保证人有帮同索债之责，无赔偿之责。

（丁）关于债务上之利息、违约金及损害赔偿之额，保证人自有代垫之责。

（戊）债权者向保证人索债时，自可以尚未通知本人为辞而请其缓限。

（己）同一债款上有数人之保证时，其保证责任以在先者为重，在后者为轻。

（庚）凡受债务者之委托而为保证时，对于为债务者所代付之款，是必有求偿之权。

（辛）凡债权者向保证人索债时，自当通知本人。若本人出外多年而不知其行踪，则此债暂行搁起；若再多年不回，则保证人未免有赔偿本钱之责任。

（壬）债务者不清债款而保证人又失踪，或死亡，则债权者自可迳向债务者索款。

（癸）凡保证债务而当时未曾约定偿还之期，后经债权者追索，其相当之期间，多则半年，少则三月。

{五} 合会

（甲）本邑会名，种数不多，惟摇会与蛇退壳两种。蛇退壳者，本邑俗名为长蛇会。亦有小本经济之人，共邀一会，名曰月月红者。

（乙）本处所有各种会，其人数以十人为率，收会之期，多则八个月一轮，小则以六个月一轮。其总钱额大至二百千文，小至六十千文。如摇会多系巨额，如月月红者系少额。上中下三等社会人，其所募之会，均以摇会为多。举会之场所，确有限制，皆在首会之家。

（丙）各会脚出钱其间孰多孰少，多少之差额若何计算，其定式详载下辛项内会书中。

（丁）各会脚收会之期既有先后，则先收者自应加利，归未收者匀摊。但其利大率摇会二分，长蛇会一分八厘，其加利之方法若何，又详载下辛项内会书中。

（戊）凡摇会若会脚中有一人急需款项，可不摇而议归伊收，本邑无此办法。如其有之，则是各会友向与急需款之人有情面者通融办理，并无另出赔补金交未收会者分受之例。

（己）凡会已实行而中途解散者，则必归首会担任清理之责，或分期拨还，或着首会赔偿。

（庚）有只助首会而各会脚中不复互相交涉，本邑此例甚少，然而绝无中亦未免仅有也，但以后分期拨款时，无孰先孰后之争，则必于各会脚中照数摊拨。

（辛）兹录摇会及长蛇会两种格式于左：

盖会者古人常以为结纳之情，如今名攸著，今以为汇聚之事，如义利有道，是皆名利两途之设也。子窃效之，今特相邀亲友雅爱玉成一会，敬邀拾位，每名出制钱四千文，共成本钱四十千文之数，付首会收领。首会每次填钱四千八百文，各会友所有应填之钱已得未得照数扣算,以六个月一轮,至期预先具帖通知,众会携钱填足,方可掷骰摇夺,点大者得会。如点同者,尽先不尽后。今欲有凭,立此会书,各执一本存照。

首会　每位叨付钱四千文,共成本钱四十千文,交首会收领。

二会　首会付钱四千八百文。未得者各付钱三千五百二十文。

三会　首至二付钱四千八百文。未得者各付钱三千三百七十八文。

四会　首至三付钱四千八百文。未得者各付钱三千二百文。

五会　首至四各付钱四千八百文。未得者各付钱二千九百七十二文。

六会　首至五各付钱四千八百文。未得者各付钱二千六百六十七文。

七会　首至六各付钱四千八百文。未得者各付钱二千二百四十文。

八会　首至七各付钱四千八百文。未得者各付钱一千六百文。

九会　首至八各付钱四千八百文。未得者各付钱五百三十三文。

十会　首至九各付钱四千八百文。未得者不付。余利钱三千二百文。

全会　首至十各付钱四千八百文。未得者不付。余利钱八千文。

第十会余利钱三千二百文,津贴三/四/五会五百三十三文/一千六十四文/一千六百文。

全会余利钱八千文,津贴六/七/八会二千四百文/二千文/一千六百文,九/十会一千二百文/八百文。

宣统几年几月立会书人某某

兹录长蛇会格式于左,系一百千文以八个月一轮照算。

一会甲　认定宣统二年四月廿二日得会。

二会乙　认定宣统二年十二月廿二日得会。

三会丙　认定宣统三年八月廿二日得会。

四会丁　认定宣统四年四月廿二日得会。

五会戊　认定宣统四年十二月廿二日得会。

六会己　认定宣统五年八月廿二日得会。

七会庚　认定宣统六年四月廿二日得会。

八会辛　认定宣统六年十二月廿二日得会。

九会壬　认定宣统七年八月廿二日得会。

十会癸　认定宣统八年四月廿二日得会。

一会每期付出钱十四千五百文,首会同。

二会每期付出钱十三千五百文,首会同。

三会每期付出钱十二千五百文,首会同。

四会每期付出钱十一千五百文,首会同。

五会每期付出钱十千五百文,首会同。

六会每期付出钱九千五百文,首会同。

七会每期付出钱八千五百文,首会同。

八会每期付出钱七千五百文,首会同。

九会每期付出钱六千五百文,首会同。

十会每期付出钱五千五百文,首会同。

宣统几年几月　日立会书人某某

第四款　债权之让渡

一　抵抗之让渡　民间因抵抗之恶意自有让渡其债权之意,然让渡于劣绅恶董者甚少,让渡于于公事如育婴堂内者时有所闻,但债务者亦无他对付之法,亦惟有迁延不缴而已。

二　藉词让渡　凡以不正当之行为取得他人之债权至催索时,藉词由原债主让渡而来,则债务者对于此事应先通知原债主,果然出于情愿让渡与否,然后偿还。

三　方法　有票据之债权必连票据一并让渡,无票据之债权必先与债务者订明让渡之理由,故让渡之法自有分别也。票据上既注定债权者之姓名,其如何让渡,亦必通知债务者；未指定债权者之姓名，则是认票不认人，故让渡之方法亦有区别也。

四　变更　凡承受他人让渡之债权，其利率之多少与限期之长短如不合意，不可任意变更。若另换票据，自无不可。

第五款　债权之消灭

一　偿还

（甲）凡债务不宜由旁人代替者而代替之，则其债权自可作为消灭。

（乙）债主或债户如不愿旁人代还，亦可预先约定，但代还之人果系不短少本利，亦无不准旁人代还之理。

（丙）凡债户误向似乎债主之人还债，则债主宜向似乎债主之人取还，故其债务自可消灭。

二　划算　凡因不法行为而生之债权，自可以划算。本邑俗语所谓"彼之油落在我油篓内"也。

三　豁免　债主既存善意豁免债务，又将原有债券检还，其本无债券，又用言语以表示之，则此债自无庸偿还矣，而又恐债主本身虽自愿豁免而其后辈倘有追悔之意，则欠债者既无证券，终不能见信于人。本处民间于此等事自有证明之法，但于债主豁免之时写一收条，则日后自可证明也。

四　更改　本处民间凡债项之更改与加增，向来有区别。若新债作为加增，则旧日之关系仍在；若新债作为变更，则旧债上之关系均归消灭。此一定不易之理也。

乙　契约

第一款　契约通则

一　契约之成立

（甲）订立契约必以证书、中保为凭，若无证书及中保而但凭两方之口头言语，则其效力必比有证书、有中保者为更小。

（乙）凡与人订约表白己意而限期令人答覆者，可以自己先反悔。

（丙）对隔地之人表白意思订立契约，并未限定答覆之期，若自己旋因事故必须反悔，可以不待对面之回音，自可以立时反悔。若对面之人久不见覆，而自己又有不得不反悔之势，亦可以反悔。

二　契约之效力

（甲）凡订定两面均有权利义务之契约，其享权利尽义务之时期，亦有可以不同时者，例如甲之田地出卖于乙，立约之时又在本年十二月，而甲所出卖之田地早种油菜麦于其中，是乙之田价必于本年内缴清，而甲之田地必俟油菜麦收割后再行交付是也。

（乙）设有甲乙二人相约济丙以财物，同与丙订约，则其付钱之期定于何时，不可任甲乙之便，如丙来请求，即便交付可也。何也？既曰济人必济其急，如任甲乙之便而迁延不付，则能周急矣，君子必不出此。又原约之钱数在实行后，甲乙二人中途减少则可，中途消灭则不可。

三　契约之解除

（甲）凡与人订约不定时期者，如一面延不照办，则其他一面自应再行催促，更定期限，即迳行通知作罢，亦无不可。

（乙）凡因应时之需要而结约者，届时必送到以应急需。若届时彼面不能照办，而过期又将原定之货送来，是彼面不能践约，无怪此面以过期为辞也。

（丙）凡订约时付过定钱者，当受钱人并未特别预备之时，如有一面要废约作罢，则其定洋尚未销用也，应交还付钱者可也。如受钱人一面于订约后已经特别预备，而付钱人一面又实有不得不解约之势，则其定洋因预备销用矣，即不交还付钱者亦可也。

第二款　赠与契约

一　定期赠与　约定某年某月赠与以动产或不动产，届期而赠与之物已灭失毁损，不能实行其契约时，则与者自可以反悔，且可以将该约撤销。

二　遗赠　生前所玩好之宝玉语其友曰："自予死以后，当以此物赠汝"，且更立字据以为赠与之确据，本邑关于此等事习惯上自可认为有效。假使契约业已订立，则与者不可以再赠他人，反悔前约。

三　受赠者之死亡　凡定期之赠与而于期限未届以前，受赠者业已病故，其受赠者之后嗣自可执契约为凭而请求许与之物件。何也？凡关于赠与之人必系叔之于侄、父与之于女为多，岂有既肯赠侄而不肯赠侄孙、既肯赠女而不肯赠外甥者乎？倘赠与者自愿更与其后嗣，则契约无庸更动可也。

第三款　卖买契约

一　卖买之效力

（甲）卖买契约既已成立，而物、价尚未交割，此犹可以挽回也。如有违约不买或不卖情事，其处理之方法则由违约者出立约之费用，而此契约应行取销可也。

（乙）定期付货之卖买而已付定钱，如买者有一人悔议，则定钱不能归还；如卖者有一人悔议，则定钱当加倍偿还。处置定钱之法当如是。

（丙）凡关于卖买上之一切费用，本邑习惯必视卖买之性质而有异。如系田产等类，则一切费用应归买者担任；如系谷米粮食，则一切行用各捐款等，应归卖者担任。

（丁）卖买已成交后，因该物有缺损及瑕疵等事，当时未曾看出，至日后方始察觉，除剪纲洋货外，自可以退换。其退换之方法，例如本邑出产以纸为大宗，每块纸上必盖某某槽之图印，山客买来又盖某某之图记，此纸装到宁波或杭州湖墅，由纸客看出少张及破张夹充，或水湿及用料皮充做，则由纸客将此纸打回，交还山客，又由山客交还槽户可也。

（戊）凡欲追换货物，无一定期限，总以及早为度。如若太迟未免有所藉口，节外生枝也。

（己）未付定钱之卖买，届期不来取货，而卖主又转售他人，适值交割时而前买主又来取货，本邑习惯，遇此等事，在旁人公论，不尽前买主，亦不尽后买主，其公论当断以前后买主各一半。

（庚）若以公共之物由一人私相授受，成交后被公共所有者知之，欲照原价赎回，而买主不允，以致互相争执，其处置之法必使买主准其赎回，方为正办。

（辛）定货卖买而货尚未交割，忽遇天灾地变，以致届期不能交货时，卖主自有赔偿之处。

（壬）定货卖买尚未交货，而卖主死亡，如货钱未付，则无论其后嗣交货与否，抑无论卖主有后无后，买主有钱自可向别处另买。如货钱已付，自可令其后嗣交出货物；若卖主无后，可邀同地方公论，将其家产作抵。

（癸）定货卖买尚未交货而买主死亡，自可向买主之后嗣成交。若其后嗣不愿成交，则将其货收回，另卖他人可也。

二　现金卖买

（甲）买主未清，卖主自可抑留货物。设为绸缎布疋等物经两方约定价格而剪成片段，不得转售他人，则当全数扣留，一俟价钱缴清再行交货。

（乙）因误听价额而成交者，当物值均已交清后忽然觉察误算，可追还误算之价而成交，不可追还原价而悔交。

（丙）卖买已成交后，买主将货物寄存卖主处无端被人窃去，卖主自有赔偿之责任。

（丁）物价均已割后，中有铜洋伪票，当时未曾检出，日后自可向买主退换。

三　欠账卖买

（甲）欠帐卖买本邑多以年终算清，现在商业中重整规条，按三节归缴，其付帐时并无折扣之习惯。

（乙）欠帐卖买与现金卖买之比例，其价格并无高低。

（丙）被欠人若系破产歇业，自可以被欠之款移抵自己所欠之款，然必邀合两面，订明情愿承认而后可以移抵。

（丁）欠帐欠〔人〕或系破产歇业，被欠人自可得执所欠之帐以分其财之部分。

（戊）被欠人死亡，其后嗣自可得执帐上所欠之款要求欠帐人归偿。

（己）欠账人死亡后，被欠人若执帐上所欠之款令其后嗣清还，其后嗣不得不承认。

四　即时卖买

（甲）物价业已交付，将物品持归动用时方知有病，自可以退换。

（乙）货物因选择时偶不注意而有损失时，若专归卖主担其责任，则未免吃亏；若专归买主担其责任，则买主必有所藉口，以谓此货本不坚固，不然何以易于损失也。查本处习惯，均以卖买两家各担其责任而分当其价格，方为正办。

五　定期卖买

（甲）定期付货之卖买业已约定价格，中途货价腾贵，卖主欲追悔原议，买主自可得以拒绝。

（乙）定期付货之卖买而已付定洋，中途银价腾涨，买主欲短少前约之数，卖主亦得以拒绝。

（丙）定期付货之卖买货物交割时，如其数目、分量、成色等与原约有不符之处，卖主自应赔偿。

（丁）定期付货之卖买，届时买主不能付款起货，此事宜作罢论。若买主不肯作罢，则卖主自可向买主索加利息及寄存之费用。

六　打样卖买

（甲）凡卖买先交货样者，卖主若以相似之物混充致买主受损，则卖主自应议罚。

（乙）打样卖买已订契约，尚未交货，因他项事故而原货不能交出时，不得以相类之物充当。如以相类之物充当，则必先与买主订明货物，另议价格亦可。

（丙）打样卖买已订契约后，买主不可藉端退换别货。

七　试验卖买

（甲）卖买尚未成交，言明先行试验，然后购取。设因试验而有损害时，当由卖主承认。何也？买主因恐此物之不坚固，所以有试验之思想。若一试验即使损害，是卖主办货不真之咎，非试验之咎也。

（乙）试验卖买者虽已仓猝试验，而物品之瑕疵尚未尽知，至日后始行发觉者，此固试验不真之咎,非卖主之咎,自不可以退回或掉换也。

第四款　贷借契约

{一}　消费贷借

(甲)消费贷借已经预约尚未交付,所贷之物若遇贷主或借主破产时,自可得以取消。

(乙)消费贷借之利息约在一分以上,其利息交付之日期,约以年终为度。

(丙)凡有利息之消费贷借,其所贷之物苟有隐微之瑕疵,借主可向贷主更换。

(丁)凡无利息之消费贷借,如原借时确有瑕疵之物品,则返还时应用完善之物以报其不承利息之情,不可仍觅有瑕疵者以报之焉。

(戊)不定期之消费贷借自可无论何时请求借主归还。

(己)定期之消费贷借及期不能归还时,是必应偿其物之代价。

{二}　使用贷借

(甲)使用贷借之契约成立后,借主不遵所约任意使用,贷主自可追还原物。

(乙)使用贷借之物苟未经贷主之允许而转借他人,是欺骗也。贷主对于借主必勒还原物而后已。

(丙)凡借用物上所需之费用当由借主任之。

(丁)借用物不能归还时,自可得以同样之物充偿。

(戊)定期之使用贷借,在期限中贷主不得向借主索偿。如贷主急于应用,亦可从权索偿。

(己)不定期之使用贷借,贷主自可随时请求归还。

(庚)凡从前贷物上所生之结实,以本处习惯言,如系花木结果,是经借主劳动力而得者也,必归贷主所有。

(辛)使用贷借尚未满期,设遇借主或贷主死亡,其契约固无效力。何也?凡使用贷借皆因情面而生之行为也,从前之贷主与借主虽有情面,安保其贷主与借主之后嗣亦有情面乎？故此契约无效力矣。

{三} 租赁

一、不动产之租赁

（甲）房屋租赁本邑习惯有订立期限者、有不订立期限者。如订立期限，租户中途退租则可，房主中途索退则不可；如不订立期限，则房主与租户均有随时退租、随时索退之权。

（乙）房屋租后一切修缮等费，在本处习惯房主任工钱，租户任饭钱。

（丙）租住房屋无论何人必概出押金，其押金之多少以赁钱之多少为标准。如赁钱每年三十千文，则押金亦如之。

（丁）租住房屋尚未满期，房主不能改造而请加租息。

（戊）定期之租赁，在期限中虽遇房价腾贵，房主不可向租户索加租金，在租户犹可以不愿加而退租。

（己）房屋租息其交纳期限本处习惯只有两种：一按季交纳，一按年交纳。

（庚）房租若逾期不清，据理自可向租户索加利息。但本邑习惯彼既无力缴租，岂尚有力加利息乎？惟有俟下期一并交清而已。

（辛）租赁土地之租金是必按年交付，其租价无一定之规则，必视土地之肥硗为断。

（壬）土地租息概以谷物交纳，以金钱折算者亦有之。其交纳之法，例如土地每亩交谷一百斤，则于谷熟之时送到地主扇清、过秤、折算之法，照市价交纳。

（癸）本邑租约上已载明"如遇天年荒旱两家对半均分"，故遇凶岁歉收租户必请地主看明，果然颗粒无收者，亦有缓租、免租之例。

（子）租地上造屋或为畜牧种植之用者，其租金不过照交物加二三成计算。

（丑）租息若有短欠时，必在押金上扣除。若未有押金及虽有押金而已扣除净尽者，则当起地另佃他人。

（寅）租人之土地房屋，租户必先通知业主方可让渡，租户不得擅专。

（卯）租户将租物加工增其价格，至退租后租主可向物主要求所需之费用。

（辰）租户或物主如欲解租，必于解租前互相先期通知，其通知期限约前解租期限多则半年，少则三月。

（巳）凡定期之租赁，在期限中租户或业主破产时，此变出于意外也，自得以解除原约。

（午）退租时而原物上有变质改样之处，赁主不可求租户赔偿。何也？修理房屋本赁主之责任，原物上有变质改样，是赁主懒于修理所致，又何怪租户耶？

二　动产租赁之问题

（甲）凡以物件出赁于人，必视其物之种类而有高下，如店中一切应用器具及低槽内所有槽桶焙笼等类，其利率必在二分以上；如系无足轻重之物，其利率只一分以上。

（乙）赁用之物必须保管伺养如花木牲畜之类，其所需之费用，必由赁物人一面担任。

（丙）赁用之物如有毁损失灭不能归还其原赁之物时，自可折价偿还，其价从原物值钱若干，则照若干计算。

（丁）赁用之物设因天灾地变而毁损失灭时，须偿还其代价。

（戊）赁用之物必不得转赁他人，如其转赁他人而不能赎回时，物主对于赁主必要求偿还，赁主对于物主必照原物赔罚，此一定之办法也。

（己）赁用之物如其擅自出卖于人，是较转赁者尤为无理，经物主认明后，欲迳向买主赎回，是此物来路不清，买主宜准如所请，不可拒绝其请求。

（庚）凡从赁物上所得之果实，必视其保管费由何人担任而有分别，若此费由赁主担任，而交二成之数于物主者有之。

（辛）赁物若归于自然灭失者，则是事关天意，无可挽回也，赁主无赔偿之责。

第五款　雇佣契约

一　劳力雇佣

（甲）本邑雇佣并不订立契约，只以口说为凭，但于工帐上载明雇佣一年计工钱几千而已。

（乙）雇佣无一定期限，最长至二三年，最短至数月者有之。乳媪亦无一定期限，且并无订定终身为人雇佣之契约。

（丙）给付工钱并无定期，本邑习惯并无雇主逾期不付工钱之事。工钱额如系粗做之壮丁，每年可得钱二十余千文，如系幼者每年只有七八千文；细做如系店中管帐每年八十余千文，店中伙友每年三十余千文；各工粗做每年十余千文，细做每年二十余千文。

（丁）雇佣尚未满期，雇主无故开除或佣人无故退雇，其佣金照原议结算，并不藉口中途变故之理由。

（戊）雇佣期限内雇主未经佣人承诺，自得使佣人为他人服劳，惟佣人不经雇主承诺，不可以服他人之劳役。

（己）雇佣期限未满，雇主若遇破产时，雇主可以解佣人，佣人亦可以退雇。

（庚）雇主挈家远出，其婢仆同行与否，本邑并无惯例。

（辛）本邑雇佣均以一年为多，故虽物价腾贵，不足以供生活之资，明年可另议增给佣金，本年则不能请求增给。

（壬）佣人以每月应给之工资存之雇主，积成巨数，如经雇主允诺起利，则日后收领可向雇主取利息；若未经雇主允诺，则日后收领，佣人不能无端向雇主索加利息。

（癸）佣人因服劳致疾而死，雇主对于佣人之家族对于雇主有请求收殓费，无请求给养费之例。

二　劳务雇佣

（甲）凡聘请学术技艺服劳者，只有关书，并不订立契约。

（乙）聘请学术技艺服劳者，如已订明期限，在期限内聘请者不能解退，就聘者亦不得告退。

（丙）凡聘请学术技艺服劳者，若因不得已之事故须请假处时，自可以由本人请人代理，若代理不善或有误职及银财亏空等事，应由本人担其责任。

（丁）凡聘请远道之人，除薪水外，自有更给川资之例。

（戊）凡聘请学术技艺服劳者，于限期将满时若欲续聘，应先期知照，若得彼此合意，必再行订立契约，前约不足为凭。

（己）凡聘请学术技艺服劳者未订期限，应聘者无故告退，必待接手人任事方可卸责，不得迳自不顾而去。

（庚）凡请假而托人代理者，及至终不能回时，必经应聘者允诺，然后可荐其人代理；如未允诺，则不能荐也。

第六款　承揽契约

一　材料　承揽工作所用之材料，由出揽人交出者有之，由承揽人包办者亦有之，并无一定之办法。

二　瑕疵　工作物上有瑕疵时，出揽者自得向承揽人请求修补。如瑕疵甚属细微，而修补甚大，承揽人得请津贴费，不得拒绝其请求。

三　保固　承揽工作若定保固年限，在年限内遇有毁损，是必由承揽人赔修。设遇天灾事变而毁损者，亦宜援寻常毁损之例赔修。盖保固所以防天灾事变也，此而不能防，安得谓之保固乎？保固契约以造桥、筑墈两种工程为多，兹录其契券格式于左：

立承揽契券人某某今愿承揽某某君前土名某处捲虹石桥一座，计几虹，高几丈（如系墈则写高几丈，长几丈），桥脚桥墩（墈则写墈脚）包定坚固，限期一年完竣，凭中议定工资饭食（如包材料则写材料一并在内），计钱几百千文正，当收定洋几元，以后陆续支取。自包之后工程格外切实，材料必采坚固，包定三年之内，虽遇大水冲撞，毫不损坏。如有倒坍情事，承揽人自愿赔修，不涉出揽人之事。限期一满，必告成功，亦不敢中途藉端增价。今欲有凭，立此承揽契券为证。

　　　　　　　　　　　　　　宣统几年几月日立　承揽契券人某某押
　　　　　　　　　　　　　　　　　　　　　　　中人某某押

四　灾变损害　承揽工作尚未工竣，忽遇天灾事变，尽弃前工，此与工竣后损坏有别。如系契券中预先订明，则亦无庸置喙；如未预先订明，则出揽人津贴饭食，其工程概由承揽人承认。

五　逾限　承揽工作约定期限，如其逾期尚未完成，出揽人自可得另觅他人承揽，若竟另觅他人承揽，则原承揽者之已有工作由出揽人公估值钱若干，则结算若干。

六　增价　承揽工作一切费用业已约定，旋因物价腾贵用费不足时，不得向出揽人索加用费。若出揽人不允，得以解除承揽之约。

七　解除契约　承揽工作尚未完成，设遇出揽人破产时，出揽人自有办法，不得由承揽人解除其契约。如出揽人愿解契约，则承揽者自可请求已有工程之工资及费用。

八　承揽之继续　承揽人于工作未完时死亡，其承揽之事须由其后嗣负其责任。若承揽人无后，则出揽者将所有工程之工资及费用算清，再觅他人承揽。

第七款　委任契约

一　报告　凡委任后所有委托事务之处理情形，受托人自宜随时报告。若委托人不知所往，则当另委他人办理。

二　钱财移转　受托人因请理委托事务所得之财物，如系委托以外之财物，则可归为己有；如系委托以内之财物，应归委托人所有。

三　消费　凡应归委托人之金钱及货物为受托人自行消费时，日后自应算还利息。若有损害等事果系出于无心，不应担其赔偿之责任。

四　偿还费用　凡关于委托事务所需之一切费用，委托人自应先行支付。若当时未曾支付，均系受托人所代垫者，日后委托人当认偿还。

五　报酬　委任时未曾有特定之契约，及委托事务毕后，受托人自得向委托者索报酬金，但此酬金听委托人自付，不能计较多少也。

六　损害赔偿　受托人因处理委任事务而受损害时，其请求赔偿与否，必视受托人之有过失与否而有区别。

七　解除契约　委任时未尝明定期限,两方均得解除契约。设因解除契约而有损害时,解除者自应担其责任。

八　终了　委任时限中设遇受托人死亡,则所有一切未完事件当归委托人另觅他人代理。

第八款　寄托契约

一　使用寄物　受寄者不经寄托者之承诺,不得任意使用受寄物及转托他人代为保管。

二　损害赔偿　因寄托物有瑕疵致使受寄人受损时,寄托者应负赔偿之责。若寄托者并不知其有瑕疵而不认赔偿,然亦不能使受寄人赔偿也。

三　先期返还　凡约定期限之寄托物,受寄者自可于期前将物返还。

四　索还　凡约定期限之寄托物,寄托者自可无论何时请求返还其寄托物。

五　费用　凡关于保管物件上一切之费用,受寄人自可请寄托人先后交付。

六　移转　受寄人在保管物件上所得之利益,自应移归于寄托人。

丙　事务管理

一　管理方法　未受他人之委托而管理其事务时,其管理方法宜热心照顾,与受委托者同。

二　损害赔偿　因管理事务而损害及于本人时,管理人自应负赔偿之责,否则人必訾之为多事矣。

三　通知本人　既管理他人之事务后,自应通知本人。若本人不愿托其管理,亦得以随时解除。

四　卸责　管理人既管理他人之事务后,在本人未尝接手以前,不得以擅自抛却管理之责,如欲抛却,则非好义急公矣。

五　转托　管理人既管理他人之事务后,遇有不得已之事故,则是遂不能管理也,自得以转请他人代己之管理事务。

六　费用　因管理事务所需之费用系管理人代垫者,对于本人自有请求其偿还之权。

七　代起债务　因管理事务而代本人负担必要之债务时,本人不能不认此项之债款而置之不问。

八　移交利益　因管理事务所得之利益,自应移归于本人。

九　报告情形　凡管理事务一切情形,应随时告知本人。

丁　不法行为

一　未成年者　未成年者因不法行为而损害及于他人时,自应负赔偿之责任,否则不能教育其子弟也。

二　精神病者　疯癫及白痴之人因不法行为而损害及于他人时,其监督之人亦应负赔偿之责任。

三　有夫之妇　有夫之妇因不法行为而损害及于他人时,其夫应负赔偿之责任。

四　使用人　被役使人因不法行为而损害及于他人时,此与上三项有别。其主人不应负赔偿之责任,况行人宜避轿夫,若轿夫而撞破行人手持之物是行人之咎,与轿夫何干？与轿夫之主人又何干？

五　饲养之动物　凡经人饲养之动物而加害及于他人,是非动物之咎,而在做饲养者之咎,应负赔偿之责任。

六　同伙　凡数人共同不法行为而加害于他人时,自应共担其赔偿之责任,其赔偿之轻重则视加害之多少为断。

七　正当防卫　因他人之不法行为而欲防卫自己之生命财产不得已而损害及于他

人时,此与故意加害他人有别,然损害之物太多亦应赔偿。

八　赔偿方法　凡财产以外之损伤,如斗殴、辱骂、诬谤之类,其赔偿方法惟殴伤则赔汤药钱若干,其余皆登门请罚、点烛、放炮数种而已。

民事习惯第四类　亲族

甲　亲族总则

一　亲族之范围　本邑亲族范围礼法与事实尝无一定,但于祭扫庆吊各事,则由本身上溯至高祖,下逮至玄孙,无论贫富远近,必一律照礼法所定之范围行之。若横推至五世除胞堂兄弟外,尝有从兄弟姊妹未列而族兄弟姊妹犹持礼物以来者,此等行为半由于家业之贫、居住之远所致,半由于重干轻枝之积习使然也。若丧中所填疏头、裔纸,则亦由亲及疏,颇不大背乎礼法。若平日情谊亲疏往来各节,更与礼法所定者相远,富者近者虽疏亦亲,贫者远者虽亲亦疏,然揣其意思非不知亲疏之理,而行为中如有出于不自觉者。又查中国亲等图以父母兄弟姊妹子媳皆为同等,故议嗣则胞侄为先,论婚则中表必避,而本邑论婚除读礼之家外,多以中表结婚,以谓亲上做亲,日后往来更为亲密,此本邑之习惯也。

二　亲族关系之发生　凡抚养他人子为子者,其养子对于养亲家之亲族关系是无亲生者同。又庶子之对于嫡母及前妻之子对于继母是亦与亲生者同。

三　亲族关系之消灭　凡因婚姻而生之亲族关系,离婚之后必不承认。又因抚养子而生之亲族关系,归宗之后亦必不承认。

乙　户主及家族

一　户主之顺序　户主是必以一家中之最尊长者为之。设一家中之最尊长者遇老病不能理家政时,或志在静修不愿理家政时,如系兄弟则可以弟为户主,如系祖孙父子,仅可以子孙代理户主之事。又如一家中辈分前者为未成年,是必先以次尊长者为户主。又如一家中无男子,亦可以妇人为户主,但与人往来应酬各节,则必由故夫之堂名出名,或由妇人之亲属者出名,妇人有男子而未成年者,则必由男子权为户主,而妇人不得为户主。

二　户主及家族习惯上之区别

（甲）一户之中同居异炊者不能仍作一户,必各自为一户,如分居分炊而为一户主之家族者,是可仍用其户主之姓名,向来填写门牌其惯例亦如之。

（乙）兄弟两人同居一宅异炊而财产分析者,是必作为两家。设两家均为寡居各能自立者,不得已亦可各以妇人为户主,如其中一家有子一家有女,其子至成丁时可以代行来往应酬之权,无代行其亲长家政之权,以一身作两家之户主也。

（丙）一家无男子而招入赘婿,是不能改从妇家之姓而作妇家之主。

（丁）已嫁之女被出复归,是不能仍为其父母家之人。

（戊）已有妻子而为人后者,其妻子是必从之。

（己）为人后者归复本宗,其妻子是必同归。

三　户主及家族之权利义务

（甲）户主对于家族是必有扶养之义务。

（乙）家族私有财产宜归户主,然近世人心不古,亦有藉口为妻族之妆奁竟以自己之名置之者,亦有之。

（丙）一家共有财产是必以户主出名。

（丁）家族之居处是必由户主所指定。

（戊）家族之婚姻及出为人后或招为人后者,是必由户主承认。

（己）家族若有不服从户主时,户主得有痛责驱逐之权。

（庚）女户主子故无孙,寡媳选立继子,此子必系寡媳所钟爱也,而适为女户主所不喜,亦宜商诸寡媳,然后更动,不可无端代为撤换。

丙　婚姻

一　年龄　男子成婚必在二十岁,至少须满十六岁;女子成婚必在十八岁,至少须满十五岁。

二　制限　通例除同姓不婚外,虽有服之中表皆可结为婚姻。

三　主婚　男女婚姻是必由其尊长主婚,设上无尊长必择同族之辈分最尊者为主婚。

四　媒妁　婚姻之成立是必由媒妁,两家必行请庚、纳聘各种礼节,始得为婚姻结定之日。亦有两家儿女尚幼,而为父母者情愿结婚,有自携点心数包上门议定,亦得为婚姻结定之日。

五　婚书　查本邑婚书最不讲究,又系简略。请书则用龙凤帖,上写主婚者之姓名,如姻弟某某庄敬顿首拜,允书亦如之,并无年庚,又无以某某之第几女配某某之第几子等字样,故婚书中除主婚之姓名外,无他重要之证据。

六　婚期　定婚之期是必由男家选定。如婿家父母甫殁,因乏中馈而于丧中迎娶者,除读礼之家外,本邑此风盛行。

七　重婚　本邑惯例男子有妻可以重娶,女子有夫不可以重嫁。

八　悔婚　既聘之后或男子游荡失业生事犯罪,妇家不得悔聘改嫁。女子有丑行,夫家自得以悔聘改娶,然必经妇家许诺方可,否则亦不能悔聘也。近年自由结婚之言论一出,而无意识之人动辄改嫁改娶,不能禁止,此世风之大变也。

九　离婚　夫欲呈诉离婚,除大清例出妻之外并无他项情形。如妇欲呈诉离婚,则造言生事情形甚多,有谓翁姑虐待者,有谓夫妻无感情者,满纸空言,任意捏造。设因奸事而离婚者,是必不得与相奸者结婚。

十　再醮　夫死再醮经夫家母家允许者有之,不经允许者亦有之。设有子女如未成年,而又无抚养者,亦可暂为携从。

丁 夫妇财产

一 夫有财产　夫所有之财产是必认为夫妇共有之财产。

二 奁赠　妇人所有父母家奁赠物品及不动产，有认为夫妇共有者，亦有作为妇人自己之财产者。设因离婚可携其财产以去，再醮不能携其财产以去。如有亲生之女欲将母之奁赠尽数以去，其父不可以禁止。

三 管理　妻子财产是必由其夫管理。设其夫或因管理或患疯癫不能管理时，是必由其妻自行管理。

四 分产　夫妻间将财产分而有之，各养其自己，本邑此风甚少。

戊 亲子

一 胎期

（甲）寻常小儿在胎时期以三百三十日为最多，以二百零十日为最少。

（乙）自婚姻成立之日起未满寻常胎期最少之日，或婚姻解消之后已过寻常胎期最多之日而生子者，父必不认其子。

（丙）寻常受胎时期之中父与母实不同居而生子者，父亦不认其子，然亦有认之者。

二 嫡庶承重之顺序　嫡出子年幼，庶出子年长，应以嫡出者为后，我国通例。长子早死则必以长子之子为承重孙，若长子而为庶出，仍以年幼之嫡子为长子可也，不必以长子之子为承重孙。

三 私生子之认知　本人认私生子为己子，其家中之人有拒绝者，有不拒绝者。认知之后其私生子与其生母自有母子之关系。私生子已达成年，其父母欲认明为己子，必须先经其允诺。

己　养子

一　养子之条件

（甲）凡抚养人子者，是必须无亲生之子方可抚养。若自己有子即不肯抚养他人之子为己子。

（乙）抚养他人之子为己子者，大多四十岁以外无子方可抚养，既抚养后而自己生子者，不能视抚养子为嫡长，或令其归宗者，如不归宗，则酌给田亩房屋，令其自成家业，而父子之情仍不失焉。

（丙）抚养子令其归宗，自应酌给田产。

（丁）为抚养子者大多在三岁以内，否则不能亲爱也。

（戊）抚养子者是必养父母与其本生父母订立文书为凭。

（己）养子不能改姓，然亦可以双姓，双姓则以养父母之姓居先，本生父母居后。

二　同姓抚养子

（甲）凡承继同姓人为子者，是必按远近次序，若择贤择爱舍近支而以远族之子为子，其应继之人自可以出而请求承继。若应继之人素不安分或有雠怨嫌隙者，是与父子主恩之意大背矣，自可以拒绝其请求。但本邑多系从权办理，亦必酌给田产以安心焉。

（乙）嗣子有不安本分或不能承继先业者，嗣父母可以追废承继文书，将嗣子退还本生父母。

（丙）出继子因不安本分而退还者，其本生父母是亦可拒绝，且藉口于父母教训不严，非继子之咎也。

（丁）嗣父母有不尽父母之责及虐待者，本生父母不能将继子索还，其嗣父母亦可以不允。

（戊）嗣子不肖而又不愿退嗣，则嗣父母可另觅同姓之子以娱暮景，而使与嗣子并存，其名曰爱继，如同姓中无当意者，则另觅异姓之子亦可。

三 异姓抚养子

（甲）抚养异姓人为子者，是必同姓无人，始可抚养，若同姓有应嗣之人，必欲出而干涉。若同姓应嗣之人素不安分，则亦可以舍同姓承继而承继异姓。

（乙）养子为养父母所喜，因不见容于嗣子，而不能同居，则养父母亦可随养子另居。

（丙）以收养之孤儿为嗣，如知其亲属时亦须经其亲属之允许。

（丁）抚养子不安本分，其养父母亦可追废文书，将其子退还本生父母。

（戊）抚养子因不安本分而退还者，此与继嗣有别，故其本生父母不能拒绝。

（巳）养父母有不尽父母之责任及虐待者，其办法与上继嗣同。

四 赘婿为子

（甲）以赘婿为子者，是必自己无子而后可。若本宗有可以承继之人，不能再以赘婿为子。

（乙）赘婿不必改从女姓，可但居女家而自姓其姓。

（丙）不得已而以赘婿为子而自己有生子者，不能视所生之子为次子，必酌给产令赘婿归宗，或赘婿自请归宗亦可。

（丁）只有亲生一女，因侍母无人而赘婿为子者，如婿欲归本生之家，则女不能同归。查本邑现在人心淡薄，亦有不顾父母之养而与婿同去者。

（戊）婿家贫不能给，常受岳家抚养，如岳父母而在，则妻子兄弟不能驱逐；岳父母死亡，亦不免有驱逐者。

五 继子

凡因父故家贫而母招夫养子者，子不能从继父之姓，继父亦不能从子之姓。如继父无子，而前夫只有一子，不能以前夫之子为子。如前夫有两子，即可以幼子为子者，然此事亦甚少。若财产关系继父只能管理，不能据为己有。

六 干子

查本邑干子惯例不外钟爱儿女起见，尝听算命者言，谓此子必拜他人香火方好抚养，故干子之风盛行。亦尝有自己子孙甚多，而不愿以他人之子为干子者，以谓我之香火既受干子之拜，则必移荫于干子之身，而我之子孙必受损害，故本邑子女以和尚为干父或以鳏寡为干父者甚多。

庚　亲权

一　亲权之效力

（甲）未成年之子父母有监护及教育其子之权利义务,若欲自营职业,经父母之允许而后可。

（乙）未成年之子居住必由其父母指定。

（丙）子有应得之财产,父母自应待〔代〕为管理。

（丁）子为他人后得有承继遗产,如系未成年者,本生父母可能代为管理；如已成年及能成家立业者,其本生父母无庸代为管理。

（戊）父母惩戒其子,其程度必至务营正业能续先志而后可,若其子不受约束,本邑有麾标诸大门之外,永不承认为子之处置。

二　亲权之终了　子已成人,能营独立生活之后,是不遗父母之忧也,亦可以管理,亦可以无庸管理。

辛　监护

一　监护之顺序

（甲）凡未成年之子女上无父母,应由最亲属者管教,其应行管教之人,应先由祖父母管教,如无祖父母,则先由胞伯叔管教,如无胞伯叔,再由堂伯叔及堂等人管教。此外由母舅管教者,亦有之。

（乙）父母临终时必有指定某人管教其子女之遗嘱。

（丙）凡成年之人患癫狂及重大疾病或游荡不事生产者,其财产必由家中最近亲属代为管理,其应行管理人之先后,与上甲项同。查本邑近年风气极坏,除癫狂疾病者外,既为游荡不事生产者,必系赌博嫖妓及吸食鸦片者流,其财产断不肯由家中亲近代为管理,必欲任意变卖倾家荡产而后已。

二　监护之权限

（甲）管教他人之子女者是必兼为经理该子女之财产，其经理之法向用帐簿。凡一切管收除在登记分明，然后可免侵蚀。

（乙）管教他人之子女者并经理其财产，如有侵蚀情事，则该子女之近支亲族可得出而干预。

（丙）管教他人子女、经理其财产皆可收受其酬劳之资，但不能争多论少，只享权利而不顾义务。

三　监护之终了

（甲）他人之子女成年后，经理财产之人是必即将其财产交还，听其自行经理。其交还时是必须交出逐年清帐，由近支亲族公同阅看。

（乙）经理他人子女财产之人交还财产时，发现其有侵蚀情事，该子女除酬劳外可得向其追偿。

壬　扶养之义务

一　扶养之范围　凡亲族中负互相扶养之义务者为亲族中最亲近之人。

二　扶养之顺序

（甲）负扶养义务者如有数人时，若受扶养者而为叔辈，则长房应先担任，次房应后担任。

（乙）负扶养义务者有数人，而此数人居于同一应先担任之地位者，是必平均分担其义务。

（丙）受扶养权利者有数人，而负扶养义务者之资力不能同时遍为扶养时，则必视年齿最高者或有疾病者应先享受，其余则应次享受。

（丁）受抚养权利者有数人，而此数人又居于同一应先享受之地位者，其办理之法应照此数人分摊享受。

三　扶养之程度　负扶养之义务者是必以其身分及资力为准,受扶养义务者是必以贫无立锥不能自存者为限。如有因浪费游荡以致不能自存者,虽此人负扶养之义务,亦可以拒绝。

四　扶养之方法　负扶养义务者以收留受权利者在家而养之者少,酌给日用之资料者为多。

民事习惯第五类　相续

甲　总则

一　相续开始　相续以出生时为始,若胎儿未出生以前不得有相续之权。

二　相续费用　因相续之事所有一切费用是必由遗产中支用。

三　相续抛弃　相续人除系胞侄不得抛弃,此外亦未尝不可以不承认相续自由抛弃者。

乙　宗祧相续

一　相续之顺序

(甲)大宗无后必先主大宗之后,小宗不得先立嗣。

(乙)承重之人及大宗之子孙可以肩祧两房,不得承继他人为嗣。

(丙)以族人为嗣,其承继先后之次序必有嫡从嫡,无嫡从堂。

(丁)如不依承继先后之次序择贤择爱为嗣,虽未经亲族之公允,亦可以承继。

(戊)承继长房宗祧,其直系卑属有数人时,则必择其亲等之近者、年龄之长而系嫡出者为先应嗣,其他均居后,以俟递补。

二　相续之承认及拒绝

(甲)次序应承继者如有兄弟数人,其承继子及其本生父母不能拒绝,不允其承继。

若只有一人，则亦可以不允。

（乙）次序应承继为子者，自能请求承继，父母有所不爱亦可以拒绝其承继。

三　悔继

（甲）查本邑习惯，承继皆有应得之财产。无论既已承继不许悔继归宗，亦不肯自弃权利而悔继归宗者。

（乙）本宗承继之人不许其悔继。

（丙）由少扶育成立之承继人，是与亲生之子无异，更不得许其悔继。

（丁）既为不堪嗣父母之虐待，或嗣父母生子及本生父母无子，亦可由承继人悔继。

（戊）悔继之人，其已分受嗣家之财产，不能全部返还，亦不能全部收受，必折中。

丙　遗产相续

一　相续之顺序

（甲）无子嗣及同居亲属之人，其家产应由地方公正者拨入庙宇或书院宾兴之内。

（乙）无亲属之人，其家产得由外甥中表等相续。

二　相续之方法

（甲）未分析之遗产，必由家长管理，为各相续人共有之财产。

（乙）负债多于遗产，相续人可得将其遗产经众或经官尽数摊还，不复相续。

（丙）遗产分析是必由本人定其份数之大小多寡而分配之，然后再托亲族过目，拈阄为定。

（丁）分析遗产有数人时，是必须均分，并无嫡庶长幼之别。

（戊）如本人以遗书言明若干年内不得分产，其相续人多有不遵遗训者，常随时共议分析。

（己）相续人于未分析前得有被相续人特与之财产，至分析时不能再与他相续人共分遗产,否则必先返还其特与之部分而均分之可也。

(庚)相续人于未分析前以其应分得之财产出卖或抵押时,他之相续人抵押可以赎还出卖,不可续还。

(辛)遗产不足偿债,是必由各相续者共同担任。若相续人之中有不能偿还之资力者,则其不能偿还之部分可由他之相续人分垫。其分垫之法必须写明字据,俟异日分析时先偿还垫本,如不偿还,则此一部分遗产归分垫者承受。

(壬)不可分析之产是必援照共有之法,或出卖而分其价亦可。

三　无人相续之财产

(甲)相续起始时若相续之人踪迹不分明时,其相续遗产暂由其亲属代为管理,俟查明确实,再行相续。

(乙)相续财产无人承认时,必应令人管理,其管理之职务与上监护之权限甲项同。

(丙)寻觅相续人时应用贴广告或登报之法以探索之。

(丁)相续人若经探索历久无踪,其相续财产可暂由地方之公正者代为管理。

丁　遗言

一　遗言之方式　为遗言者无一定之方式,必随本人之时势如何为定。

二　遗言之效力

(甲)遗言自有本人预书,有病时自书,有病时口说令人笔记者,亦有病在危急书不及书,仅由家族亲戚听受者方为有效,是听受者即见证人也。

(乙)预作遗言已经众知,至病革时如有更改,应以预作者为有效。盖从治命不从乱命也。

(丙)年满二十岁始得为遗言,若未成年者为遗言必经其尊长之允许而后可。

三　遗言之执行　遗言若未指定执行之人,应以家族中尊辈及年长或亲友者为执行遗言人。若因执行遗言所需费用，是必由遗产中支付。

四　遗言之取消　遗言所嘱之事倘有不法，其子女亲族得以取消。

五　遗留财产　遗留财产不能以遗言将全部财产随意赠与他人，必须提拨若干留给后人。

（清钞本，日本京都大学人文科学研究所图书馆藏。）

浙江民事习惯报告书

第一编　总则

第一章　人民之权利

第一节　权利之始终

权利为人生最重要之物也。惟人之有权利,以何时开始,以何时终了,就普通观念言之,凡人出生后方可享有权利,至死亡时即不能享有权利。但我国事实上未必尽然,有未出生而即有权利者,有既死亡而仍有权利者。兹举各属之惯例,胪列于左:

甲　凡胎儿未出生之前,不得承继无子之人为后。惟遇夫故,而妻适有孕未生,则从缓议继。各属习惯,大略相同,然各属中非无默认胎儿亦得承继为人后之习惯。如兄故后无子,弟预允兄以己之胎儿为其后,彼时同族中即有应继之人,须俟其胎儿分娩后,方可定局。异日如系生男,则得以承继无疑,是承继之权利在胎儿时早已享有之也明矣。

乙　胎儿未出生时上有三兄均已成人,如欲分析家产,应留胎儿一份之权利,由怀胎之妇暂行保管,生男则作家产,生女则作奁资,此通例也。

丙　凡未成年之男子未婚而亡,其父母因痛惜之故,择配他家已故之女,名为阴亲,复为之立继,以承受其财产。嘉、湖、绍、温四属,恒有此风。若未婚之妻,夫故后,自愿过门守节而为之立继者,各属中亦时有所闻。

丁　人虽死亡后,其图记往往仍有效力,如杭城之张小泉剪刀、方维贤笔店,均以名号为店号者,此一例也。

第二节　权利之有无

普通人皆有应享之权利,其终身所为之事,无一不从权利而来,非一言所能尽。兹但就既出生而成无权利者,或未死亡而即无权利者,条举于左:

甲　有夫之妇无财产之自主权,姑无论矣,即夫故无子,既立嗣子后,对于自己财产仍无完全之自主权,盖取夫死从子主义。虽各属中非无寡居守节者,对于亲生之女奁资稍丰,亦未始不足以自主,惟遇卖买赠与等事,必经其嗣子本生家之许可画押,方为有效。

乙　僧尼不得以自己名义置买产业,即间有自置产业者,每以寺庵出名,身后仍为寺庵之产,不得遗其俗家之子孙,对于俗家亦无权利之可言。然系个人之家庵,则不在此例。查各属中,道教中之正乙派、太乙派亦常有娶妻并治家产者,出则为道士,归则为平民,有同等之权利。

丙　近时虽有禁买奴婢之令,而民间奴婢之制依然如故。若未出家主之门,不能主张其生命身体财产言论之自由。

丁　卖妻鬻子、典租妻女,此皆以人为财产也。查各属中,卖妻鬻子之风,时有所闻,至典租妻女之事,则惟宁、绍、台、金、衢、温、处七属中,间或有之,其典租之法,有以十年为期者,有以五年为期者,有典定十年者,三年、五年之后典主不合意,更可转典于他人,本人毫无自主之权。

戊　乐户、惰民、皂隶、舆台等类,其权利素与平民不同,非但莫与之通婚媾,且不得同席宴会,即投考学堂及地方选举暨被选举之权利,皆不得而享有之。

第二章　能力

第一节　成年

成年云者,系指能力充足之时期而言。考各国制度,有以二十岁为成年者,日本、瑞西是也;有以二十一岁为成年者,英、法、德、俄、瑞西、比利时、希腊、巴西、葡萄牙、墨西哥、罗马尼亚、卢克森堡是也;有以二十二岁为成年者,荷兰、西班牙是也;有以二十三岁为成年者,亚尔然丁是也;有以二十四岁为成年者,噢大利、匈牙利是也;有以二十五岁为成年者,丹麦、智利是也。我国关于能力一项,未有规定,故不立成年专条,惟以十六岁为成丁,载在户律,彰彰可考。然此为调充丁役或课税起见,纯为公法上之关系,与私法上能力关系毫无干涉,而民间习惯亦遂以十六岁为成年,其是否达于能力充足之时期,固未计及也。兹就各属调查所得,足以资考证者列举于左:

(一)过十六岁以上之生辰者;

(二)考试已入学者或在高等小学以上毕业者;

(三)已婚嫁者;

(四)在工商界中已足自赡者。

第二节　未成年

凡未成年者与人有重要交涉,必经其父母亲长之许可,乃生效力,此各属通例也。惟智识未曾完全而被人愚弄者,亦恒有之事。如私立契约,于父母故后即生效力,及私地借债,父母出而代偿之类是也。虽未成年之财产,其尊长有指明付托亲戚者,有禀官立案登报声明不得变卖者,但我国民法未颁,有委任代理,无法定代理,因而有代理之责,无保护之法,有委托之名,无干涉之权,往往未成年者浪费破产,身败名裂,亲属见之,亦徒事嗟叹,爱莫能助矣。

第三节　盲哑聋及浮浪

盲者、哑者、聋者,非心神丧失之状况者可比,不过失其五官机能之一耳,故能利用他之感觉以成习惯,其经验无异常人。查各属此等人类,各能自谋生计,至处分财产,究不能独断独行,必由其亲属相为经理,以维持其产业。惟聋者虽失聪,较诸盲哑者,稍有区别。如能识字通文,可以手续代其耳力,不必他人代为办理。至若浪费者中,律向无制裁之明文,故管束之方法,各属亦寥寥无几。惟嘉、湖、金、台、绍五属,对于浪费者之财产,或将田地房屋注册存案,使不得变卖,或由亲族公同择人管理,或通告各处不准支取财物,或禁止出外游荡,然亦不过一时权宜之计,是非明定法律,不足以制裁也。

第四节　疯癫白痴

疯癫白痴者,有精神丧失之状况,不能自谋生计,保存财产。查各属办理之法,有父母伯叔兄弟者,则父母伯叔兄弟为之主持其生计,管理其财产,否则由亲族中代为经理,然无法定权限,见利忘义者亦时有所闻,而于保护私权之道,殊多缺憾。

第三章　住所

第一节　住所之观念

住所之观念分主观、客观两种,前者即其人有常住于此之意思也,后者即有实行其意思之事实也。各属普通观念大都以生活之处为住所,例如有人本居乡野,及长营业城中,絜眷而居,其生活、事业既在城中,即与乡间亲戚故旧尚有关系,不得以乡间为住所也,若为一时避难计,俟稍平静即行迁回乡间者,则仍以乡间为住所,因其无常住城中之意思故也。然在昔科举时代,则以世居之地为住所者,此住所之观念,有今昔不同之感。上年办理初选举事,画分投票区域,于住所一节,错杂不一,良有以也。

第二节　住所之重复

一人于甲乙两处均置有产业,其身亦往来于两处,迄无定止,遇选举时,则以其眷属所在地为断。如甲乙两地均有眷属,则以本人现在之地为断。若本人不在甲地,又不在乙地,则以出生之地为住所。此各属通例也。

第三节　无住所者

凡人少遭丧乱流难迁徙迄无定所者,一旦有事查其住址时,则以其现居之地为住所。各属习惯大略相同。

第四节　住所与居所之别

凡普通观念恒以居所为住所。例如游幕人员就聘来杭,凡家族财产无一不在杭州,年复一年,渐于其家乡隔绝。若有人问其住所,彼必以现居之地应之。此可概见矣。

第五节　住所与本籍之别

例如候补人员数世服官于浙,家族财产均在省城,与其本籍毫无关系,即本人亦久无归志,且已有令其子弟服官他省者,则以杭州为其住所,本籍可不必问也。

第六节　假住所

例如省城各学堂招考时,温、处等州之人来省应试,势必居房暂住,惟录取之后必有种种交涉,故报名时恒以其现居之地为住所也。

第四章　失踪

第一节　失踪之期限

凡失踪者,所有财产及亲族上之关系,若久不确定,每起争端,故各国必有一定之期

间以制限之。惟我国既无失踪之规定,故亦无所谓期限。兹将各属之惯例,条举于左:

甲　凡失踪后已达死亡之年龄,又无父母妻子者,则其家产得由其亲族、戚族公同处置,或为之立继而承受其财产。

乙　失踪已久,系无弟兄子孙者,适遭父母身故,则有遗嘱者,当从遗嘱,否则由其家长作主另行立嗣。各属习惯,大半相同,惟间有不即立嗣而虚位以待者,其财产由其亲族保护,倘永久不归,得受其财产者,即当承其祭祀。

丙　失踪后关于婚嫁等事无一定之年限,多于音信断绝后,男则可以另娶,女则可以另嫁。惟上流社会未婚之妇亦守贞终老者居多。

丁　失踪人日后归家,惟甲乙两项已失之权利均得回复,至丙项则限于名义,不得再复云。

第二节　失踪管理人之权限

管理人之义务,须调制财产目录,表明失踪者现在财产之实况,以预备将来交还之底本,至其权限如修缮家屋、添置田地、储款于银行以生子息、贷屋于他人以收租金、赁田于农户以收租米,皆在管理人范围之内,决不得将其家屋变卖,以失本人固有之利益。

第五章　法人基础
第一节　种类

以公益为目的之团体,种类不一,不胜枚举。兹将各属普通所有者分为五大部于左:

甲　志在慈善者　如育婴堂、普济堂、清节堂、同仁堂、义仓、施医局、掩埋局、救生局、水龙会、栖流所之类。

乙　志在学问者　如官立私立学校、教育会、劝学所、宣讲所、商会、农会、医学研究会、自治研究所、讲报社、图书馆之类。

丙　志在宗教者　如僧教中有沙门、禅门、子孙门、应付门,道教中有正乙派、全真派,女尼中有优婆夷、优婆塞,西教中有天主教、耶稣教、公同教,他若香会、香集,亦各属所举行。

丁　志在联结气谊者　如公所、同乡会、会馆以及义庄、宗祠之类。

戊　志在营利者　如造纸公司、砖瓦公司、榨蚕公司、树艺公司、垦牧公司、渔业公司、铁路公司、轮船公司、电话公司之类。

第二节　成立

法人基础成立时，禀官立案者居多，惟同乡会、会馆、义庄、宗祠以及香会、香集等素不立案，若并未立案而公然用假定之名称以与人交涉，他人莫得而承认之。

第三节　代表

凡用假定之名称出名者，如遇官署传集，应由其董事人、经理人及其族之尊长为代表，或公举代表出面，如其中之一人擅用公共名称为卖买者，能否作证，须视所争执之事项是否系其所经手。

第四节　解散

凡法人基础成立时既经禀官立案者，消灭时亦必禀明官案始能解散；其未禀官成立者，亦得自由解散，惟消灭时所有未了各事，无论成立时禀官立案与否，均须会集团体中人公用解决。其解散之原因，或因办理乏人，或因经济不济，其因交算不清以致各团体中互相诉讼者，亦时有所闻。

第六章　物

第一节　动产、不动产

按：不动产者，不变更其实质及形体，则不能迁移其位置者也，故土地为各种不动产之基础，永久不能迁移者，其次则为土地上或土地中之定著物，如天然所生之植物，及人力所成之建筑物，皆以土地为根本，非变更其实质及形体，则不能迁移其位置，故亦谓之不动产。其他之物，凡可以迁移其位置而无损其实质及形体者，皆谓之动产。民间习惯，向来于动产、不动产之界限不甚分明，然对于二者间之行为甚有区别。卖买动产，则以发票或承揽为凭；卖买不动产，则以契据中保为凭。例如买丝万元，但使货款两清，别无交涉，而卖买之事已成，若买土地房屋，价值虽同于买丝，将来之纠葛无穷，故必有央请中保立契纳税过户等事，此动产、不动产之所以异也。

第二节 主物、从物

凡土地与房屋互相连属，其主从甚难分别。如土地出卖，有少数房屋在土地界限以内，有不能分析之势一并归买主所有，则土地为主物，房屋为从物；如房屋出卖，建筑房屋之土地及房屋之余地，确与房屋连属一并归买主所有，则房屋为主物，土地为从物；间有土地系甲物，房屋系乙物，土地出卖，房屋不在内，房屋出卖，土地不在内，两者均得为主物，然此乃特别之契约，非普通之习惯也。通常土地于房屋归一人所有者居多，出卖时恒以土地为主物，房屋为从物。盖以土地为房屋之主体，一经让渡后，凡土地上旧有之房屋，皆可自由改筑。即如租借土地建筑房屋，就两方面而言，则土地与房屋均得为主物，然契约上必先有拆屋还地之规定，是凡有土地者含有特别珍重之性质，故得以为主物也无疑。

第三节 特定物、不特定物

凡特别指定物之品类而不能以他物代者为特定物，反之即为不特定物，但物有区别，而人之行为亦随而生区别。兹举一二事以证明之：

甲　卖买时物价尚未交割，则卖买与否，各随其便。如系特定之物已付定钱后有他故，复不愿买，则先付过之定钱不得索还，苟其特定之物与原约不符，尽可退回，否则不能。

乙　设有甲乙二人,各向丝行买丝,甲为指定某包者,乙则但言等级及斤量而不指定何包者,各将价钱付清,约期取货后,于期内该行被邻火延烧,货物半毁于火,甲指定之丝亦被焚失,斯时甲欲追还原物,势必不能,只可索取其原价,若不特定物,则或追还货物,或索取原价,均无不可。惟实际上该行既被火毁,必以天命为辞,无论特定物、不特定物,亦只须减半赔偿原价而已。

第四节　添附物

添附物者与从物不同,本无必须置备之义务,不过附属于他物而效用益见完全耳。兹举事实以证明之：

甲　设有房屋一所出租于人,举凡添附于房屋中之门窗等物,一应在内,无另外加租及移拆不租之事,但视添附物之完备与否,以定租金之多寡而已。

乙　凡主物上有添附之物一并抵押于人,如将添附物取去而可以无损主物者,得以先赎回其一部,否则不能。

第五节　果实

凡卖买时对于有果实之物品,各处办法不同,兹举一二之例于左：

甲　凡田亩出卖适当成熟之期,其果实有仍归卖主收获者,或将果实加入田价内而归买主收获者,向无一定之办法,恒由于双方间之契约而定也。

乙　凡已租出之田地转卖于人,而不届收纳租谷之期,则卖出以前之租谷不得归买主收取,此各属通例也。

第七章　法律行为

第一节　意思真伪

凡以假意允人结约而未曾订有字据,日后对面之人即欲要求实行,亦可反悔。盖各属有口说无凭之习惯,此口头契约所以不生效力也。

第二节　串通

各属结约既轻口头而重笔据,故即两面串通所结之约,只欲其内容完备亦生效力。如某甲欲娶妻,女家嫌其贫乏,谓若某甲有田百亩则可以女妻之,于是甲与乙通,即由乙假立契券,售田百亩于甲,任其纳税过户,实则此田仍归乙所有也,后甲因窘迫,权将其地抵于丙,丙不知其细,管领其地,此时乙只得执前次串通所结之约,与甲交涉,不得向丙赎回,此通例也。

第三节　错误

凡将意思通知他人,而他人有误会时,自当以误会者为无效。例如赵姓有甲乙房屋两处,其向人云欲将其甲屋卖出,钱姓闻之,误为乙屋,急欲买之,是为目的物之错误,赵姓得以反悔初议也。

第四节　诈欺及强迫

如以诈欺及强迫之行为诱人订约,被诈欺及强迫者得以反悔与否,此则视乎契约之成立、未成立而有异也。例如甲有房一所卖于乙,计值千金,甲欲高其价格,暗使人讽言此屋将有富商来租,可得最高之租金,甲某本不忍出售,只因急于用钱故耳。乙信之,乃允出一千二百金,此诈欺之行为也。又如前项事件因欲抑勒其价,声言某甲之屋若不肯贱价,我必使人焚之,此强迫之行为也。此等事项,若契约尚未订定,得宣布其理由以反悔之,否则亦生效力。

第五节　隔地之通知

凡两地相隔，如有交涉事件，发信通知，其中有数条件也，兹举于左：

甲　隔地通知之卖买，不论其价涨落，总以受信为证。如杭州某甲发信，向上海某乙定洋油千箱，信到后，虽仅隔一日，洋油之价飞涨，乙不得照涨价后核算。盖隔地通知，全凭双方之信用。现今邮局递信，到必盖戳，尤足取证。

乙　如前项事件，甲于发信后暴病而亡，或发疯癫，于是家人再发一信，以取销前议。如先发之信，乙尚未接到，则前次之通知，目归无效；若前信已接，货已购就，则此货当归甲家处置。

丙　如前项所述事件，若乙当受信之时或患疯癫病者，其代乙管理之亲长等又未及见信，则甲不得仍以信到之日为凭。

第八章　代理

第一节　本人

凡代人之事，当其表示意思时，须将其代某某所作之事向人说明，然事实上复有明明自己之事而诡言代人者，亦有代人之事而冒充己事者，至本人之承认与否，兹设例以答之：

甲　设有富户某甲，欲购置某地，恐自行出面，地主将故高其价，乃诡言某乙嘱其代购，业已订期立约，而甲忽嫌价值太昂，或又思另购他地，意欲将其地脱卸于乙，乙不之许，甲仍不能不自认也。

乙　设有甲欲买绸若干疋，托乙代购，而乙与绸庄素相善，冒为己买，则得贬价以售，迨见甲则曰：近日绸价飞涨，某绸非何价不办。甲因急于需用，不得不如数购取，日后甲适于亲友中探得乙之所行为欺诈，于是诘责以浮开之罪，不肯承认，亦恒有之事。

第二节 代理能力

凡未成年者,或有痴病者,或为人妻者,均不得为人代理事件为原则,惟习惯上未成年者遇非重要事件,受亲友之重托,而其力实足以胜任者,亦得为代理人。即是为人妻者中,律亦未尝明示,其为无能力者,不过因夫权作用之结果,不得自由行动,若经夫所许可之事项为人代理,亦无不可。

第三节 复理

凡受人委托事件,必经本人许诺方可转托他人,如遇有不得已事故,必须转托他人而不及通知本人时,其办理之善否,对于本人仍由原代理人负担其责任。

第四节 双方代理

设有人为双方所信用,逆料其能力必足以达其所委托之目的,则凡双方交涉之事件,由一人代理,固无不可。如媒妁之对于男女家,和息词讼人之对于两造,代理商之对于卖主买主皆是。惟一方有不动产之关系,必须本人出立契约者,代理人只能代一方付价,不能代一方立契。此各属固有之习惯也。

第五节 代理权之范围

凡受人委托代办事件,其由本人指定范围者,自当遵照办理;其本人并未指定范围,但浑言之曰代理则在本人权限以内,一若皆得代行之,然非漫无限制也。如关于动产或不动产之附属物及其果实,均得由代理人自由支配;若不动产之移转变卖,须经本人出立契约者,则非代理人所得擅专。

第六节　代理权之消灭

凡托人代理事件,正在办理时,如本人死亡,苟无他故,仍由代理人照常办事。若代理人死亡或发疯癫,则代理权当归消灭,然其后人或能胜代理之任而经本人所承认者,则亦可继续代理。

第七节　冒充代理

凡事件并未托人代理,而忽有人冒充代理,擅行举办,如本人不肯承认,则对面之人势难向本人理论,咎由于己之失察故耳。

第九章　不作证及反悔
第一节　不作证及作证

凡民间一切事项,往往有不能作证者。例如威逼局骗或愚昧无知者被人欺诈之事,当初虽已订约,日后得由本人之亲族、戚友出而废之。如本人以前结之约不尽无因,自愿经众重议改立契约,则自初次立约后,以至改契时之所有权利义务之关系,应仍归原所有者享有之,负担之,此正当之办法也。

第二节　反悔

人与人作事,既非儿戏,岂容反悔,但民间作事,每闻有反悔之时,且亦为公论所许可者。例如未成年者受人愚弄,则其父母亲长可为之反悔;为人妻者所作之事被人欺诈,则其夫可以出而反悔;疯癫及盲哑聋等人所作之事如有亏损,则其代理人可以出而反悔。他若地方绅士,具有热诚毅力维持公道者,遇有民间不平之事,亦得出而代为反悔之类是也。

第三节　反悔之效力

反悔之事,常以反悔之时起作为退约。例如市上米价每石七元,某甲于发癫时妄与乙约,将所有米两石每石四元卖出,及至清醒时悔甚,思反前约,但甲已收钱,乙已将米用去五斗,其时甲应还洋六元,乙应还米一石五斗,是为正当之办法。若其已有成约尚未交接,忽然知为受欺,则得以取消前约,此项办法于卖买上为最多。

第四节　追认

凡既经反悔之事,后再追认,为事实上所罕见,然如未成年者所作之事,初由父母或亲长反悔之,及本人成年以后又欲追认,亦莫须有之事,但无一定之期限,通常约距反悔时期不甚相远,使对面人不至大受损害为断。

第五节　反悔之期

凡事已成约,其中如确有受人欺诈威逼等情,本可由本人及其亲族或代理人或后辈出场反悔,并无一定之期限,查民间习惯,均以临时反悔者居多。

第十章　条件及期限

第一节　条件

凡与人结约,有当时不能确定之事件,每于正约外另附一约,名曰条件。有所谓停止条件者,表示暂时停止之意思也;有所谓解除条件者,表示将来解约之意思也。惟条件之得追溯既往,必具有正当之理由,方为有效。例如甲有母牛一头,怀胎已数月矣,乙欲买得之。甲云:"俟我将田地售出方可卖是牛。"于是乙要约而去,乃不数日,牛已产子,田亦卖出,于是牛归于乙,乃乙并欲取此子牛,以为成约本在未产时也。关于此等事项,须查其订约时究竟此子牛是否在于原约之内,若原约并未及其子牛,虽追溯亦无效也。

第二节 不法条件

凡正约所附之条件,如系不法行为,则不得作证,自不待言,即如禁止不法行为者,亦须视其双方之能力若何,方可作证,不然则否。例如乙向甲乞钱,甲云:"汝能将烟瘾戒净,我与汝百元之数。"要约后,无论甲果预备洋百元待乙戒烟,而乙终未能戒净;或乙当烟瘾戒净时甲已将洋移用若干,无力如数措置;或乙始则将烟戒净,得洋后复吃;或甲原系无钱预备,至乙既戒净烟瘾,向甲取洋,而乙则曰:"前言戏之耳",乙亦无如之何。

第三节 期限及期间

查各属习惯,凡条件中宜注明年月者,均依历本为准,若以月或日及时计算者,悉以即日及即时起算,月建大小不论,此外尚有特别办法两种,兹据于左:

甲 设有人将衣饰抵质于当铺,其时系三月二十七日,至五月六日往向赎回,共计在质四十日(指大建言),该当取利仍以一个月计算。

乙 假如七月十二日上午或下午或晚间向钱庄借洋,订定三个月归还,由即日起算,应以十月十二日为限,设是日傍晚交还,须多加利一天。

第十一章 时效之理由
第一节 无主物之处分

兵燹以后,人民迁徙流离,所有物产大半失其证据,数十年后,欲追认其所有物,奈苦无证据，每被狡狯者闻之，顿起冒认之心，始则私行承粮，继则占垦盗卖，即与之争讼，政府每援左文襄招垦之例，开垦三年无主来认，准其承粮执业以为判断。产主每以证据已失，徒费金钱，无济于事，往往忍受之。此实有主而不能收回所有物也。至无主之物，则所收花息，或暂归地保承管，或提充地方公用，各处办法不外乎此。

第二节　证据怠于收回

证据之怠于收回，由于一方不急检还，一方未便急索，历时既久，两相忘却，至数十年后，子孙检出持以索债，原中原保又俱作古，而无所取证，则债户之子孙必须多少偿还。若债主之子孙执意必欲得其全部之数，势必禀官判断，亦不许其全部作证他〔也〕。

第三节　存心盘剥

存心盘剥之人故意放任其债权以图利上加利，至十数年之久，甚有利过于本数倍。中人之产，因此破落者不知凡几。民间对于此等事项，必经亲友公同判断，除付过之利息不计外，或再还一本一利，或将利子酌量偿还，无一定之办法。惟近时债款，其利恒以逐月收取为多。

第四节　假契假票

捏造假契假票，每出于无赖子所为，其诈术又每施于懦弱可欺之人。一经指驳，立即形见势拙，故被售其奸者绝少，即不然则惟邀人向其理论，或讼之官府，舍此别无妥善之办法也。

第十二章 取得时效

第一节 动产

凡占有他人之物,如系平稳公然,并非出于强暴稳秘者,至成年后可取得其占有物之问题,此则视乎一国之法律所规定而异也。我国民法尚未颁布,向无时效之规定,即习惯上凡占有他人之物,无论何时,一旦他人来取,即当交还,不得举为己有也。

第二节 不动产

凡占有他人之房屋田产,即系平稳公然,并无强暴稳秘之行为,且无恶意及过误之处,亦不得归为己有,虽年深月久后原主忽来索回,自当一律归还。惟历年租息,原主当得一半,以一半作为酬劳之资,是为正当之办法。

第三节 财产权

凡占有他人之财产权,如原主数十年不来索取,可作为自己之权利,否则不能。例如船埠之用钱,向归甲收,乃甲因事他去,所有埠头之权利,由其亲戚乙某收取,旁人涎之,屡起争端,乙费尽心力以保守之,数十年后甲归复欲索回,而乙不允,照民间公论,以甲一方面究为自己抛弃其权利,乙尽力保守之,不为无功,故甲不得追索以前之利益,惟其原有之财产权,乙当尽返还之义务。

第十三章 消灭时效

第一节 长期债权

关于债权之消灭时效,各国法律均有规定。据日本所定债权之时效,有以十年不行使而消灭者,有以五年、或三年、或二年、或一年不行使而消灭者,各视其债权之性质而定期间之长短。我国民法倘未颁布,并无一定之时效,但就习惯法论之,如远年债务,让利还本。同治初年兵燹后损失各物,有契约可证者,则定以三折偿还。他如抵押之房屋田地,经过三十年之时效不准赎回,衣服首饰杂物经当铺至二十四个月后即可收没。如将届期满请求展限,即时效中断,仍可进行,此亦含有权利消灭之意也。

第三节　短期债权

凡短期债权,鲜有延欠多年者,盖是等债权多无凭据,若年深月久,债权者往往怠于请求,债务者亦未必肯为办济,其债权不免因时效而消灭。关于此项债权,其种类甚多,列举于左:

(一)医生、收生婆、巫觋术者、僧侣一切治病送死事项所欠之债。

(二)各种工匠之工钱,以及金石书画之润笔。

(三)讼事上一切讼师、差役之酬劳使费。

(四)婚丧喜庆、添丁置产时一切谢金(例如谢媒、酬中之类)。

(五)卖买物品之价钱。

(六)学堂及店铺等各种生徒之修金、膳宿等费。

(七)杂技(如乐工滩簧戏法之类)及仆役佣工等之赁金。

(八)舆马舟车之脚力、客栈戏场等处之给费,以及贴堂等费(例如浴堂、茶店中剃头、剔脚及卖瓜子、果实人等所贴于堂倌之费)。

(九)一定地方之规费(从前船埠、车埠、舆埠之头俱有征收众夫规费事)。

(十)租借物品之费(婚嫁时租赁珠冠裳袄之类)。

第二编 物权

第一章 占有权

第一节 占有之范围

凡民间以谋占、霸占、奸占、吞占、侵占等语指控他人者,必有其意旨及情状之可言。兹分晰其要件,列举于左:

甲 所谓占者,指明知非彼所自有而无凭无证者而言。如确系自己之物,因天灾事变,或年湮代远而凭证无考者,不得谓之占也。

乙 所谓占者,指据为己有者而言。若代他人管理并无取为己有之意思者,不得谓之占也。

丙 所谓占者,指亲身管领者而言。若并不亲自管领而以之转租于人或赠送于人者,则为他人所占有也。

丁 所谓占者,不特指阴谋诡计或恃强逞蛮者而言,即公然示众毫不隐讳者,亦何莫非占也。

戊 凡原系寄存或租借后乃抵赖不还者,固谓之占,即原主怠惰收回,事隔多年,以致权利流落于他人之手者,亦为他人之占有物,原有者不得主张为己有也。

己 财产被人占据者,固谓之占,即诱留妇女并无财产关系者,亦何莫非占也。

庚 权利所在,他人来就,如房客、佃人屡欠租金,驱之不去,反视田房为己有者,固谓之占,即权利随人而去。如贵重物件寄存人家,竟被其吞没公然使用,不许收回,以及妇人背夫而逃,每居于所私者之家,亦何莫非占也。

第二节 占有之诉讼

凡户婚田产之讼案涉及"占据"字样者,地方官审判时孰曲孰直,必有所依据以为凭证者,兹分别列举于左:

甲　凡占踞〔据〕之案，以凭据或中证为重，固也。但两造均无凭证时，每以占有者得直，俗所谓管业为重也；或原告假造凭证以求得直，应由地方官察出作废，如未经察出，或以原告所控不尽无因，只得用调停之法断息了案，以免讼累。

乙　凡占有他人物产，无端被地位相同之人夺去以致诉讼时，亦每以占有者得直，以免纷扰。如占有未久，或占有时有恶意及强迫等情，而一无理由者，应返还其原主。

丙　凡物产既经许人占有，原主无端忽欲夺回，以本属我之所有为藉口而起诉时，地方官须察核其占有时之情状办理，未便即予允准。

第三节　占有之种别

占有一事，原因甚多，情状各异，兹就其中显有不同者，条举于左：

甲　凡不知情而收受窃盗寄存之物，如失主来索回原物时，占有者均应随时返还；至拾得他人遗失之物，经失主来索，应否返还，则视其两方之情谊若何，无一定之习惯。

乙　在市场买得赃物或遗失物品被失主认明后，可无论何时筹备原价赎回，然非确有证据者不可。

丙　动产及家畜等如被邻家占有，例得请其返还，惟为时过久，则又为邻家之占有物矣。

丁　凡家畜以外之动物曾经人所饲养者，如逃入邻家，经其饲养，索取时偿还与否，出乎邻家之任意，无一定之惯例。

第四节　占有之费用

凡占有他人物产所化费用，当原主收回物产时，占有者欲向之索还费用，而原主之承认与否，则有分别，举列于左：

甲　凡占有他人之房屋，仅因其破漏而修理之，经原主收回时，不得索偿其小费；如田地初辟,甫及一年、半年,遽为原主收回者,须酌给其垦费。

乙　如占有他人之房屋,振刷旧屋,焕然一新,材料之柔薄者易之以坚牢,使此屋比从前增高价值,日后原主收回时,得索出其费用。

丙　凡占有他人之物故意浪费崇饰,经原主收回时即欲索回其费用,须经原主之承认,酌量偿之。

第五节　占有之果实

凡在占有物上取得果实,日后原主收回时并可追回其果实。例如田地被人耕种,例有年数,日后经原主查得,不但索回其地,即其历年租息,习惯上仍得收回,但不能一一如数,大抵减半价偿还而已。

第二章　所有权

第一节　所有权之意义

凡物产可以由我使用、由我收取利益、由我任意处分,方为完全之所有权,然有所有权而不能自主者,例如妇人夫故无子,虽有家产,常被夫之兄若弟干涉是也。

第二节　所有权之范围

凡有土地之人,在土地上下之权利甚有区别,俗有借天不借地之说,列述于左:

甲　例如树木荫遮邻地,以致花息不茂,邻人无权以阻止之。

乙　又如邻有窑地,烟焰熏蒸有碍于我地之禾稼者,我亦无权以阻止之。

丙　若邻人在其地之边界处掘井,上狭下广,占及我之地下,则不免有土地崩陷或墙垣倾塌之虞,不妨出而干涉之。盖地下为地面所依托,其权固不能别属也。

丁　邻家养鸽飞翔空中,适当我之地上,则未便公然弹射,以伤邻右之感情。

第三节　邻地使用权

凡在接近邻地之土地房屋上欲兴工作而必须借用邻地时,须向邻人先行商妥,得邻人之许诺,方可使用。如有损害及于邻人,应一律赔修完固,以复旧观。

第四节　邻地通行权

凡四面均被他人之土地环绕,欲通至大道,可由其环绕地原有之路通过之。惯例所谓有地必有路也。如欲新辟一路,非与邻地所有者妥商立券,不能通融,其通过费用,或一时偿还其地价,或每年支拂其租金,均由当事者协议之,且因开路而生之损害,必须赔偿。惟预防水灾,彼此为公益起见而设有太平门者,临时得特别出入,此例外也。

第五节　流水权

民间关于流水一事,交涉频繁。兹举列详述于左:

甲　流水问题,依乎旧例者居多,既系日常从邻地流来之水,不得无故沮塞。

乙　地上之水宜通不宜塞,若因低地沮塞,致使高地之水不能畅行下流,而低地所有者无方疏通,则高地所有者得与低地所有者妥为商议。其疏通费用,或由高地所有者独任,或与低地所有者分任,各处习惯不一,然大抵以高地所有者独任为居多数。

丙　如邻地上关于蓄水、放水、引水等事而损害及于我地时,当不待请求,而邻地之人应负赔偿之责任。至修缮堤岸等事,其利害关系某方面者,其费用即由某方面担任,他方面竟可置身事外也。

丁　邻地所造房屋,如有雨水注泻我地,理得阻止,故通常房屋之近于邻地者,多以滴水为界,大率至少须留余地二三尺。

戊　沟渠之两岸如为两家所有,则一家不得任意变迁其水道。即两岸俱属一家,欲变迁其水道时,亦必对于上下流之水势无碍于通行利便方可,否则上下流之有田地者,可出而干涉之。

己　如我地之水路通过邻地,必须借用邻地上原有之工作物,应否贴补其费用,则视乎两家之情谊如何,无一定之惯例。

庚　两家共有之水路,如一家欲设坝堰以附着对岸,则对岸之人得以阻止之;如对岸地主亦须用此坝堰,则所需费用应由两岸各地主照田亩之多寡摊派,以昭公允。

第六节　土地疆界权

凡土地与邻地交界之处,向用石碑标识姓氏,多在自地之尽边、两家在界线中共标一识者,颇少有因邻地已设有标识不复再设者。其土地之界线,以邻姓地亩及沟洫陂塘水道山麓为凭,故立界标之外,更须于契约上注明。若年深月久,两造契据遗失,界标湮没,无所依据,当以两方面之户粮通盘丈量,而以粮之多寡定其疆界,自某地至某地若干亩属甲,自某地至某地若干亩属乙,此一办法也。又或邀请公正乡老、熟悉地址者出为指正,并经确实丈量后补领契据,以资执守,此又一办法也。

第七节　围障权

凡两屋并列,中有空地,主人各异者,其分界上必各设围障以清界限。其所用材料密实者为砖墙、泥墙,漏光者为竹笆、木栅或荆树。在城中以泥墙居多数,乡间以荆树居多数。墙之高度一丈数尺至七八尺不等,竹笆、木栅、荆树等高不过丈,低不过六尺。两家合设者颇少。

第八节　墙壁互有权

墙壁既属共有,不得以一人之意见自由增高改筑,必与共有者妥为商议,两相允可而后行。此惯例也。然使增高改筑,与共有者并无不利益之处,则共有者之一人得自由增高改筑,惟费用须独自担任。

第九节　采伐权

凡交界处之竹木,如系枝叶横出界外,例得请求竹木所有者剪除其枝叶。惟习惯上苟非有妨碍之处,大都听其自然,不甚计较。至竹木之根绕过疆界,得自由截去之,竹木所有者无干涉之权。

第十节　界线制限

凡建造房屋,其檐头与地之界线均不相齐,让进约有尺许,若凿井位置非属于公共性质,必距离界线丈许或五六尺,以免邻垣有倾陷之虞。设厕虽不拘此例,但必须设立在所有者之界线以内。

第十一节　观望权

凡房屋与他人住宅相离不满三尺,亦得任意开设窗户。如楼屋之走廊或窗户可以窥见他人之家庭,俱添设目隐,以为之蔽,然此特穷檐蔀屋之规制,要非所论于高堂大厦,墙围屏蔽深远难窥者矣。

第十二节　所有权之取得

凡所有权之取得,必有正当之理由,在兹举物之性质,分为四项,编述于左:

甲　无主物　凡无主之不动产,悉归官有。例如荒田有人领垦,则荒田附近之人不得干涉阻止。

乙　遗失物　凡拾得遗失物后,经原主寻索隐匿不还,以致互相争执成讼时,例得断还原主,惟须令原主出酬金若干以与拾得之人,方为持平。至物为所雇之工人拾得,则工人有代主照料之义务,自当悉数归还,不得稍有隐匿。

丙　埋藏物　凡在物产中发见埋藏之物,多不令原主知之,如被原主探悉,向之索还,亦必多方抵赖,欲达到返还之目的,颇非易易,此不特业已置买之物产内发见者为然,即与租之房屋及赁租之田地内发见者,亦莫不皆然。至有为所雇之工夫于工作时发见者,自应全部归其主人所有,主人或加给赏资,俾及其余润而已。

丁　添附物　凡对于添附物之卖买,无论与主物有可离、不可离之别,概以不分拆者居多数。

第三章　共有权

第一节　立契

凡买得共有物,如须订立契约,必由共有者公同出面,其保存契约之办法分为三种,于左:

甲　如系族房中之共有物,每由族长或房长收执。

乙　如系会社中之共有物,每由会中家产富厚或名誉较著之一人收执。

丙　如系私人中之共有物,每归众所信任者收执。

第二节　使用

凡数人共有一物,其使用之方法亦有一定之限制。例如二人共有房屋三间,东边为甲之住房,西边为乙之住房,其中间为甲乙共有之住房。甲因婚丧事故使用此中间全部分之住房时，乙不得阻止之，惟经过婚丧时间，即失其使用全部分之效力。至关于中间之住房因使用而损坏或倾倒时，甲应担其赔偿之责任。又如三人共有一马，对于马之全部行使其权利，但不得以一人常占有之。如按月计算，甲、乙、丙每人各乘十天，然使甲因有事于十日之外尚须乘用此马，则必商诸乙丙，得乙丙之承诺而后可。其余以此类推。

第三节　保存

凡物必由保存而存在，若共有物之保存，其中有数问题也，分述如左：

甲　凡共有物全体均有保存之责任，但只有一物，自须归一人保存，其办法与前第一节中收执契约同。如日后有损失时，须酌量其为公过、私过而定赔偿与否之准则。

乙　凡关于保存上必要之费用，须全体公同担任，倘有不肯负担者，或取消其各有权，或公还其置买费，得由共有人酌量议处。

丙　凡系共有之房屋，一人因婚丧事故而先行修理，所有费用确系万不能省者，得向各共有者要求摊还。

第四节　处分

凡处分共有物时，利害每及于全体。兹述于左：

甲　凡欲处分共有物时，须经全体之公认。

乙　共有者中欲以己之一分归并局中人，或让渡于局外人，亦须经全体之公认。

丙　共有者多数欲处分共有物时，间有一二人不承诺，不能以强硬手段强制处分。然一二人之势力薄弱，终亦必归于承认者居多。

丁　凡属共有物而主张处分、不处分者，各得其半时，须查组织之原议如何，无一定之办法。

第五节　分割

凡共有物必有分割之一日，分割时必生种种纠缪辖。兹述于左：

甲　凡共有物之分割，必经共有者之协议。设有人远出而未经协议，并不及作函通知时，势不能以一人而迟滞多数人之分割日期，多数人可将其应得之一部分交其亲族管领，或共有中之殷实者担任保存。凡此皆由共有中之多数人酌量办理可也。

乙　凡祖传之产业性质不宜分割者，多作价归并于一人。若彼此不肯通融，强为分割，以致四分五裂，不能达其完全之目的，此在不肖者之子弟，或不免此，然亦各属中罕见之事实也。

丙　凡共有者中有债权、债务之关系，至分割时，债权者如欲划算，必经债务者之允许而后可。然习惯上亦有因不能允许而用强制要求之办法者，亦时有所闻。

丁　共有物未分割以前，假使共有者中将己之一份先行抵押于局外人，在抵押时已经共有者之承认，则分割时此一份即归抵押者收领，亦未为不可。

戊　凡共有之物或财产权，由先行立约在几年以内不许分割之例，惟年限之长短，视乎共有物之性质而不同，无一定之习惯。

第四章　租地权

第一节　种类

凡租地之用法，种类甚多，或以建筑房屋者，或以栽种花木者，或设工场窑厂者，或以始而以种植桑麻、继而改种五谷者，要之，无论其如何用法，既经租后，悉听其便，不得于租金之外复令其重纳租谷，其租金名曰租钱。惟在其地上造作坟墓，乃永远之事，为惯例所不许。

第二节　契券

习惯上轻口约而重笔据，故凡租借他人之地者，必须立契。其契内所载有订明每年给付租钱若干者;有租地时当即付清,但订定租满若干年限者;有并不另出租钱,订明租借若干年将地上所有之房屋概归地主以作租地之代价者,恒依乎两方面之合意而定者也。间有在郊野暂时租借一地,但凭口约而不立契据者,宁属于例外。

第三节　年限

凡租借地亩,往往因年限之长短有无而生枝节,列述于左:

甲　租地建筑房屋,其订定年限,或十年、二十年、三十年不等,至长有至五十年者(乌程张氏租钱塘门昭庆寺地,订期五十年,此一例也),年限既满,常有增高其租价,请求展续者,如租主不允其请求,则任由地主收回。

乙　满期时,如租户欲继续租赁,必须换立契约,然或因租价无所增减,彼此不欲重订年限,亦有但凭口约而不复换契者。

丙　年限未满而租户以不得已事故欲退租时,租主得扣留其押租,必待另有租户方许取回,或则令其付出未至期限一年分之租金(如租金向在年终纳付,租户虽于春间退租,其租金亦须照全年付出)。

丁　年限未满而租户以所造之屋抵押于人,则所有地租须归住房人纳付(俗名随房地基租)。

戊　年限未满而房屋毁灭不再建造,得即以火灾之期作为满年。

己　年限未满而地主或因不得已事故将土地卖出,新地主又不愿将该地出租,租户只得约期让还;或房屋为租户所造,而租地之期限未满,新地主亦不得强迫之。

第四节　租金

租金一项,问题甚多,分述于左:

甲　租金问题,城乡不同。乡间多以亩计,城镇则每以地域之大小及坐落之是否要冲、水口之是否便利、租户之需要缓急若何酌量价格,以另支配,无一定计算之方法。

乙　纳付租金之法,有按月者,有按年者,有按两季分缴者,然以按月、按年者居多,两季分缴者甚少。

丙　凡租金额数议定后,或地价有涨落,事业有盛衰,租户有损益,俱得随时增减其租额。但定有年限而未满者,不在此例。

第五节　退租

凡租地时均定年限者,期满退租,自不待言。如当初并未约定年限而欲退租,则须包出一年租金之例(如租金向在年终纳付,租户虽于春间退租,其租金亦须照全年付出。此一例也)

第六节　还租

凡租户还地时,该地上所有之权利,如地主与租户均不愿收受,则估售他人;如两面争欲收受,应先尽地主,通常办法大抵如斯。

第五章　耕作权

第一节　耕作者之义务

凡耕作者之义务有缴费、纳租两项,分述于左:

一、缴费　领地耕作应先纳费,名曰小顶费,又曰押契钱。其费额以亩计,大率小顶费六七千至十余千,押契钱一千至三千不等,其办法如左:

甲　如甲以所佃之田让渡于乙,其间费用即所谓小顶费,虽新业主将田受买,而不付还乙所给甲之小顶费,新业主不得自种及另召。若经付还,则后来之承佃人须纳费于业主,否则每年于正租外,加还若干(俗名顶米),以作小顶费之利息云。

乙　佃户向业主赁佃时,须出押契钱,亦保证金之一种,其钱向不载明契上。向例三年之内如有他故,改易佃户,须由业主照数给还,三年后虽田经变卖或另召,佃户不得向业主收回。

二、纳租　收入租息,各处不同,列述于左:

甲　佃户纳租,分谷米两种,向由佃户缴纳,近则改为往收,间有于成熟时邀请业主面同收割,俗谓之落田分谷。普通租额,每亩纳米一石二斗,亦有多至一石四斗,少至九斗、八斗者,恒以田之肥硗、岁之丰凶定之。收谷则照米额加倍,又有自承佃之初酌定实额,无论水旱荒歉,年纳一定之米谷,或折钱数,名曰包租。他若逾年种地先纳租钱者,名曰现租,是又习惯上之一种特别办法也。

乙　凡不定额之租息,恒因岁之凶丰而有增减,其大熟之年照十成完纳,无增加之例;通常之年则六七八九折不等;如遇灾歉,有完一二折者,并仅贴还,往往有之。

丙　凡佃户欠租不纳,大都经过一年后地主可另招他佃。

丁　凡耕作失管之地,经地主认明后,所有应取租息,须由耕作年起补缴。如佃户实系贫乏不能自存者,亦只得由认明之日起算。

戊　凡开垦沿海新涨之地纳谷者,少收钱者多,俗有一二三及三六九等名目。一二三者,谓开垦之第一年,每亩纳钱一百文,第二年纳二百,第三年纳三百是也;三六九者,其递加之法相同,至三年后照常一律收租。此通例也。

第二节　耕作权之限制

凡耕作权必有种种之制限,列述于左:

一、年限　凡耕作他人之地,有订定年限者,有不订年限者,各处习惯不一。订定年限者,至少以五年或十年为度,至多以二十年或三十年为限;不订定年限者,得以任意去就。谚云:"种年田,还年租",此其证也。

二、地主易人　凡耕作他人田地，遇地主将田地出卖时，或仍由原户认佃，或另招他佃，悉听新地主之便。如旧地主收有押契钱未满年限者，耕作人得向之索还。

三、佃户让渡　凡耕作他人之土地，如自己无力全种，可以让渡，或转租于别人，其租息仍由原佃收归转缴业主，此种办法于地主固无所损害，故当承佃时，无预先声明不许让渡之事。

四、权限　耕作者必有权限，兹分为五项于左：

甲　关于地形高下，佃户有从便宜上变动之权。

乙　凡租地上所种物品，例不得超出乎原议范围之外，惟随地势之便利而改种他物，亦未始不可（如原议耕种禾稻，后因其地宜乎菽麦而改种之类是也）。若夫原约耕种后竟易为工场等用，则为惯例所不许。

丙　地主死亡，即无父母伯叔兄弟及子孙辈保管其家产，耕作者亦不得以土地据为己有也。

丁　凡在他人之土地上，既以耕作为目的者，不复有开宅作坟之权，即欲搭造草舍，亦须经业主之许可。

戊　凡耕作他人之土地，如有开沟筑岸等事，既经地主所允许者，其所需之费用，自得请地主贴补。

第六章　地役权

第一节　权利设定方法

凡必须使用邻地时，苟与邻地之占有者素无交情，未便擅专使用，但一经商恳，义无不允，然此特就暂时使用他人之土地而言（如交界处建筑墙壁，工人必须践履邻地之类），至属于日常使用者（如出入之路及在公用水道内担水等类），则民间房契田契上每载有"行路水道照旧出入公用"字样。盖田房所在，必有出入通行之路，然或因旧路隔绝，必须经过邻地时，亦有向邻人购买之事。

第二节　转移

凡素有地役权者,当主地转移时,其地役权大都随之转移也。例如甲乙二人友善,甲到地时,必经过乙之宅旁,相安无异,及甲地转卖于丙,丙与乙虽素无交情,然邻右通融,习惯上援以为例。

第三节　承继

凡土地素供使役且自担费用者,后来之人能否承继,视乎其人之好义与否,无一定之习惯。例如甲到地种获,必经乙地,乙因开水道将路掘断,又因彼此均觉不便,特造桥以通之,后乙将地转买〔卖〕于丙,至桥坏时修理与否,出乎丙之任意,甲无强迫其承继之权利也。

第四节　匀摊费用

凡有地役权者,在承役地上所造之工作物如承役地主亦时常使用,则有分任其费用之义务。

第七章　留置权

第一节　物品

凡与债务无关之物品,亦可以扣留之。例如入酒肆饮酒而无钱,则扣留其衣服之类是也。

第二节　占有物

凡不归债权者占有之物,若知其物为确系债务者之所有,而并无他债权者出而干涉,亦不妨扣留之。例如买米者约期付钱,运米而去,乃至期不付,于是债权者俟其向他处已买之米扣留是也。

第三节　分割

凡债务未清时,可将物品分别扣留之。例如买米百元,先付二十元,约期来取,余款及期不缴,则米铺扣留八十元之米而解还二十元之米是也。

第四节　期限

凡债务未届还期,本不能扣留其物品,然或系债务者势将立倒,非扣留其物品,债权者不得达其偿还之目的,故习惯上亦有债务未届还期而先将物品扣留之例。

第八章　先取特权
第一节　普通之先取特权

按:普通之先取特权种类甚多,兹据日本民法所规定共分四项,与我国习惯上适相暗合,故举于左:

一、共益费用　凡有公共利益之债款,至还债时,若此债权者欲尽先收取,则其他债权者不得不允许之。例如某甲欠债累累,势将立倒,虽有经营事业之计画而苦无资本,某乙乃慨然贷与资本,甲乘机而起,果得维持残局,恢复名誉,使甲之各债权立有收回债款之望,是乙之债款实为公共利益也。

二、葬式费用　凡因于丧葬费用之债款,如债权者欲尽先取回,其余各债权者理无不允。

三、雇人给料　凡雇佣人之薪工对于雇主之财产,有较他债权者先行取得之权利。

四、日用品　凡因供给他人之日用品而生之债权,对于被供给者之财产,有较他债权者尽先收回之权利。

第二节　动产之先取特权

按动产之先取特权,日本民法所规定分为八种,兹就我国习惯上所有者,酌录于左:

一、旅馆住宿费　凡旅客不给付住宿费时,店主对于其行李可较他债权者有尽先取得之权。

二、运送费　凡旅客不给付运送费时,运送人对于其运送物有尽先取得之权。

三、保存费　凡保存他人之动产而被保存者不给付其费用时,对于其所保存之动产,可先于他之债权者取得其权利。

四、动产卖买　凡动产卖买买主不给付代价及利息时,卖主可以收回此动产。

五、播种肥料　凡供给播种肥料,如受者不付代价及利息时,则对于其用肥料之土地上所有本年内生出之果实有先取特权。

六、农工业之劳金　凡从事于农工业之劳役者,当雇主不付工资时,则对于其因劳役所生之果实与制作物有先取特权。

第三节　不动产之先取特权

按:不动产之先取特权,日本民法有左列三项之规定,与我国习惯上亦适相暗合,故录之以备采择:

一、不动产之保存　凡保存他人之不动产者,如遇物主不给付其费用时,则对于其所保存之不动产有先取特权。

二、不动产之工事　凡工匠、技师等于他人之不动产上所有工作,如雇主不给付工钱时,对于其所执工事之不动产有先取特权。

三、不动产卖买　凡属不动产卖买,如立契后买主不付代价及利息时,卖主得对于原卖之不动产凭中取回；若买主于承买后即行抵押于人，而卖主不能实行其权利，则先由中人嘱令买主速偿代价等款，否则经官诉讼，押令赎回给付原卖人，以清纠辖。

第四节　先取特权之效力

如前述动产、不动产中各项问题，若其物已经移转于他人，则有先取特权者概不得向移转处直接行使，此惯例也。

第九章　质权

第一节　名称

凡借人之财而以物为质者，其名称有四：曰当，曰押，曰抵，曰戤是也。各属于四者中以当押为最著名，其开设必须经官许可，而押、抵、戤三者虽同一属于商行为，然多系私人交涉，故开设不必经官许可也。

第二节　区别

凡以物出质于人，其名称既有不同，其事实亦因之而各异。如以衣饰等件向当铺质钱，以二十四个月为满期者，谓之当；以价格低下之物当铺不肯收受，向军犯所开之押铺质钱，以三个月为满期者，谓之押；凡贫民以票据等向人家及各店铺借钱或支货暂时应用，不久回赎，多则以数月为限者，谓之抵；又如以不动产出立契券向人借钱，以一年或三年为满，或不拘年月听凭回赎者，谓之戤。其意义固显有区别也。

第三节　质主

凡为当、押、抵、戤等事之人，除当铺系富户所开，押铺为军犯所开外，无一定之资格。

民间债务往来,抵、戤等事,时有所闻,然未有专设店铺而特立牌号者。

第四节 物品

各种质权名称不同,其物品亦各异,曾于第二节区别内分别述之。

第五节 价额

凡当、押、抵、戤等之异其名称,虽不独在乎物品价值与所借债务比例之不同,然其中亦甚有区别,大率当铺值十得六,押铺值十得四,民间抵、戤等事,亦得十分之六七云。

第六节 期限

除当、押两种外,无一定之期限,参照第二节区别内之所述同。

第七节 占有

凡受质后不即将物品占有者限于不动产而已,然亦非无占有之事实(如田地归质主收花息,房屋归质主收租金等是)。盖恐债务者失其信,或届期利息不清,或暗中一产两质,不免受意外之亏损故耳。

第八节 利息

凡质权上之利息,其给付之法无一定之例。有按月者,有分季者,有年终结算并缴者,有如限或预期赎回子母同缴者(当铺中均照此条办法)。惟押铺则押钱一千,先扣一月之息,以九折付钱,若届一个月取赎,须完钱千文,两个月须完钱一千一百文,俗名为"军犯钱",皆下流社会与之交易,取息之重,无过于此。

第九节　动产质

动产出质,为民恒有之事,兹举其通行之办法于左:

一、物品之制限　凡除军装军器各种犯禁物以及施衣神袍等物不得出质外,余无一定之制限。

二、记号　凡属容易调换之物向铺当押时,必用特别之记号。如珍珠之有眼者,贯以线联两端,并粘以小块皮纸,画押作记;若珍珠无眼,并其他贵重各物,则置以小匣,俟该铺估定价值后,面同质者加以封条,作为记识。通常办法大抵如斯。

三、票据　凡当押铺内将动产物受质后即填给一票,以为取赎时之凭证。至民间借债以物为质者,但凭口说,多不立票。

四、展期　质物期满而物主无力回赎,欲向质主展期,须将利息付清,然此就一般之办法言之,至若当押铺规定之物之一届满期,必须备价取赎,否则一任质主之变卖,万一物主不肯割爱而又无赎回之力,欲仍将原物展期质入,其价格须按时另估。

五、保管　凡以物抵押于人,必须将物交付质主保管。

六、保管之责任　分为二项,兹述于左:

甲　质物既交付质主,质主即应担保管之责任。如遇灭失,其赔偿之价额大率照质价贴足十分之三,至稍有毁损,则临时酌议。

乙　保管费应归质主担任,乃一定之理,惟民间亦有以贵重物件出质,物种〔主〕自愿,另出费用,给令当伙加意保管者,名为存箱钱,是又特别办法之一主〔种〕。

七、窃来之物　凡质入窃来之物,经被窃者认明后,自必听其回赎,然其中甚有区别。凡在当押铺内,须由被窃者觅一保证人,得以原质之价取赎;若此等事件发生于民间,则听其回赎外,并加质主以相当之罚金。

八、变卖　质期已满,质主将质物变卖,亦属正当之办法。

第十节　不动产质

不动产出质分为两种,兹举于左:

一、土地　关于土地之抵押典戥,其办法各殊,兹分别述之:

甲　凡以土地出质于人,有期满移交者,有即日移交者,有当时不必移交但出挂户单凭约收租者,无一定之例。

乙　土地出质于人,如须中人费用,有先由债权者给付、届回赎时归债户偿还者,有各认一半者,无一定之惯例,视乎期限之久暂、利息之轻重为断。

丙　土地出质于人,出立戥契一纸,开票一纸,借票一纸。其戥契与绝卖契不同之点,约有四则:(一)卖字上不加"绝"字;(二)契末无"永不再找""永不回赎"字样;(三)条件内载有"另立借票一纸,任凭几年内原价回赎"或"不拘年月,钱到回赎"字样;(四)条件内载有"中东开税等费,若干年内由戥主归赵",及"若干年后,各认一半"字样。此指自己所有之土地出质于人而言,若抵得他人之土地,则出戥契内须叙有"抵得"字样,并须将抵入之契据一并发去,其条件内又载有"某姓原质契一纸并发"字样。若系祖遗,或分授,或自己买得,则将"抵得"两字改为"祖遗""分授""自置"等字样,老契亦应并发,条件内亦须载明。

丁　质入地土地时,各属通例,每于契内载有"任凭推除过户"字样,但为省费起见,往往先向庄书注册,领有注册单,已足杜叠戥另卖之弊。如债户素无信用,亦有即时过户者,否则延至期限满,后者居多。

戊　已质出之土地上所产果实归何人收受之问题,悉由两造议价时预先议决。

己　凡土地出质者,如不定期限,业主欲将土地另行变卖,得随时向质主赎回,但各属惯例,每先尽质主受买,因省过户税契等之费用故也。

庚　同一土地上有数个质权时,当以业经过户者占权利之优胜。

辛　凡质入之土地,恒有转质于人之事。

二、房屋　关于房屋之抵押典戤,其权利义务有大小之殊,兹分别列举于左:

甲　凡以自造或买得之房屋出质于人,如系因贷钱而出质者,其交付质主之契据与土地同;若因住房有余出典于人者,除出典契一纸外,更加房屋上一切从物、添附物等交单一纸。

乙　质出房屋之修理费,通例大修归房主担任,小修归质主担任。

丙　房屋出质时,言明以租息作为利息,若质期未满而租户退租,质主每向出质人补足利息,然实际上由质主担其损失者居多。

丁　质期未满而房主欲赎回房屋,如业与质主商妥,则其约定之利息应付至回赎时为止。

戊　房屋出质后,所有捐税事项,如以租金作息者,须由质主担任;另付利息者,仍归房主担任。大率捐税随房租为转移也。若房屋有余,典与人住者,须由典入人担任其捐税。

己　凡质主因倒产而以房屋转质于人,迨期满之时,房主之可否直接向现质主赎回,须视原质主于转质时有无声明在先为断。

第十一节　权利质

按:权利质者,即以自己之权利质之于他人之谓也。除有形体之物品外,凡权利可以钱计算者,均属之。兹分四项于左:

一、借约　凡以借约出质而已届所约之期,若质出者不再来赎,势必作废。如质主受认时曾将该借约呈示,经该债户认可,自得执借约为凭,向该债户索取本利。如未经该债户认可,仍须向质出人交涉。

二、会票　凡以会票出质,因中途会已解散,而质出之人不欲赎回,则质主必大受损失,然质主于受质时经出票者认可,亦得迳向出票人收回所填之原数。

三、官给各种票贴凭照　凡质入此种票据,其价格无从计算,须有确实保证人保其届期赎回,庶于债权上稍有效力。

四、权利之质出方法　凡无形体无凭据之权利抵押于人时,必先立有契据。例如以公门中各种之房缺抵押,其契内必载明"将素来经管之事项抵押于某人"字样。又如乐户惰民以所据生利之区域抵押,亦必载明其区域自何处起,至何处止,抵押于某人,并定以年限云。

第三编　债权

第一章　债权之范围及目的

第一节　债券

债券者,可持以索偿之券也,其围范〔范围〕甚广,兹就贷借钱财上所订之券,列举于左:

甲　各处通行债券,其繁数者为戳契、典契,简单者为借票、凭票,现时戳契通写卖契,但无"杜绝"字样,其契尾载有"几年之内任凭原价回赎",或"无论年月远近,依照原价回赎"等语,通行办法又批契外有借票一纸,开票一纸,其借票上亦批外有戳契一纸,两相维系,以免影射。至无抵押之借票、期票,则但写"凭票付洋几元",后签年月及姓名而已。

乙　债券种类有四:一曰汇票,系钱庄商号所用;一曰期票,届期必须清兑,如不能清兑,须先期与商或将利息算清,再立票据;一曰借票,期限久,暂无定,或有按月交利者,或有年终交利者;一曰拔票,因欠款过巨,一时无力全还,邀请公众议决,停利拔本分期归缴。以上各种若系正当票券,并无过期作废之惯例。

丙　债务至无力偿还达于极点时,虽持有债券,亦无效力。例如仅以债券为服人之具,已有默认其不必偿还之意思者,即兴隆票是也。又如明知其债券之不生效力,姑持之以加增后日对抗之力者,即情借票是也。以上二项债券,各处均通行之,大都无偿还之效力,惟持票者及身与子若孙至穷极无聊而债务者或略占优胜时,则亦不能遽行拒绝。

丁　凡债券上万不可缺之要件有四:(一)债务者之花押(如商家则用书柬或图章);(二)居间人之花押;(三)戥契之纳税;(四)庄书之收旂。有此四要而又无错误添改之处,方为有效。至债务者既无图章,又不能画押,各处办法但以姓名下画一十字,或由居间人代押。

第二节　目的物

债权之目的物,就钱财一项言之,向来各处通例,以光洋、英洋、制钱、市钱四种,偿时照市申扣,近十余年均以英洋为最通行,本国龙元反须折扣,现经谘议局提议,龙元与英洋一律并用,但各业推诿于钱铺,钱铺推诿于外国银行,故尚未见实行。

第三节　利息

凡债券概有利息,有以月计者,有以年计者,其利息即结算于债券内(例如元本一千元,每月一分起利,以六个月为期,则券上写洋一千另六十元);有田房作戥,而以每年花息、每月租金作者;有以住屋典于他人,而屋不起租钱不起利者。至于利上加利,必须债户逾限不付利息,方得为之(如约定按年付利,而迟延至一年时则其所欠之利息作为元本重征利息,但必须更订契约,方为有效。)

第四节　利率

凡债项利息之额,自按月六厘起至二分不等,大率债额大者利轻,小者利重,若特别重利,以短押铺及钱庄之流水为最。短押铺月需三分外,钱庄当掉期加重时,月需二分六七厘,至急债被人要狭而又无物产抵押,其利率有多至按月三分四五厘者,此等债务通行于沿江内河各埠放于各船户,谓之月头钱。

第五节　债务当事者之能力

债权者与债务者两方面均为之当事者,其能力若何,民间向无明文限制,然未成年者、疯癫者、浮浪者、聋盲瘖哑者,其处理债务,从民间事实上观之,亦未尝不隐寓制裁。如未成年者、疯癫者,非由其家长父母出名与人订约不得认为有效,聋盲瘖哑者虽有自主权,因五官缺陷亦必由其亲族相助为理,间有浮浪少年,债务累累,因格于严父,私向债主写立契券,然施之于贪图重利者则有之,若施之于正当行为,则必不允许。由是言之,凡能力不完全者之不能处理债务,已可概见。

第二章　债权之效力
第一节　偿还期之迁延

凡债务者延期不清债款,所有凭票、期票等据,惯例由双方协议换立新票,再行订约,一面将其旧票取消。通融办法亦有以原票为凭,由双方口订还期者。

第二节　违约金

延期不清债款,致债权者因此而受损害,例得使其赔偿,然其中亦有不同之点。如果债户有可给付之金钱而故意逾期不履行者,应得处罚之。若债户因不能履行而不履行时,则除返还债务贴补利息外,向无赔偿之习惯。

第三节　预期支取

凡定期之债款,债权者虽有不得已之事故,而欲预期索取债务者,例得拒绝其请求,然间有允其支取,往往于减让利息之外,更及于元本者(庚子夏秋间,银根奇紧,存户先期取款,每千元有减至九百元者)。

第四节　预期偿还

凡定期之债款,如债务者欲先期偿还时,债权者得以利息短少之故不愿收领,但习惯上有以其短少之数补偿债权者之办法。例如定期之债款系按月一分起息,而市拆只有六厘,则补偿四厘至到期之日为止。

第五节　债务之承继

凡债务者本身不能还债时,应由承继之人担其责任。如债务有人承继而尚未到期,可无庸换票;倘若子弟之债务非出于冶游赌博,而又为父兄所共知,虽身故亦不遽行拒绝。至于债权者之不知承继之事,普通办法由债务者先行通知。

第六节　债权之划收

债权者转取债务者之债权以充自己之债权,此种划收方法各处多有,但必得各当事者之允洽。若债务者之债权尚未到期,一时不能划收,而已认债权者之订约,届期自可直接收付。

第七节　债权之取消权

凡债权者欲保护自己之权利,只有要求债务者按期偿还之惯例,而无干涉债务者种种行为之特权。

第三章　债权之种别

第一节　多数当事者

一债项上有多数当事者,如债权多而债务少,得以全部总索总还;如债权少而债务多,每将全部照份匀分,使各人分担其自己之一部。各处民间习惯,不外此两种办法,而以照份分担居多数。

第二节　不可分债务

凡不可分之债务,其债主不止一人要偿时,必各人共同出场。如一人出场可以代表全体,是其人必名誉素著、信用夙昭方能担此责任;债户不止一人要偿时,自须各处遍行通知,不能只向一人追讨。总之,不可分之债务不能对于一债主只还其一部,对于一债户只索其一部。各处习惯有总收摊还之一法,尚称公允。倘其中一债主与一债主与一户有特别之钱款往来,欲私相抵划,于全部债务中扣其一部分,不经全体承认,不能认为有效。

第三节　连带债务

所谓连带者,以债务者之一人视为唯一之债务者也。数债户同负一债,若与债主约明连带负责任,则各债户咸独立而负担其全部之义务,故债主对于债户中一人索偿全部之债,或同时、或顺次对于各债户索偿全部之债均可。

第四节　保证债务

凡为债务者之保证人,其责任及资格上之关系甚重,列举如左:
甲　保证人为担保债务履行之人,其资格能力必须身家殷实、信用素著者方为合格,故无能力者与夫能力之欠缺者不得为保证人。

乙　无偿还债务之资力者亦不得为保证人。

丙　债务者不履行债务时,保证人应负代为履行之责任。

丁　保证人应代为债户负履行契约之责任,故凡契约中所载事项,如利息、违约金及损害赔偿之额,惟保证人是问。

戊　偿期已届,而债权者向保证人索偿,保证人当即转告本人,不得以尚未通知为词请其缓限。

己　一债务而有数人之保证时,其保证之法或平均分担,如甲对于乙有九百元之债务,以丙、丁、戊为保证人,若甲不履行,则丙、丁、戊各分担三百元是也;或各别分担,如上例丙担任二百元,丁担任三百元,戊担任四百元是也;或连带负担,如上例丙、丁、戊对于甲约明连带而负担乙之九百元是也。前二者之保证,债主对于各保证人只可请求其所分割之一部分,后者之保证,债主对于各保证人得请求其全部履行。

庚　保证人既代债户偿债,对于其债户凡因契约内所发生之费用均有求偿权,故其债权得移转于保证人。

辛　凡债权者向保证人索偿时,若本人出外多年而不知其行踪,则其办理之法:如本人有家属为之管理者,则向其家属请求履行;如无家属者,则保证人应负代为履行之责任。

壬　债务者不清偿债款,债权者自得向保证人追索。若保证人失踪及死亡时,则债权者可向债务者直接索偿,或命其更置保证人。

癸　凡保证债务而当时未曾约定偿还之期,后经债权者催索,其相当之期间当以通知本人后视债务之大小临时酌定。

第五节　合会

各处合会,名目有摇会、认会、月会、年会、单刀会之分,会钱数目以摇会为最小,单刀会为最大。摇会会脚六人，连会首共七人，会首惟备茶点，不出利息，一年两举者居多。认会办法与年会同，惟年会每年一举，认会有一年两举者，惟此稍异。月会每月一举，单刀会每年一举，所以称单刀会者只助会首，其各会脚均不互相干涉。摇会钱数自八千起至二十千文止，认会、年会钱数自三十千起至一百千文止，单刀会自五百千起至二千串文止，月会钱数或二十千文或三十千文不等。认会、年会钱数有多寡，摇会、月会、单刀会钱数皆平均。有多寡者例如年会，以一百千文为率，除会首以酒食作利，逐年照本点还外，其二会系出钱十四千五百文，每会减少一千文，算至十一会，即合成一百千文，是二会首尾应出钱一百四十五千文，末会首尾只出钱五十五千文，而会首之利由会脚公摊，此各处年会之惯例也，而三十千、四十千、六十千年会会脚只有六人，连会首以七年镶满，而按年镶还之利亦与上同。惟摇会、月会、单刀会钱数均平，摇会先进者每钱一千，听息二百文；月会先进者每钱一千，听息一百文；单刀会以十人为满，每人出钱一百千文或二百千文，只助会首，不互镶还，视情谊之亲疏，定位置之先后，一名人情会，原以情而纠成此会云。惟每年轮转之会至镶会时，会脚中尚未现付者，会首应担任催索并有先行垫付之义务。

第四章 债权之让渡

（债权让渡者，将索债之权转让于他人也。其让出之人谓之让渡人，其承受之人谓之让受人）

第一节 抵抗之让渡

民间有因抵抗债务者之恶意将债权让渡于社会之公共团体，或赠之劣绅恶董，以泄胸中之积忿，此虽债权者之无聊极思，然一经让渡，虽狡诈之债户亦无方法对付，以达其抵赖之目的，故全行清偿者有之，减折归还者有之，其甚者或讼之公庭，凭官判断者亦有之。

第二节 藉词让渡

凡以不正当之行为取得他人之债权，藉词由原债主认渡而来，因向债户索取时，债务者不经原债主之承认，不允照付。

第三节　方法

凡有票据之债权，即可将原债户之票据自由让渡。如无票据之债权欲让渡时，必经让受人与原债户之双方承认，方为有效。至若票据之上注有债权者之姓名，让渡时当令原债户换立新票，与让受人直接一面将旧票取销。简单办法亦有由让渡人另立票据，注明债权之所自始，而以原债户之票据附之。若原有票据并不指定债权者之姓名，其让渡方法与有票据之债权同。

第四节　变更

凡承受他人让下之债权，其利率之多寡与期限之长短，让受人如不合意时，自可任意变更。至票据上原注让渡人姓名，惯例虽让受人并无不合意之处，亦必另其更换。

第五章　债权之消灭
第一节　偿还

凡债务至偿还后，则债权已归消灭，但偿还之问题甚多，事实上亦有不得即行消灭者，列举如左：

甲　凡债务不宜由旁人代替者而代替之，则其债权不得作为消灭。例如甲以钱雇乙作画，则甲之目的在于乙之画，而乙使丙代替之，其目的仍不能达，当然归于无效。

乙　凡不愿旁人代还债务时，可自向债权者预先约定。例如甲在菜馆小饮，而媚甲之乙适至，甲恐其代还，先向主人约定之类。

丙　凡债户误向似乎债权之人还债，则债务不得作为消灭。例如房主以房抵出而并不以租金充利息者,房客误向抵主缴纳房金,则房主可不承认而更行催取,惟房客对于抵主有索还之权。

第二节 抵销

二人互有债务,理宜两债务各应履行,然习惯上为省手续起见,得以互相抵销,但两债务之期限若有不同,或依契约所定。其债务各不相同,则各应各债,不得援抵销之例办理。

第三节 免除

免除者,即债主抛弃其权利之谓也。债主既以善意自愿抛弃其权利,其原有债券者则检还之,其本无债券者则口头表白之,其债权已归消灭,即使其子孙将来有追悔之意,亦不得再向债户索偿。惟有债券而不检还者,虽债主自身宣言抛弃债权,而后辈仍得持券以索取,则债务者亦不得全行拒绝。

第四节 更改

凡债项之更改,以债主、债户之意思为标准。各处习惯,遇债额新旧之牵连,有旧债依旧进行,新债别为一款者,是未经变更,旧债权不得消灭也;有旧债归并新债,将旧债本利结算合为新发生之债务者,是已经变更,旧债权从此消灭也。盖不更改,则新旧债权并进;更改,则旧债权消灭,而新债权澎涨。就普通观念言之,当以更改债券,于债权上较有效力。

第五章 契约通则

第一节 契约之成立

契约云者,彼此意思互相契合而订约也,故债权债务之发生,基于契约之成立,而契约之将成立未成立之时,有种种之手续焉,列举于左:

甲 凡订立契约,必以证书为据,然使仅有证书而无中证人,则证据犹未完全也,故订立契约者既以证书证明其事实,更以中证人证明其行为,而中证人于证书内,均系署名签押,若无证书、中证人,而但凭两方之口头为证据,则其效力必形薄弱。

乙 凡与人订约表白己意而限期令人答覆者,自己不得先行反悔。

丙 对隔地之人表白己意,订立契约,并无限定答覆之期,旋因事故而自己一面必须反悔时,应即立时再行表示;如对面之人久不见答覆,而自己又有不得不反悔之势,则于双方均未见妥洽,不妨将前约作为无效,示以重行组织之意。

第二节 契约之效力

凡契约成立后之作用若何,及效力所及之范围若何,举述如左:

甲 双务契约以双方负担其义务,故于履行义务之时期,苟无特定之时,当事者双方应因交互引换之方法而履行之,所谓同时履行是也。但习惯上亦有不尽然者,例如卖买契约有先付物品而后约期收价者,有先收定钱而后订期缴货者,故其享权利尽义务不必尽在同时。

乙 设有甲乙两人相约济丙以财物,既与丙订约,则其付钱之期必订定于约内,不能任甲乙之便而付与之,亦不待丙之请求而交付之,既订约矣,自不能中途变更或销灭。

第三节 契约之解除

解除者,即撤销原约作为罢论之意也,其原因由于双方之不能践约。兹撮其重要者列举于左：

甲　凡与人订约不定时期者，如一面延不照办，自应再行催促，更定期限。若催促后仍不照办，可即行通知，解除其前约。

乙　凡因应时之需要而结契约者，苟非于其一定之时日，或一定之期间内受其履行，则不能达其契约所为之目的，故届期彼面不能照办，此面可不去通知，即可作为罢论。

丙　凡订约时付过定钱者，当受钱人并未预备之时忽欲解约，如出于受钱者之一面，除返还定钱外，应加倍议罚。若出于付钱者之一面，除所付定钱作消灭外，亦无意外之交涉。至受钱人于订约后业已特别预备不能移转他处，而付钱之一面因另有事故，势难践约，则特别预备之费酌量赔偿。然此皆重大事项上之习惯，若琐物细故，则又无一定之处理。

第七章　赠与契约

第一节　定期赠与

以物与人谓之赠与，是双方面互有密切之感情，既经约定于某年某月赠与以动产或不动产，殊少反悔，而中止者惟欲赠之物已灭失毁损不能实行其契约，则与者可自行反悔而撤销其契约。盖赠与为无偿行为故也。

第二节　遗赠

遗赠者，生前所定之约，至死亡后而始生效力。例如以生前玩好之物约以死后赠与友人，且更立字据以为佐证，习惯上均认为有效，故既已订约，则与者不得再赠他人。

第三节　受赠者之死亡

凡定期之赠与而于期限未届以前受赠者业已病故，其受赠者之后嗣不得执契约为凭而请求许与之物件。若赠与者自愿更与受赠者之后嗣,则当变更其契约。

第八章 卖买契约

第一节 卖买之效力

卖买为双务契约,其权利义务出于两方之愿意,故契约成立,其效力亦随之而生,然往往有不作证及反悔之事,故逐事列举于左:

甲 买卖已经约定而物、价尚未交割,中途忽有一人违约不买或不卖时,处理之方法以订约时之有书据与否而异。盖有书据,则契约之效力较强,违约者应出罚款以解除其契约;若未立有书据,则契约之效力较弱,违约者只受理责而已。

乙 约定卖买并付有定钱,中途有一人违约时,其违约如系买主,则卖主可没收其定钱;若系卖主,则须付还其所收定钱之倍额,惯例之通行如是。

丙 凡关于卖买上一切之费用,有由买主担任者,有由卖主担任者,有由卖主与买主分任者。如不动产之卖买有中人东道等费,均由买主任之;若动产之卖买有夫马酒食等费,由卖主任之;至牙户行家等费,则由买主与卖主分任之。

丁 卖买既已成交,因该物有缺损及瑕疵等事,当时未曾看出,至日后方始觉察,应得向原卖主退换。其退换之方法,由买主送还原物,将瑕疵之处一一指明,数量不足者应补足之,品质有异者,应照原约所定之品质给付之。

戊 凡欲退换货物,各处通例无一定之期限,大约视货物之品质而有殊。如未经剪断之绸缎布疋及用物之可以持久者,稍迟不妨;若水果食物,非立时退换,卖者必不收受。

己 未付定钱之卖买,届期不来取货,卖主自可转售。若适值交割,前买主突来取货时,惯例多尽后买者成交。盖前买主于订约时既未付有定钱,而又失取货之信用,虽经公论,亦必谓前买主之自由放弃也。

庚 若公共之物由一人私相授受,及成交后被公共所有者知之,欲照原价赎回,而买主不允,以致互相争执。惯例多起诉于官厅,由官厅评断。如买主不知情者,则返还其公共之物,而令买主收回原价;如买主知情者,则将其原价充公,一面惩罚出卖人,以为私卖私买者警。

辛　凡已买定之物因天灾事变而毁损灭失时,其处理之方法类皆注重于天灾事变,而以价之交付与否定其损失之负担。盖天灾事变非人力所能抗,故损失在付价以前,则归卖主负担;而在付价以后,则归买主负担;若在价未付清之时,则卖主不得索足原价,买主亦不得要求退价。举凡动产、不动产之土地处理皆同,惟房屋办法略异。盖房屋之买卖,多连基地,房屋虽遭损失,而基地犹存,其在价之未付以前或已付后,此地之应归于负担损失者,固不待言,但价未付清,则此地应归何人,当以所付之价与其地之时价为比例。使所付超过其地之价额,则其地应归买主;若犹不及其地之价额,买主欲得该地,必须补足其额,而后可,否则退还其所付之价,而该地仍为卖主所有。

壬　定货卖买尚未交货而卖主死亡,其后嗣自应交出货物或偿还原价。若卖主系无后嗣,亦宜以其遗产内如数抵充。

癸　定货卖买尚未交货而买主死亡,卖主无迫令买主后嗣继续成交之理。至其后嗣自愿成交者,不在此例。

第二节　现金卖买

甲　买主付价未清,卖主自可扣留其货物,然为绸缎布疋等物,经两方面约定价格而剪成片段,势不得转售他人,则卖主不免有损失之处,故惯例有剪断折绉概不退换之规定。如买主付价未清,除扣留货物外,更得请求买主赔偿其损失。

乙　因误听价额而成交者,如在物值均已交清之后,虽经觉察,亦不得追偿原价而悔交。

丙　卖买已成交后,买主将货物寄存卖主处,则卖主应有保管之责任,若无端被人窃去,卖主应照所失赔偿之。

丁　物价均已交割后,中有铜洋伪票,必须当时检出,可向买主退换。若迟至数日之后方始觉察,又无印记可凭者,买主可不承认。

第三节　欠帐卖买

甲　各处惯例,凡欠帐卖买有按月清算者,有按节清算者,有周年清算者。其付帐时,容有抬高洋价让还零找之习惯。

乙　欠帐卖买与现金卖买之价格不分高下,因欠帐者均系素相往来,交易繁多,现金者多在临时,故交易较少。凡店铺平均计算,其利益正相等也。

丙　被欠人或系破产歇业,可以被欠之款移抵自己所欠之款。

丁　欠帐人或系破产歇业,被欠人可以执其帐上所欠之款,按之所有财产催索摊还。

戊　被欠人虽已死亡,其后嗣仍得执所欠之帐要求归偿。

己　欠帐人虽已死亡,被欠人亦得执帐上所欠之款,令其后嗣清还,其后嗣不能不承认。

第四节　即时卖买

甲　物价业已交付,将物品持归动用时方知有病,能否退换,须视其所买之物品果有店号之识别与否,或卖主与买主素来情谊如何,无一定之例。

乙　货物因选择时偶不注意而有损失者,当视损失为何,如人责令赔偿,并无浑使卖主与买主各担责任及分当其价格之例。

第五节　定期卖买

甲　定期付货之卖买业已约定价格,中途货价腾贵,如卖主欲追悔原议,买主得以拒绝之。

乙　定期付货之卖买而已付定银，中途银价腾涨，如买主欲短少前约之数，卖主亦得以拒绝之。

丙　定期付货之卖买货物交割时，如数目、分量、成色等如与原约不符，卖主应负赔偿之责任。

丁　定期付货之卖买，届时买主不能付款起贷，如关于大宗之货物，卖主得向买主索加利息（惯例照钱庄流水听息），而并加其寄存之栈费。

第六节　打样卖买

甲　凡卖买先交货样者，卖主若以相似之物混充致买主受损时，应处卖主以相当之罚。

乙　打样卖买已订契约，尚未交货，设卖主因他项事故必不能交出原货，而欲以相类之物充当，必须先得买主之承认。

丙　打样卖买既已订约，之后不得退换别货。

第七节　试验卖买

甲　卖买尚未成交，言明先行试验，然后购取。设因试验而有损害时，其赔偿与否应视物质之有无瑕疵为规定。如物质无瑕疵，实由买主之不注意所致，则买主应负赔偿之责任。

乙　试验卖买率多仓猝，而物品之瑕疵或试验时未及周知，至日后始行觉察，惯例只可调换，不得退回。

第九章　贷借契约

第一节　消费贷借

消费贷借者，以金钱或物借人，许其自由消费后以原借之钱数或同样之物品归还者是也。兹举其发生之事件，列述于左：

甲　消费贷借之契约必将目的物实行授受，然后发生效力，若仅有预约而尚未交付，所贷之物适遇借主或贷主破产时，其契约当归无效。

乙　消费贷借之利息及其期限，视当事者之交谊为衡，无一定之惯例。

丙　消费贷借既已订有利息，是有偿契约也。苟贷与之物如有瑕疵，贷主应换给以完全之物。例如借主向贷主借洋百元，内有铜洋数元，贷主应即换给，以免借主受损。

丁　凡无利息之贷借，如原借时确系有瑕疵之物品，则返还时可即应其有瑕疵物品之价额偿之。

戊　不定期之消费贷借，贷主得随时索偿，然必须定一相当期间先行通知借主，使借主得为付还之准备。

己　定期之消费贷借，至期不能归还时，应返还其当时该物之代价。

（《浙江官报》1911年第3卷第30期、34期、37期、38期、39期、41期、42期、44期，45—48期。）

四川调查局法制科第一次调查问题册

法制科调查答案例（附答案式样）

第一条　府厅州县之调查方法，及对于本局答覆之体例，以本例规定之。

第二条　须于府厅州县衙门以内调查者，即由统计处择照本局所发问题逐一条对，填入答案册内申送本局。

第三条　须于该衙门以外调查者，应由统计处将本局所发问题册交特派妥员，或各地团保，各就地方情形逐一调查，填注草册，限期送缴该处，以便汇齐填入答案册内，申送本局。

以上二、三条调查之事项，应依次填入答案册，不必别为二册，且无庸重复填写。

第四条　答覆日期视问题之繁简定之，不得耽延逾限，但有不得已之情由，于限内实难调查完竣者，应延至何日止，得先行通知本局。

第五条　凡答案均用楷字，其有非绘图列表不可者，应以图表参入之。

第六条　各项契纸字据或章程格式等类，应检查原件粘附之；如无可检查，得照原式抄粘。

第七条　遇有在问题以外应调查者，应以调查所得添附于各问题之后，或另立一目附之。

第八条　调查员（即统计处委员）应照式位填写年月日及姓名。

第九条　本例凡府厅州县以外各衙门局所及为府厅州县或本局所委托之个人及团体，皆准用之。

习惯卷 1385

调查答案册填写式样

宣统　年　月　日　厅/州/县调查员报告

第　部

 第　类

  第　款

   第　项

    第　目

     一问题

      答

     二问题

      答

    第　目

     一问题

      答

   第　项

    第　目

     一问题

      答

  第　款

   第　项

    第　目

     一问题

      答

　　　　第　项

　　　　　　第　目

　　　　　　　　一问题

　　　　　　　　　　答

　　第　类

　　　　第　目

　　　　　　一问题

　　　　　　　　答

　　　　　　二问题

　　　　　　　　答

第一部　民情风俗问题目录

　　第一类　居民　　目二　　题八

　　　　甲　土著　{题}四

　　　　乙　客籍　题四

　　第二类　生活　　目三　　题十二

　　　　甲　食　题四

　　　　乙　衣　题四

　　　　丙　住　题四

　　第三类　职业　　目十　　题五十八

　　　　甲　农　题六

　　　　乙　工　题六

　　　　丙　商　题七

　　　　丁　渔业　题四

　　　　戊　盐业　题十二

己　矿业　题八

　　　庚　服公务者　题五

　　　辛　杂业　题三

　　　壬　劳动者　题四

　　　癸　无业者　题三

第四类　教育　题十一

第五类　宗教　题十三

第六类　礼俗　目六　题二十四

　　　甲　宗族　题四

　　　乙　婚嫁　题七

　　　丙　丧葬　题五

　　　丁　节令　题二

　　　戊　娱乐事业　题四

　　　己　谣谚　题二

第七类　习尚　题十六

第八类　卫生　目四　题二十八

　　　甲　疾病　题四

　　　乙　医术　题九

　　　丙　药品　题七

　　　丁　清洁法　题八

第九类　慈善事业　目四　题二十

　　　甲　救灾及救生　题四

　　　乙　备荒　题五

　　　丙　济贫恤死　题六

　　　丁　恤无告　题五

第十类　团体组合　题八

第二部　地方绅士办事习惯问题目录　目三　题二十四

　　甲　官局　题十二

　　乙　公局　题六

　　丙　乡社　题六

法制科第一股调查问题

第一部　民情风俗问题　类　目　题

　　第一类　居民　目二　题八

　　　　第一目　土著　题四

　　　　　　一问　本境土著中有无巨姓及富豪，各若干户？（分十万以上、五万以上、一万以上三种）

　　　　　　二问　境内土著有无他种人？（如回藏夷番之类，其各种人数约计若干？）

　　　　　　三问　境内他种人，其居住之法若何（如杂居、族居之类）？有无特别组织及习惯（如土司及服装语言之类）？

　　　　　　四问　境内各种人，其交通之情状若何（如有无猜忌侵扰之类）？

　　　　第二目　客籍　题四

　　　　　　一问　外来客籍以何省（指外省）何属（指外厅州县）人为多？

　　　　　　二问　外来客籍，其营生之种类若何？以何类为多（如农、工、商之类）？

　　　　　　三问　外来客籍与本境人民之利害关系安在（如供给本境物品及专占事业之类）？

　　　　　　四问　境内传教通商之外国人各若干名？以何教为盛

第二类　生活　目三　题十二

　　第一目　食　题四

　　　　一问　常食品(如五谷类)及副食品(如畜类、蔬菜类)、饮料(如茶、酒类)以何种为常？

　　　　二问　食品、饮料由本地出产者种类若干？

　　　　三问　食品、饮料由他处(指属外省、外国)输入者种类若干？以何种为大宗？

　　　　四问　每人每日食事通常须费若干？

　　第二目　衣　题四

　　　　一问　常用衣料，其种类若何？以何种为大宗(如土布、洋布，夏之麻葛、冬之皮裘之类)？

　　　　二问　本地出产衣料皮货及由他处输入者，其种类若干？以何种为大宗？

　　　　三问　男女衣服形制若何(如缘饰长短广狭之类)？

　　　　四问　通常男女四季衣服每年约各需费若干？

　　第三目　住　题四

　　　　一问　有无穴居或舟居者？其穴居或舟居为何色人？

　　　　二问　住居之建筑形制若何？通常用何种材料(如砖瓦木石之类)？

　　　　三问　建筑材料由本地出产及他处输入者，其种若干？以何种为大宗？

　　　　四问　租借及买卖住屋通常每间各约价若干(须分别城乡)？

第三类　职业　目十　题五十八

　　第一目　农　题六

　　　　一问　从事农业者，自耕、租佃二者孰多？

　　　　二问　取水灌耕之方法若何(如筒车踩车及由堰塘挹注之类，及播种收获时间之早迟)？

三问　农田肥料共有若干种(如粪与油枯之类)？境内以何者为通行？

四问　农业中附业(牧畜森林及蚕桑等)，其种类若何？有无独立经营者？其状况如何？

五问　普通年成凡田土一亩之收入，其资本劳力约费若干？所余若干？

六问　农民于每年收获余暇以营何种业务者为多？

第二目　工　题六

一问　属于工业之局厂店铺，其至巨之资本约有若干？

二问　凡工业除手工外，有无利用外国式机器者？其种类若何？

三问　有无特别发达之工业？其原因安在(如苏杭织绸原于产丝之类)？

四问　凡属于工业之技术，有无特别专精者(如江安善制竹、嘉定善织绸之类)？

五问　凡属于工业之技术，其传受之方法如何(如教授学徒之类)？

六问　工匠(如土木、陶冶、裁缝之类)工资之率若何？有无一定限制(如经同行公议之类)？

第三目　商　题七

一问　商业之普通组织方法若何？仿股分公司组织者有几？

二问　商号中最巨之资本约有若干？

三问　成立最久之商号有几？

四问　凡商业由资本家自营与佣人代营者以孰为多？

五问　各行商业通常年获利息若干？其消长之原因如何？

六问　本地商人有无至他处及外国贸易者？其种类、人数若何？

七问　商业店铺若破产倒闭，其摊债偿还之方法若何？

第四目　渔猎　题四

一问　渔猎事业是否皆为个人自营，抑有特别组织？

二问　渔猎船只器械其种类如何？有无改用新式者？

三问　渔猎区域是否皆为公有，抑有限禁（如某地只准何种人渔猎，某地不得听人渔猎）？

四问　渔家猎户是否皆属专业，抑有兼营他业者，并有无经官允准之事？

第五目　盐业　题十二

一问　本境有无盐井火井？其恃盐井为生者约计若干人？

二问　境内盐井若干眼？大率井眼径若干寸？深若干丈？

三问　每开盐井一眼，通常需费若干？其买卖价值以何者为标准？

四问　每盐井一日约出盐泉若干？可得净盐若干？除工资杂费外，约可获利若干？

五问　汲水之方法若何（或以人力，或用牛力）？

六问　煎烧之方法（如用炭、用柴、用井火之类）及其日期（或二日、三日）、重量（每锅若干斤）若何？

七问　现在停办与新开者比较，孰多？

八问　盐井抵押及出佃取租之规例若何？

九问　本境所出之盐，除销行境内外，约可灌输若干州县？有输出于外省者否？

十问　本境盐商共若干家？每家岁约获利若干？其资本较大著名最巨之商有几？

十一问　本境行盐除官运外，有无商运、私贩，其价值与官运者比较如何？

十二问　有无附近出盐而食远处之盐者？其价值之比较如何？

第六目　矿业　题八

一问　本境有无官私矿产？以何矿为最多？昔开而今废者有几？

二问　境内有无著名巨矿因迷信风水或其他阻力而致不能开采者？

三问　矿山业主出资开矿，与醵资与人共开者比较，孰多？其买卖矿山或租佃之惯例如何？

四问　开矿之业,其以一人或数人出资与用股份公司之法者比较,孰多?

五问　矿厂工人普通工资若干?其中无有等差?境内矿工约计共若干人?

六问　各厂所出之矿,除本境外,皆销行于何地?其以贩卖矿产为业者约计共若干人?

七问　境内矿产是否尽用土法,抑有用机器开采者否?

八问　境内矿厂有无由外国人专营或中外官商合资共办者?其经营组织之法如何?

第七目　服公务者　题五

一问　本地有无巨绅显宦?其曾经服官者正途若干?捐纳若干?(须各注明官阶人数)

二问　充当书役或勇丁之人是否多在本地,抑在他处,且以何色人为多(如农人及无业者之类)?

三问　充当书役或兵勇之人有家室恒产者多少若何?

四问　本地各处书役共计人数若干?其顶名接充之方法若何?需费若干(如书吏顶参散役提班之类)?

五问　从前以代书为业者已否裁尽?被裁者其现在谋生之法如何?

第八目　杂业　题三

一问　本地人从事下列各种事业者以孰为多?其各业之性质及方法如何?

一、医;二、命;三、卜;四、星;五、相;六、巫;七、僧;八、道;九、尼;十、娼;十一、优;十二、技术

上列一至五各业,以何色人兼营者为多?

二问　有无专营贩卖婢妾之业者?

三问　有无至他处从事各种杂业之人?以何种为多?

第九目　劳动者　题四

　　一问　民以劳动为业者,其种类若何?约以何者为多?

　　二问　以劳动为业之人,有无至他处或外国者?以何业为多?每年有无定时来往?

　　三问　各项劳动者每日工资约各若干?一人所入能分养几人?

　　四问　妇女之为劳动业者,其种类若何?以何种为多?

第十目　无业者　题三

　　一问　无业之人多寡之数若何?

　　二问　无业之人,其老弱男妇以孰为多?其无业之原因有几(如赌博、吃烟、游惰、灾荒之类)?

　　三问　无业之人以何术自活(如赌博、小偷、乞丐之类)?以何事自遣(如北京流氓喜于弄雀之类)?有无妨害公共治安之事?

第四类　教育　题十一

　　一问　向来有无硕儒大师及专门学派并特别学风?

　　二问　读书识字之人多少若何(是十分之几)?女子中有无读书识字者?

　　三问　科举未废以前本地科甲若干人(以近三十年为限)?科举之士现在改业者有几?

　　四问　向来有无兴学之公产(如宾兴、书院、学田、义塾之类)?其种类如何?收入之数如何?现在均作何处置?

　　五问　现在置家塾私塾者,较前多少若何?学生人数与入新立学堂者比较,孰多?

　　六问　新立官私各学堂共分几种?共计若干?其程度、经费、办法若何?

　　七问　新立各学堂各项教员取材何所?

　　八问　有无出洋及赴他处游学者,其人若干?

　　九问　有无图书馆、阅报所、宣讲所之类?其办法若何?

十问　中外所出之报章、图书、仪器，本地销行之数若何？

十一问　宣讲圣训之事盛否？其宣讲大略如何（用何色人宣讲及用何种书籍之类）？

第五类　宗教　题十三

一问　通行宗教共分几种（如佛、回、道、耶稣、天主之类）？各教中有无特别派宗？

二问　信教之人以何色人为多？

三问　有无外国教堂、医院？

四问　为尼僧巫道之人约计若干？以何色人为多？

五问　有无特别供奉之神道？其沿习如何（如湘人供禹王、黔人供黑神之类）？

六问　有无著名最巨之庙塔祠宇及开斋朝拜之事？

七问　迎神赛会及持斋戒杀之风盛否？

八问　有无建筑最久之祠宇庙塔？其规制沿革如何？

九问　本地庙宇各有产业若干？其管理之法如何？

十问　有无奉佛终身不复婚嫁及许愿舍身之习？

十一问　住家及各业通常奉祀之神道有几（如住家供土地财神、成衣店供轩辕、木匠供鲁班之类）？

十二问　神佛巫觋祈祷之类有几（如拜斗、求签、解结、观花之类）？

十三问　有无特种神秘教派？其情状如何（如红灯教之类）？

第六类　礼俗　目六　题二十四

第一目　宗族　题四

一问　本地人民聚族而居与分居析爨者孰多？

二问　族中遇有丧庆急难，同族有无公众矜恤资助之事？

三问　宗祠仪制有无特别之俗？

四问　族人对于宗祠有无特别应守之规律？

第二目　婚嫁　题七

　　一问　婚嫁仪制有无特别之俗？其男女婚嫁大约以何年龄为率？

　　二问　纳聘通常用何礼物？有用聘金者否？

　　三问　有无阻嫁、抢亲之俗？

　　四问　有无为未婚之夫守贞者？守贞者是否皆须过门？

　　五问　有无童养媳之俗？其办法如何？

　　六问　纳妾之风盛否？以何色人为多？

　　七问　有无以弟娶寡嫂（俗谓之转房）及同姓为婚之俗？

第三目　丧葬　题五

　　一问　丧葬仪制有无特别之俗？

　　二问　除土葬外，有无他种葬法（如火葬、水葬、露葬之类）？以何种为多？

　　三问　有无超度死者之俗？超度时用何教人为多（如僧、道类）？

　　四问　迷信风水术之风盛否？通常用风水术者须酬金若干？

　　五问　有无停柩觅地旷日不葬之习？

第四目　节令　题二

　　一问　遇节令有无宴会（如春酒之类）？祷祭（如中元祭祖、中秋拜月之类）？

　　二问　遇节令有无聚会游戏之事（如端午竞渡、新年行灯之类）？其种类、方法如何？

第五目　娱乐事业　题四

　　一问　于一定节令外，每年有无特别聚会娱乐之事（如香会、花会之类）？

　　二问　演剧之事盛否？剧场优伶其组织之法如何？通常喜演之剧有几？

　　三问　有无演技（如弄蛇、口技等类）之事？其类有几？

　　四问　有无较艺之事（如打拳、竞马之类）？其种类、方法如何？

第六目　谣谚　题二

　　一问　有无通行歌谣(如秧歌之类)？其类若干？义解如何？

　　二问　通行谚语约有若干？其各种之义解若何？

第七类　习尚　题十六

　　一问　人民相处所最推重者为何如人(如重耆老,或富豪,或官吏之类)？

　　二问　各色人民一年中服劳时间通常几月？

　　三问　妇女除家事外,尚有能及于耕种及其他生计者否(如缝织、樵苏之类)？

　　四问　中等以上之家,衣食住三者有无尚奢之习(如衣必绸缎缘饰,食必多品兼味,室必雕绘亭园之类)？

　　五问　妇女装饰之品,通常每人需费若干？其至贵之品为何(如珍珠、金石、宝石之类)？

　　六问　人民所用物品,土货、洋货二者孰重？

　　七问　人民有无烟酒之癖？其烟酒之种类若何(如汾酒、绍酒、建烟、外国烟之类)有此癖者以何色人为多？

　　八问　妇人缠足之风盛否？其渐知解放者多少若何？

　　九问　有无赌博之风？其赌博之种类若何？

　　十问　吸食阿片者以何色人为多？妇女中有吸食者否？近来有无禁戒者？其方法若何？

　　十一问　有无溺女、弃子之俗？其原因若何？

　　十二问　有无买卖娼优奴仆婢妾之类？其价格以何为准(如年之大小、貌之美恶之类)？

　　十三问　有无秘密结会拜盟之事(如哥老、盐枭之类)？其类有几？各类组织之法若何？其宗旨若何？及其会期、会所有无一定？

　　十四问　入秘密会者以何色人为多？会中有无特别口号及标识？

　　十五问　有无持械聚斗之俗？

十六问　有无健讼扛讼之俗？

第八类　卫生　目四　题二十八

第一目　疾病　题四

一问　有无流行传染之病？其种类（如黑死病、痳脚瘟、赤痢、白喉、痘癣、疮癞之类）情状若何？以何类为多？每年以何时为何类盛行之期？

二问　患传染病者以何色人为多？每年死亡之数百人中因患病者约有几人？

三问　有无患花柳病之人（如杨梅疮、鱼口之类）？有因之死亡者否？

四问　家畜有无传染之症？其原因及其情状与夫挽救之方法若何？

第二目　医术　题九

一问　悬牌行医之人约有若干？其诊脉谢金通常约取若干？

二问　行医之人有无经官考验允准之事？

三问　境内有无医学堂或研究所？其组织若何？及其教授方法若何？

四问　有无专业外治之医（如针灸、符水之类）？其术如何？

五问　有无西法医士及外国医士、医院？

六问　患病之人就外国医诊治者多少若何？

七问　有无官医（如牛痘医之类）及官立医院？

八问　有无专业各种兽医之人？

九问　妇女有无业医术（如取虫牙之类）、催生者？其类有几？

第三目　药品　题七

一问　药店约有若干？

二问　药店中有无兼营医术者？

三问　通行药品以何类为多（如至寒极热之品）？

四问　有无著名膏丹丸散？其种类及治法若何？

五问　有无贩卖草药之业者（指不属于本草方书之品）？

六问　有无贩卖外国药品及外国人自开药房卖药或沿途兜卖者？其销行之种类有几？以何种为多？

七问　有无贩卖堕胎、壮阳等药品者？向来有无禁止之例？

第四目　清洁法　题八

一问　城厢市镇之街道渠沟，其修理打扫有无一定经管之人？其办法若何？

二问　人家污秽之物（如煤灰之类）有无一定弃置之所？

三问　有无公共厕所？由何人管理？

四问　人家是否皆有厕所？

五问　饮用之水取之何所？其清浊如何？

六问　掘井之法如何？有用外国新法者否？

七问　饮用之水有无沉淀取清之法？

八问　有无宰食病畜之禁（如瘟牛死马之类）？

第九类　慈善事业　目四　题二十

第一目　救灾及救生　题四

一问　有无官立或私立之医药局及以私人之财产施医者？其办法若何？

二问　市镇中防火之法（太平池之类）为类有几？其组织若何？

三问　救火器具其类有几？

四问　滨水之区有无预备船筏以为救生之用者？其组织及办法若何？

第二目　备荒　题五

一问　有无公共备荒财产（如义仓积谷之类）？其种类及办法若何？

二问　荒年平粜放赈等事，其办法若何？

三问　遇歉收年岁，有无公约禁止煮酒熬糖之事？

四问　有无预防谷贵遏粜出境之俗？其办法若何？

五问　荒年有无屯谷居奇之事？

第三目　济贫恤死　题六

一问　流民、乞丐之数约有若干？老弱男妇以孰为多？乞丐中有无结合之事？

二问　有无收养流民、乞丐之所（如栖流所之类）？其办法、经费若何？人数若干？

三问　有无布施寒衣米粥之事？

四问　遇有外来逃荒之人，有无赈济安辑之法？

五问　有无公共墓地？其广狭及办法如何？

六问　有无公共团体（如善堂之类）或以私人财产从事施棺埋骨之事者？其办法如何？

第四目　恤无告　题五

一问　有无收养婴儿之所（如育婴堂之类）？其办法、经费如何？人数若干？

二问　收养婴儿男女之数孰多？抚养之法如何？成丁后是否听其自出谋生，抑别有安置之法？

三问　有无收养孀妇之所（如敬节堂之类）？其办法如何？经费、人数若干？

四问　收养孀妇有无年限？准其携带子女否？

五问　有无收养孤老之所（如孤老院之类）？其办法、经费若何？人数若干？

第十类　团体组合　题八

一问　农民中有无下列各项组合之事？其办法、组织如何？

一、堰塘；二、沟渠；三、山林；四、备灾（如捕蝗之类）

二问　工商各业有无下列各项组合之事？其办法、组织如何？

一、商会；二、公所；三、行；四、帮

三问　工商业组合之人是否皆以业分,抑以籍分(如客帮之类)?

四问　居民中有无下列各项组合之事?其办法、组织如何?

一、教育(如教育会之类);二、宗教(如清醮会之类);三、团保;四、堤防;五、道路;六、桥梁;七、渡口;八、备灾;九、客籍(如会馆之类)。

五问　各组合加入之人有何制限分别?是否皆听其自由出入,抑有一定强制之法?

六问　各组合中人有违背公约者,有无议罚之事?其办法若何(如罚金及罚演剧等类)?

七问　各组合中办事之人(如董事、值年之类),是否皆由众公举,抑有他种委充之法?并有无请官委派之事?

八问　各组合中办事之人有无一定任期及薪水?

调查民情风俗各种图籍章程字据目录

一　各种人男女服饰图或用照像(下仿此)

二　他种人男女形状图

三　僧道巫卜星相通用书类(除经典外)

四　僧道巫觋各种符箓表文格式

五　本地人民各种著述

六　宣讲圣训用书

七　婚嫁仪式图

八　丧葬仪式图

九　各种赌具图解

十　买卖抵押娼优婢妾各种约据

十一　各种时疫通行经验药方

十二　各种慈善事业章程文件

十三　各种组合章程合同文件

十四　关于地方治安公立各种禁约章程

第二部　地方绅士办事习惯问题　目三　题二十四

　第一目　官局　目十二

　　一问　本地地方官局(如育婴、恤嫠等局)其类有几？各局办事绅士几人？其权限若何？

　　二问　绅士承办官局究系地方官选任或系轮充，抑系公举？有无一定规则？

　　三问　办理官局之绅士，其资格有无制限(如非绅不管公之类)？

　　四问　办理官局绅士，其薪水多寡、任期久暂，有无一定？

　　五问　绅士办事成绩，其报告之方法及期限若何？

　　六问　绅士办理官局，其收入款项若干种？有无赢余及不足？其赢余者如何缴销？不足者如何填补(或入款系下届征收而上届必须挪借之类)？

　　七问　办理官局，其支出之种类若干(如三费局、支应局之类)？及其报销之方法(或仅具禀官吏，抑或榜示通衢)期限若何？

　　八问　绅士办理官局，其成败得失地方官稽查劝惩之方法若何？

　　九问　地方官委派绅士，人民有不服者，有无请求更换之方法？

　　十问　绅士更替，其交代之方法若何？

　　十一问　地方公事有无该当官吏管理而仍委绅办理者(如津捐之绅取绅解)？该当绅士管理而竟由官吏或房书管理者以及官绅合办者？

　　十二问　绅士办理官局，如向有而今停办者，其款项如何安置？向无而今创设者，其款项如何筹拨？

　第二目　公局　题六

　　一问　地方团体办理公益事件(如善堂之类)，其选任管理绅士之方法若何(或系公推，或投票选举，或请官札委)？及其名称若何(如称董事、首事、值年之类)?

二问　绅士办理公局之资格、任期若何?有无薪水及舆马费之类?

三问　公局收支款项或系定期核算,或由随时调查,或请地方官核销?

四问　管理公局绅士如有事故,其补充接管之交代若何?

五问　管绅如不称职,其更换之方法若何(或由多数决议,抑或控官斥退)?

六问　管绅办理局务有无一定规章,或有特别应办事宜,其筹决之方法若何?

第三目　乡社　题六

一问　境内地方之区划若何(如县分几乡,乡分几甲之类)?名称若何(或称乡,或称区)?

二问　各区段之办事绅董选任之方法及其名称(如团总、乡正、保正、团正副之类)?

三问　各区绅董其办理事件及其权限若何?

四问　各区办事绅董有无一定薪水?

五问　各区绅董办事必要之经费如何筹拨?

六问　各区有无公积谷款由绅士经手管理者?其收支及监督之方法若何?

(《四川官报》1909年第11册至第16册。)

调查川省诉讼习惯报告书

第一项　调处及和息

（一）未成讼案，经团保族戚调息，尚须呈明地方官否？

未成讼案，先经团保族戚双方说和，即据双方合意，立和息合同，交说和人或当事者各执为据，不须呈明地方官，此原则也。但例外有虽经调息亦必呈明地方官者：

（甲）抚子；

（乙）家产；

（丙）疆界；

（丁）水利；

（戊）婚姻。

以上五项，于利害关系永续存在，故以呈明存案杜患为必要之手续。

（二）调处不结，已成讼案，其调处之人，应否具呈申诉？

既经调处，未能了结，调处人经当事者之双方或一方列词作证时，调处之人必须具呈申诉。其申诉事件分述如左：

（1）两造肇衅之原因；

（2）居间调处之情形；

（3）如何未了之状态。

此三者，调处人之正当申诉也。例外有未经调处、朦禀扛讼者，当事人得指实，呈请地方官加以惩处讼棍之手段。

（三）由官发交团保族邻调处之案了结禀覆后，能否翻控？

由官发交团保族邻调处之案，既经了结禀覆，应即作为确定，两造均不得听唆翻控，此原则也。但习惯上亦有许其翻控者，其原因有三：

（甲）有抑勒了结之情事时；

（乙）有朦混禀覆之情事时；

（丙）理曲之一方有听刁翻异时。

以上三者，皆恶意之第三者与当事者之一方所惹起之诉讼也。虽经了结禀覆，亦得翻控，地方官不能因其禀覆之故而不受理。

（四）除命盗以外之案件，有无非经团保调处不结不得控诉之惯例？

寻常民事诉讼，如婚姻、田土、债账等案，惯例上必经团保调处，不服始得控诉，否则地方官亦必发交团保调处或却下之。

（五）各团体中有无遇有事件非经公众调处不结不得控诉之公约？

各团体中向无明定公约制限人民之控诉者，然如族规、会规、行规、号规等均载有大小事件发生，非经调处不结，不得擅行兴讼，又或调处已结、听刁翻控者，该团体皆得联名禀请核销，而使其诉归于无效也。但调处失宜者不在此限。

（六）已控未结之案两造自愿和息，是否仅递悔呈即可消案，抑或非呈明和息事由，经官批准，不得销案？

官愿民和，自是息讼主义。然仅递悔呈，即可销案，则自由起灭，诉讼必因之繁兴。故须呈明事由，请官批销，且必具左之要件：

（甲）两造自愿和息，均须投具切结；

（乙）调处人禀明和息情形；

（丙）遵照新章缴钱五钏（案：微家贫，例准邀免）。

（七）刑事案件有经人调处和息者，其和息翻控时，调处人有无责任？

刑事案情既经调处和息，自无翻控之理。设有翻控，调处人当然负左列之责任：

(1)有当堂作证之责;

(2)有呈明事由之责;

(3)有保管犯人之责。

以上三项,指善意之调处人言。若系恶意而有纳贿徇私等情,调处人尤应负重大之责任。

(八)调和事件,不能不需银钱。设被害者之一方有过度需索时,或居间人有挟私吓诈时,如何处分?

调和事件,无论刑民,被害之人只能索相当赔偿,居间之人只能持公理处断。若被害者需索过度,居间者挟私吓诈,其通常处分约分二类:

(一)被害人需索过度之处分:

(1)由地方官勒令拂还;

(2)由团保婉劝酌还。

(二)居间人挟私吓诈之处分:

(1)由地方官准诈欺取财律分别责惩;

(2)由团保面斥其非,或禀官究治。

第二项 起诉

(一)诉状种类不一,其生效力有无异同?及其使用何种?有无身分之区别(如非公非绅,不得用禀之类)?

诉状之生效力与否,以批准、批驳为定,原无异同之点。至使用则有身分之别,如左:

(1)绅首因公则用禀式;

(2)民刑案件则用状式。

(二)状纸字数,各州县均有限制。设事由复杂,而字格不敷,尚有能融之法否?

事由复杂,字格不敷,其通融之法有二:

（子）细列双行；

（丑）粘单附后。

（三）哞控案件，尚须补递正式状纸否？

事出仓猝，缮呈不及，而哞控者，仍须补递正式状纸，存案备查。但事甚细微可以立决者，不在此限。

（四）起诉状纸，均须团保盖戳否？

已经团保调处未结之案，团保呈明事由时，必须盖戳，以杜朦禀，否则不用。

（五）民事起诉与刑事起诉之手续是否一律？

民事起诉与刑事起诉，其手续不同之点有五，分述如后：

（1）民事须词费，刑事不须词费；

（2）民事多经团保调处，不服而后起诉，刑事则否；

（3）民事必用正式状纸，刑事可用白禀、白呈；

（4）民事由被害人起诉，刑事不尽由被害人起诉，亦有由办公人公禀者；

（5）民事必经批准然后执行，刑事立即勘问。

（六）未准之案，其原呈发还否？

未准之案，原呈仍须存房，惟地方官当堂收呈，间有立予斥责，将原呈掷还者。

（七）除官代书起草外，代人草状者是否皆须署名？

原来代书起草，状面须盖戳记。若私人起草，则誊格后但注"来稿"二字，仍由代书盖戳。自官代书裁革后，代人草状者均须署名，并注与诉讼人有何等关系。

（八）事起仓猝，呈报时检查未周，嗣后有无增加原诉之方法？

事起仓猝，呈报时检查未周者，其增加原诉之方法，因于民事、刑事而差异：

（1）关于刑事增加之方法有二：

（天）续呈伤单；

（地）补呈失单；

（2）关于民事增加之方法有二：

（天）补叙事由；

（地）添唤人证。

（九）事主伤重而遣人代诉，倘本人有不合意时，尚得变更原呈否？

原呈既经传递，即不能任意变更，但本人有不合意时，得行使左列之二方法，以为救济：

（1）原呈错叙事由，得声明错误之原因；

（2）原呈漏报伤痕，得请验受伤之部位。

以上二种方法，仅可谓之更正原呈，而不可谓之变更原呈。以原呈既经传递，无论如何，皆不能变更故也。

（十）两造同日起诉，究以何者为原告？

两造同日起诉，通常看做为互控。但因观察点之不同，亦有特别区分者如左：

（1）先呈者为原告；

（2）理直者为原告；

（3）尊长者为原告；

（4）债权者为原告。

（十一）被害者未经起诉，由办公人公禀，或由族邻告发，果皆看作为原告否？

代申被害者之冤抑，则起诉人与被害者有同等之效力，应即看作原告，而以被害人看作原告之附属者，但被害者于诉讼进行中自愿出头时，则不得以前之代诉者为原告。

（十二）命盗案件，其呈报期间有无定限？

命盗案，呈报期间以三日内为原则，但被害者道路险远，与有其他之障害时，虽逾限呈报，仍与未逾限者有同一之效力。

（十三）由家主送究奴仆、雇佣，果仍依原告起诉之手续欤，抑别有他之办法欤？

家主送究奴仆、雇佣，其起讼之手续，普通与原告同，然亦有因家主之身分而办法不同者如下：

（1）官吏则以名刺托请惩处；

（2）士绅则具禀状遣人代质。

（十四）自起诉至准驳，有一定之期限否？

川省习惯，通常以三、八日为放告之期，准驳亦以一告期为定。惟地方官之勤于民事者，则以收呈之日随即批发，而疏懒官吏亦有搁置至一月半月者。

第三项　取下（俗称折回）

（一）既经起诉，是否民事、刑事皆得取下？

既经起诉，无论民事、刑事，皆无公然取下之规定。但习惯上有秘密取下者二种：

（甲）碍批取下。例如绅与绅攻讦，两绅均现管要公，地方官碍难处理，恒嘱他绅取下调息，免生前途障害。

（乙）和息取下。例如甲乙二人互控，经绅调处，向官吏面陈和息情状，亦准取下。

（二）取下之期间，有无一定限制？

取下之期间，向未明定限制，而习惯上实有限制。略举如下：

（甲）已录批及官盖有印章者，不得取下；

（乙）已出票及曾经牌示周知者，不得取下；

（丙）已立卷者不得取下；

（丁）已定期审判者不得取下。

（三）有无非某种人不得取下之惯例？

双方当事者欲取下原诉时，非请托团保绅衿，不生效力。略举如下：

（甲）乡党人民之诉讼，非团保不得取下；

（乙）关于学堂之诉讼，非视学不得取下；

（丙）关于水利之诉讼，非堰长不得取下；

（丁）绅与绅个人之诉讼，非第三之绅衿不得取下。

以上四种得为取下之人，均须以素行公正、夙负声望者为原则，否则无论何种资格，均不能取下。

(四)取下有无一定规费?

取下原诉,多系由官面交,并无一定规费。但系秘密行为,亦有行贿于门丁或书吏者,则系例外之事实矣。

(五)既取下后,一方有翻悔时,尚得复行起诉否? 及其诉状必申明其原因否?

取下系权宜行为,双方俱不得翻悔。即有时一方翻悔,亦只能借他事控诉,且不能申明取下之原因。

第四项 证据(证人证物)

(一)诉状中所列证人,有无限制人数之例?

证人以证明事实为目的,漫无限制,拖累必多。其制限分列如左:

(1)明认制限。川省习惯,各州县诉讼证人至多以三人为率;

(2)默示制限。原告或被告多列证人时,地方官得酌予核销,以节讼费。

(二)起诉时证人应否同到? 证物应否附呈?

起诉时,证人应否同到,其分析之点二:

(1)民事。民事必批准后始行审判,起诉时无须证人同到之必要;

(2)刑事。重大事件,大率随即审讯,证人必须同到,以备质对。

起诉时,证物应否附呈,其分别之点亦有二:

(1)书证。抄粘附呈,临审时将原件呈阅。

(2)物证。不必附呈,临审时始行呈阅。

(三)证人之事由果仅叙入原呈欤,抑必另具呈词欤?

证人事由,以叙入原呈为原则,但有隐饰虚捏,与证人不合意时,证人亦得另具呈词,以证明其所见闻之事实。

(四)起诉时,有窃人之名作证希图准理者,被告有无攻击之方法?

被告攻击之方法有二：

（天）书面攻击。被告得通知被窃名之人，使呈诉情形作为取销；

（地）口头攻击。质讯时指实某系窃名，使其无效。

（五）讼棍包揽词讼，有挺身作证者，相手方宜如何对付之？

讼棍包揽词讼，挺身作证，相手方得以书面或口头攻击，请官查惩，以为对付之法。

第五项　查勘相验

（一）关于田土疆界之诉，书吏踏勘，原被告有用手段以倒置其是非者否？

此种恶习惯，无处蔑有。其手段有三：

(1)湮没证据。毁去界石，使人无从查考；

(2)伪造契约。伪造远年字约，淆乱是非；

(3)贿通书吏。书吏受贿，其倒置是非之手段亦分二：

（天）朦混禀覆；

（地）袒蔽捏隐。数种手段，致使曲直莫辨，惟地方官亲勘详查，乃无从施其手段。

（二）关于殴伤事件，每经相验而后核夺。其相验时，被告得莅会否？及其相验之伤单，被告得抄阅否？

相验及其伤单，于处罚之轻重，最有关系。川省习惯，殴伤案件，常饬房书往验，而房书恒不令被告到场，便伊弊诈索。至伤单，则不但书吏常主秘密，即长官亦有禁止抄阅者。分别言之如下：

（子）莅会相验

（甲）得莅会者分三：

(1)被告具有势力，不受书差威挟者；

(2)被告尚有正确之理由，必使用监视之权者；

(3)用重金贿通书差者。

(乙)不得莅会者分三：

　　(1)已被拘押于别所者；

　　(2)富而愚弱者；

　　(3)情虚避匿者。

(丑)抄阅伤单

　　(甲)得抄阅者

　　(1)较原告有重大势力而为书吏所畏服者；

　　(2)为书吏之亲属或有交谊者；

　　(3)富而能行贿赂者。

　　(乙)不得抄阅者

　　(1)被告受原告捏伤图赖而书吏串同作弊者；

　　(2)被告不行贿，书吏藉口关防故事秘密者；

　　(3)官幕贪婪，有藉案搨索之意思，将卷宗捲存不发下者。

(三)查勘相验不实,被告人受其诬陷,有何方法以救济之欤？

被告人既被诬陷,其救济之方法有四：

(甲)民事

(1)请委绅查勘；

(2)请亲诣踏勘。

(乙)刑事

(1)请当堂验伤；

(2)请亲临勘验。

(四)勘验后已经批驳,原告尚得用他之方法再诉否？

除情形不实,应被批驳外,如实有不平,则再诉之方法有二：

(1)补诉原呈未尽情事；

(2)提出确实证据(证人或证物)。

第六项　传提

（一）传提之签票到达时，被告果皆随签赴案欤，抑尚有预备期间欤？

签票到达时，被告之赴案有无预备期间，视其场合而异。分析如左：

（甲）随签赴案者二：

　　（子）缉票；

　　（丑）拘签。

以上二种系命盗案件，然亦有贿通差役永不赴案者。

（乙）有预备期间者二：

　　(1)预备讼费。既经诉讼必需金钱，被告得稍缓期间预备费用。

　　(2)预备抵制。原告控案，被告以诉呈相抵制，必俟批发始得质讯。

以上二种，其期间大率三日以上，十日以下，然亦有延至半月、一月者。

（二）刑民商事各案，被告人对付传提差役有无分别？

被告人对付传提差役，刑事一项，不与民商事同，约言之可分为五，如下：

　　(1)民商事有一定规费；刑事则虽有规例，不遵照者居多数。

　　(2)民商事之被告人虽不随签赴案，差役不得强迫；刑事则否。

　　(3)民商事之被告对于差役少有贿脱之弊；刑事则否。

　　(4)民商事不受拘押；刑事则否。

　　(5)民商事非关系重大而有脱逃之虞不得逮捕；刑事则否。

（三）传提案件有无一定人数？倘于额外增多白役，被告人是否一律看待？

传提差役，若属寻常案件，只一票二差。特别事故，由官核派。如系无名白役，被告人之看待恒视其势力之强弱以为分别：

　　(1)乡愚为被告时。白役与票差均须同给差费与食料，不能显分厚薄。

　　(2)绅衿为被告时。票差之外不敢增添白役，即或有附随票差者，不过共同领食而已。

（四）传提案件有一定之期限否？若被告逾限不到，原告以何种方法对待之？

传提期间视路程之远近而定，若被告逾限不到，原告对待之方法略如左之四种：

（一）喊堂面禀。请官饬差速唤；

（二）具呈催案。面禀后被告仍不到案，原告得具禀催案；

（三）赴房开比。差役受贿塌案，原告得令房书开单请比；

（四）呈请关唤。被告人逃匿邻境，原告访实得呈请移关。

（五）中证人是否同票传提？或由两造自行邀集？

中证人之传提或邀集，其分别之点如左：

（一）应传提者有三：

(1) 起诉时经官核准者；

(2) 有利害关系者；

(3) 从中舞弊被他之一方指告者。

（二）应邀集者有二：

(1) 起诉后呈请邀质者；

(2) 无利害关系而可供事实之参考者。

（六）中证人过多，其传提时如何分别去取？

中证过多，不能偏予传提，其故意牵涉与无重要关系者，皆应核销。其必行传提者如左：

(1) 现当该地首人者；

(2) 实地眼见者；

(3) 双方当事者之关系人；

(4) 殷实公正对于该事件可资事实参考者。

（七）被告赴案而原告拖延不审，被告人得请求传唤之否？若传至多次，原告人仍不出头，得因之而销案否？

徒告不审，希图拖累，川省一大弊端。被告人当然有请求传唤之权。若传至多次，原

告仍不赴案,被告得请求销案,但必具左之要点:

(1)传至三次时;

(2)期逾两月时;

(3)必系无故时。

但例外亦有,被告呈催不已,地方官亦得传讯被告一方录取确供,俟原告到案,再行质讯者。

(八)被告抗传不到,或差役贿纵,原告得自行扭获送至官衙否?

被告抗传不到,原告得请官勒传;差役贿纵,原告得据实禀差,此原则也,而例外原告亦得自行扭获送究,并得扭差追比。

第七项 答辩(诉呈)

(一)被告被传到案,果必先申出答辩书欤?

被告申出答辩书与否,可大别为三:

(甲)必申出者三:

(1)案情复杂,非申答辩书不能辩明者;

(2)原呈巧词诬控,必须答辩书驳正者;

(3)审判官语言难通,恐不便口头之辩论者。

(乙)再三申出者二:

(子)因原告而生者二:

(1)答辩后原告贿串团邻扛禀时;

(2)原告再行提出攻击时。

(丑)因被告自生者二:

(1)情虚畏审捏词搪抵时;

(2)讼棍教唆弥缝呼隙时。

（丙）不申出者五：

  （1）原告诬陷情节已显著者；

  （2）所控事实被告无可置辩者；

  （3）案情急迫投到即行提讯者；

  （4）被告无力呈诉者；

  （5）被告已受拘押而为差役抑压者。

（二）原告词状，被告无从知悉，有无秘密不准抄阅之惯例？

原呈经官批示即行发房，本无禁止抄阅之法令，习惯上则不免有秘密者三：

  （甲）原告系有势力者时，得嘱令房书密藏，不准漏泄；

  （乙）被告系富而弱者时，房书意图诈搕，故意隐秘揩卡；

  （丙）地方官有不准抄阅之盼示，致书吏敢为秘密者有之。

（三）被告不知原告情词，其答辩书有互相歧异者否？

未经抄阅原诉，呈词遽行申出，答辩书难保无互相歧异之处，然亦有已知原告情词而故作歧异之词，以抵制原告者，如原告呈称诱赌，而被告呈称骗债之类是。

（四）被告答辩书提出防御（抵制）确证，尚得取销原案否？

饰词强辩，伪造证据，为川省诉讼惯技，地方官不能据一答辩书即取销原案，虽提出确证，亦必俟审判始生效力。但系素行公正、众望允孚之中证人代申答辩书而提出确证者，亦得取销原案。

（五）原告探知答辩书之理由果必补呈以攻击之欤，抑俟审判时始辩论欤？

答辩书之理由原告既已探知，补呈攻击，本系原告之自由，但答辩书无隙可乘，多俟审判时口头辩论。

（六）原呈却下后，被告得以正当之理由反诉之否？

原呈既被却下，被告多系受诬，习惯上亦得提起反诉为攻击，然被告亦有不起反诉者，其理由有二：

  （1）被告优容之而置不理者；

(2)被告畏讼累而窃幸其却下者。

第八项　讯断

(一)自准理至讯断,通常须经过若干日?

准理后须两造齐集始能讯断,以通常须经过之时期计算,略举如左:

  (甲)原则

    (1)至速须经十五日;

    (2)至迟不过一月。

  (乙)例外

    (天)程途过远者;

    (地)有意外之障害者。

    以上二项无一定期间,地方官得斟酌情形,略予展限。

(二)两造艰于候案,可否求官速讯?

废时失业莫甚于讼,有时原被两造皆欲急求讯断,复安其业,而文牍纷繁,或因书差弊踏,骤难审理,双方皆得以口头或书面请求速讯,如系书役贿踏,并可陈述理由,请官严比。

(三)提讯案件,原告或被告屡限不到,可否据一面供辞迳行判断?

判断案件当然以双方立会为原则,然或当事者之一方屡限不到,亦可据一面供词为判断,但亦有如左之区别:

  (1)有故障时。一方不到系因重大故障,不能据一面供词判断;

  (2)系情虚者。一方不到系因情虚畏究者,亦可据一面供词判断;

  (3)证言确实时。一方不到,如中证人供词确实者,亦可径行判断。

但系据一面供词判断者,若阙席人申立故障之原因而发生异议时,则不能作为确实判决。

(四)依前号判断之案,原告或被告得呈明不到原因请求覆讯否?

既系据一面供词判断,未到者之一方亦得呈明原因,请求覆讯,但必具左之要点:

(1)有重大原因者;

(2)有确实证据者。

(五)刑事被告人当人证未齐以前,能否取保待质?

刑事被告人当人证未齐,所犯之罪至轻者可取保待质;若重大罪案,不能取保,其办理之办法有三:

(一)押店待质;

(二)拘留待质;

(三)收禁待质。

(六)紧要之中证人得请代人出头否?

中证人既属紧要,原则上不得请人代之出头,但有例外三:

(1)中证人疾病时;

(2)中证人远出时;

(3)中证人居丧时。

(七)证言证物之真伪如何分别?

分别证言证物之真伪,固在承审官之临时审查,然亦有可指之惯例,约举如左:

(1)分别证言真伪之方法有四:

(一)隔别研讯;

(二)相对质问;

(三)反复驳诘;

(四)平心审查。

(2)分{别}证物真伪之方法有六:

(一)使指其物之暗记;

(二)使述其物之出处;

（三）使言其物之价格；

　　（四）使陈其物之性质；

　　（五）使书字以对笔迹；

　　（六）验明图记之影迹。

（八）案情复杂，一次审理不决，覆审时当事者之一方得变更前说，提出新证否？

　　变更前说，原则上绝不相许，惟案情复杂，于第一次审讯时当事者申述未竟，覆讯时当然可以补充，但有重要之条件二：

　　（1）措词不得反对前说；

　　（2）证物须确实有据。

（九）本案审理中，原被告得牵涉他事以求讯断否？

　　裁判官原以不告不理为原则，所述事实既出本案范围，审判惯例上有二种之区别：

　　（甲）得牵涉者。如与本案有关系之事件是；

　　（乙）不得牵涉。如与本案各不相谋，希图搪抵之事件是。

（十）原告或被告有数人时，如一人抗不遵断，其遵断之一方得具结完案否？

　　原被告为数人，而抗不遵断者仅一人时，其遵断之一方得具结完案与否，因于左之情形而各异：

　　（子）得具结完案者

　　　　（1）其利害关系较抗不遵断者为重大时；

　　　　（2）虽有利害关系而抗不遵断者，于他之一方具结完案后，尚可独立起诉时。

　　（丑）不得具结完案者

　　　　（1）抗不遵断者为诉讼之主体时；

　　　　（2）他之具结者系受贿嘱而故塌其案时；

　　　　（3）他之具结者无力再控而此一人力能自伸其曲时。

（十一）讯断之案，是否由两造具结始行定案？

　　虽经讯断，必得两造具结始能定案，否则无效。然亦有不须两造具结亦能定案者，其原因二：

　　（甲）本无反抗意思而希图逃免结费者；

　　（乙）不具结者无正当之理由时。

（十二）讯结之案证人尚得申述异议请求覆讯否？

双方当事者各已具结时，而第三者之证人申述异议，其为刁唆无疑，审判官得申饬之，不为覆讯。然有左之理由者，证人亦得请求覆讯：

　　（甲）与证人有重大关系者；

　　（乙）证人有确实证据者；

　　（丙）证人有正当理由者。

（十三）抱告到案如供词支离或所供与所控不符，是否须本人到案覆讯，抑或即照所供断结？

抱告虽本人之代表，而供词支离时，必得本人到案始能断结，此惯例也。但事实上亦有例外二：

　　（一）本人有精神病时；

　　（二）本人为未成年时。

具以上二种之情事，而抱告又不能陈述实情，惟有饬其另觅抱告之一法，仍不得含糊断结。

（十四）抱告遵结之案本人尚得请求覆讯否？

抱告非得本人之许可不能遵结，既结后以不能请求覆讯为原则，然本人亦有得请求覆讯者，但必具左之要件：

　　（1）冤抑有未尽伸时；

　　（2）权利有未尽复时。

（十五）刑事案件已经判决执行，原告尚得请求赔偿因犯罪所生之损害否？

刑事案件原告所受之损害，已于未判决之先申述明白，既判决执行，犯罪人已受相当之处罚，应不得再请求赔偿，然左列事项不在此限：

(一)盗案。判决后犹得追求逸赃；

(二)窃案。责禁后犹得追求原赃；

(三)殴伤。惩处后犹得追求医费及因伤停业损失之利益。

第九项　上控

(一)初审判决,当事者之一方不服而上控,有无一定之期限？

当事者不服初审判决,其上控向无一定期限,如有追切冤抑者,以不迟缓为宜。若经过半年或一年之久,多受上官之驳斥。

(二)判结之案,既经具结后尚得为上控否？

不遵断则不具结,既具结则不得上控,此原则也。但亦有具结后复行上控者,其原因有二：

(1)因判决时差押勒结者；

(2)因判结后讼棍煽惑者。

(三)双方同时上控,其主上控与附上控如何区别？

双方提起上控,既属同时,欲区别孰为主上控,孰为附上控,其标准有二：

(甲)有以初审时为标准者。原告为主上控,被告为附上控；

(乙)有以准理为标准者。准理者为主上控,他之一方为附上控。

例外如初审时系互控,又同时上控,均得准理,则仍为互上控。

(四)上控批发原审官覆审,主控者得据正当之理由而坚不赴审否？

上控呈词多叙明原审官不公不明之状态,批发覆审则主控者必懼原审官藉事报复,而坚不赴审,亦得据正当之理由续控,略举如左：

(甲)实指原审官之受贿确据；

(乙)实指原审官之徇情偏袒；

(丙)实指原审官之武断情形；

(丁)实指原审官之勘验不确。

除上四项外,如原房书之舞弊,原差役之凌辱,皆得据为理由,请求上级官厅之提讯,而不受原审官之覆讯。然除重大案件外,实际上提讯者实居少数。

(五)上控受理移交他之同等审判衙门审理,主控者如仍不服,有何方法以救济之欤?

移交他之同等衙门,审判后如主控者仍有不服,其救济方法有三:

(1)请求上级衙门提讯;

(2)请求上级官另委审理;

(3)请求最上级审判衙门直接审理。

(六)上级受理,即由上级审判衙门审理或发交该管上级审判衙门审理时,其原被告是否皆由原审衙门点解?

上级受理当然以原审衙门点解为原则,但有例外二:

(乾)原告取保候讯;

(坤)被告自行投审。

以上二例外,习惯上亦认为民事诉讼之正当手续,不以点解为必要,惟刑事已被拘禁之被告必须点解,其原告则否。

第十项　案费

(一)纸状、代书、传呈各若干费?各种中有无多寡之分(如禀费少状式费多之类)?

川省习惯,各属纸状、代书、传呈各费,向无划一之规定,各种中之多寡亦极参差,兹仅列其最多与最少之率于左:

(一)纸状费。至少者六十文,至多者八百文;

(二)代书费。至少者一百文,至多者一千文;

(三)传呈费。至少者七百二十文,至多者二千一百文。

以上三项就正式状纸言,至状式与白禀费多寡之比较,大致皆十与二之比例。

(二)刑诉差费与民诉差费有无歧异？其至多、至少之率若何？

川省差费，刑事与民诉无甚差别，向来并无通章，各属自为规定，且有任书差婪索无厌者，故至多有至百余千文者，至少亦须钱十余千文。惟现在遵章改订案费，每案钱十千文，民刑诉讼一律征收，但非长官严明，仍不免额外需索之弊，现已奉文严饬查禁矣。

(三)诉讼差费是否论案不论人，抑有视人数多寡以为增减者欤？

差费论案不论人，此原则也。但例外亦有视人数多寡以为增减者，有二场合如左：

  (1)事实之发生不止一人者；

  (2)案情之牵连不止一事者。

(四)一案而有数个独立之被告，果各给差费欤，抑朋给差费欤？

一案有数个独立之被告人，其差费以照股派出为原则，但有二例外：

  (1)被告人中之一人有特别之利害关系；

  (2)被告事件由一人发生者。

(五)诉讼审理中添唤证人与共犯尚须分别给差费否？

添唤证人与共犯，差役有必行之手续，当然别给差费，但必少于起诉时之差费。

(六)给差费时有无各种名目及一定之惯例？

差费名目烦多，种种不一，兹据各属报告，录其最普通者于左：

  (1)双方付给者六：

    (甲)票钱；

    (乙)路费；

    (丙)草鞋钱；

    (丁)下马饭钱；

    (戊)烟茶钱；

    (己)带案礼。

  (2)败诉付给者三：

    (子)看押钱；

（丑）开锁钱；

（寅）口食钱。

(3) 胜诉付给者惟喜钱一项。至于治酒延宴书差与否，悉听当事者之自由，然对于普通人几成为一定惯例。

（七）差役有无教扳弱家徒索差费而不传提到案之陋习？

差役陋习教扳弱家以便搕诈，得财则释回，否则带案，比比皆是，兹举其重要者如左：

(1) 命案之牵连；

(2) 盗案之诬扳。

（八）房费之最多额、最少额若何？

各房书吏规费向无一定，视当事者之财力及身分而定，其相差之率甚巨，分述于下：

(1) 最多额有数十钏者；

(2) 最少额有数百文者。

自奉通饬后，概由案钱十千内拨给，不得额外需索，但当事者自由给与之调查费，不在此限。

（九）房费之名目共有几种？

房费名目共分八种，如下：

(1) 伤单钱；

(2) 勘案钱；

(3) 开单钱；

(4) 站堂录供钱；

(5) 具结钱；

(6) 抄录呈稿钱；

(7) 抄批钱；

(8) 抄判钱。

自奉通饬后，除6、7、8三项必须付给外，余前五项已由案钱十千中拨给，当事者无再给之义务。

（十）有无不给房费而迳求审理者？

不给房费而迳求审理之案有三：

    （1）由官饬提者；

    （2）当堂扭禀者；

    （3）当事者系赤贫时。

（十一）覆审之案尚须给房费与带案差费否？其数若干？

案经覆审，当然给书差手数料，略举其数如左：

    （1）给房书者二：

        （甲）开单钱。少至二百文，多至六百文；

        （乙）站堂录供钱。少至一百文，多至二百文。

    （2）给差役者：

        名为带案钱，最多有至千余文者，至少亦必需二百文。

（十二）书吏差役踏案搕索有无救济之方法？

踏案搕索，书差惯技，其救济之方法有二：

    （1）口头喊冤；

    （2）书面呈禀。

（十三）书差规费多有定章，设违章搕索，诉讼人如何对付？

各属书差规费均系立案刊碑，但积久弊生，违章搕索者往往有之，其诉讼人对付之方法则有二种：

    （1）执定章以斥其非；

    （2）指定章以为呈控。

（十四）堂礼之定额若干？有无一切漏〔陋〕规及各种名目？

川省各属诉讼堂礼定额不一，分述其大要如左：

    （一）至少者二千二百文；

(二)至多者四千文。

此外如附加之一切陋规及各种名目,各属具有,分述如左:

(1)站堂钱;

(2)看门钱;

(3)唱名钱;

(4)录供钱;

(5)茶房钱;

(6)带案钱;

(7)提刑钱;

(8)少数钱;

(9)换毛钱;

(10)灯油钱。

(十五)覆审之案尚须给堂礼否?或照原审数减若干赆?

覆审之案须给堂礼与否,各属习惯不一,兹分五种如左:

(1)不再给者;

(2)再给一半者;

(3)三审未结之案须照原数再给者;

(4)换新官后覆讯须再全给者;

(5)新岁开印后覆讯须再全给者。

以上(1)(2)(3)三项系各属习惯不同,惟(4)(5)两项则为习惯上普通之规例。

(十六)堂礼果由双方分担欤,抑由一方全负担欤?

诉讼堂礼以双方分担为原则,但有例外二:

(1)原告系极贫时。或请求豁免,或被告负担;

(2)原告急欲审讯时。被告贫乏或狡赖拖延,原告每有全给堂礼之事。

(十七)具结完案之费若干?有无本人不服而勒令具结者?

具结完案,亦有必给之手数料,数之多寡,各属不同,兹特录其最多与最少之率于左:

(子)状式费。至多者二百四十文,至少者六十文;

(丑)写结费。至多者六百文,至少者一百六十文。

至于具结完案必当事者双方合意始生效力,此原则也。但亦有一方不服而勒令具结者,其原因有三〔四〕:

(1)不服者之一方存心刁狡希图拖累时;

(2)不服者之一方赋性愚鲁被人教唆时;

(3)不服者之一方故意恃横任性强辩时;

(4)不服者确有理由原审官惧其上诉时。

(十八)已成讼案两造和息,尚须给差费、堂礼、具结等费否?

已成讼案而和息者,当然应缴和息费,以杜起灭自由之弊,至于书差、堂礼、具结等费付给与否,有不同之点三:

(1)有各费全数付给者;

(2)有各费俱给半数者;

(3)有双方俱不催案任其拖延者(俗名流案),然非给房费、差费不能。

(十九)命盗案件之规费是否由事主支给,抑由地方公款支给?

命盗案件受害之家本应不出费用,概由地方公款支给,然亦有由事主支给者。分析如下:

(甲)由公款支给者三:

(1)招解费;

(2)勘验费;

(3)缉捕费。

(乙)由事主支给者二:

(一)诉讼费;

(二)地方未设三费局者,则各费全出。

（二十）招解犯人用费果以公款支给欤,抑令犯人家属支给欤?

招解犯人一切用费统由三费局公款支给,犯人家属不负支给之义务,但地方之未设有三费局者,不在此限。

（二十一）关于地方公事由办公人所禀案件可减免一切案费否?

案件既关于地方公益,禀者又系办公人,其案费当然可以减或免,但亦有不能减免者,如左之二种:

  （甲）应给房书者三:

    （1）挂号钱;

    （2）纸笔钱;

    （3）抄批钱。

  （乙）应给差役者二:

    （1）草鞋钱;

    （2）口食钱。

（二十二）呈请登记事件,其费若干?

呈请登记事件有有费、无费之分:

  （甲）有费之登记事件有四:除纸状、代书、传呈等费与寻常诉讼案件相同外,别无房书差役等费。

    （1）遗失登记。遗失契约及各种证书呈请存案者是;

    （2）承继登记。抱子抱孙承继宗祧呈请存案者是;

    （3）防患登记。预防后患呈请存案者是;

    （4）营业登记。个人或组合以营利为目的之法人呈请保护者是;

  （乙）无费登记事件惟公益登记。学堂、医馆及各种慈善事业呈请立案者是。

（二十三）上控案件,其状纸、代书、投词、审讯、具结各费比照初审衙门,大率增加若干?

上控案件费用与初审衙门比较,增加之数,除省控有特别规定外,如州控、府控各属不同,可分普通、特别二种:

(甲)普通的上控较初审衙门增加一倍,俗名双分,川省各属大半皆然。

(乙)特别的:

(1)有与初审衙门同者;

(2)有较初审衙门增加至五倍者。

以上二项于各属中间亦有之,但非习惯上所通行者。

附:调查川省诉讼习惯报告书图解(略)

(《四川调查局报告·调查川省诉讼习惯报告书》,法制科第一股股员李光珠编辑。清钞本,中国社会科学院法学研究所藏。)

奉天调查局公牍暨法制科调查问题总目

奉天调查局公牍摘要

叙

　　法制、统计之目非古也,而《周官》岁计、月计,《王制》司马、司空,萧何收图书,张苍主簿籍,太史公列史表,实今日法制、统计之滥觞。盖古无其名有其制也。我朝锐意维新,袭取东西洋调查之成绩,为宪政进行之步履,嗜古稍深者皆知,为我国向有之政法特习焉,不察久之,视为具文耳。海禁未开以前,政教宽大,相习阔疏,州县行政督抚不尽知,督抚行政部院不尽悉,事无巨细,钞袭成案,便合机宜,上以是责下,下以是应上,三百年来相引相沿,至酿成今日痿疲不振之世。设非调查完备,何以副宪政编查馆编纂法典、统计政要之本义乎? 奉天立局二年矣,揆之古人三载考绩之义,为时不远,况先乎奉天而报告者已五六省也。是篇编辑乌容缓邪,书成遂缀数语弁诸首。

　　　　　　　　　宣统二年冬十一月奉天调查局总办上海李家鳌撰

凡例

一、本局于光绪三十四年开办,迄今二年有余,凡所调查皆关系全省要政,一切呈文、咨文及移覆札饬函件,范围既广,公牍亦繁,此编不能备载,谨择其尤关政要者登之,故颜曰公牍摘要。

一、本局遵章设立法制、统计两科,并庶务一处,其有关法制、统计两科之公牍,均分门采辑,若不隶于两科者,悉归庶务处核办。故此编末附庶务一门。

一、所有谕折各件,其事均关乎全局,不专属于一科,故特立总务一门,以列于前。举凡规定各项之章程,均属之。

一、法制科遵章分设三股,各股所办各公牍均于每页边际注明某某股,以清眉目。惟各股所担之责任,繁简原有不同,故各股所办之公牍,多寡亦难一致。

一、统计科遵章分设三股,各股所办各公牍亦于边际注明某某股,惟第一股掌调查民政、财政等项,其事务较紧繁他股,故排印之公牍亦较第二、第三两股独占多数。

一、法制科于宣统元年七、八两月,凡应行编辑各项报告册已分两次呈请督宪转咨宪馆,所有各册先以说略冠诸首,此编悉行采入,以备后来报告之程序。

一、统计科报告,光绪三十三、四两年民政财政各表,已先后呈请督宪送馆,各项均附有说明书一首,兹一并摭入,以为续行报馆之楷模。

一、法制科第一、第三两股撰拟各项问题均一体采入者,为将来续拟条目免致重复,且将咨送各行省调查局,可为交换智识地步。

一、统计科前由本局制有各项表式,业经札发各属,嗣由馆颁发各表,此表因之作废,故不登录。此编所列入之表,乃系特别之件,故备录之。

一、庶务处公牍繁多,不能悉载,如请领款项咨缴火票等类,各录其一,以备一格,俾后来可即印此知所规仿。

一、是编所录之公牍,自本局开办之日起,至宣统二年十月止,所有以后发生之事件,容俟续编再为汇刊。

上谕

上谕朕钦奉慈禧端佑康颐昭豫庄诚寿恭钦献崇熙皇太后懿旨,本日宪政编查馆奏请饬各省设立调查局,各部院设立统计处各折片:各省民情风俗及一切沿革习尚参差不齐,现在该馆开办编制、统计二局,非有京外通力合作办法,无以推行尽利。着每省设立调查局一所,由该管督抚遴选妥员,按照此次《奏定章程》切实经理,随时将调查各件咨报该馆。至统计一项,尤宜由各部院先总其成,着各部院设立统计处,由该管堂官派定专员,照该馆所定表式详细胪列,按期咨报,以备刊行统计年鉴之用。钦此。

宪政编查馆王大臣奏请设立各省调查局并办事章程折

奏为拟请令各省设立调查局并办事章程,缮具清单,恭折仰祈圣鉴事。窃臣馆奏定办事章程内第十三条所载调查各件,关系重要,得随时派员分赴各国各省实地考察,并得随时咨商各国出使大臣及各省督抚代为调查一切等语,业经奏奉俞允通行各在案。惟是考察各省事实,以为斟酌损益之方,较之考察外国规制尤为切要,倘于本国之设施,固有之沿习,未能一一得其真际,恐仍无以协综核审定之宜。现在臣馆职司编制、统计二局,亟当预筹京外通力合作之办法,以期推行尽利。查德国法制局,中央既设本部,各邦复立支部,一司厘定,一任审查,故所定法规,施行无阻。中国疆域广袤,风俗不齐,虽国家之政令,初无不同,而社会之情形,或多歧异。现在办法,必各省分任调查之责,庶几民宜土俗,洞悉靡遗。将来考核各种法案,臣馆得有所据依,始免两相牴迕。日本统计局则分三级以任调查:其第一级为町村,第二级为郡市,第三级为州县,层递求详,乃臻完密。我国统计之学萌芽方始,加以名称繁杂,册报参差,根于习惯者,即当求画一之方,涉于弊混者,尤应求真实之象,允宜规彼成式,逐渐求精,然后分门编辑,为统计年鉴之刊,庶不致全涉影响之谈,而获参观之益。臣等再四筹商,以为仅恃由京派员之法搜采,恐多阙漏,若委诸外省而无专员经理,期日必致迁延。惟有仿东西各国成法,令各省分设调查局,以为臣馆编制法规统计政要之助。开办之始,必须事事先求其简明确实,断不可参以虚饰之词,敷衍之见,乃可望由疏而致密,祛伪以存真。即由各省疆臣注重讲求,遴选妥员,实地考察,随时编列,汇交臣馆俾中外联为一气,报告不为具文,于臣馆奏设两局应办之事,始有把握。除重要专件,仍遵前次奏章随时派员考察外,谨拟各省调查局办事章程,恭呈御览,如蒙俞允,应请饬下各该将军督抚一律遵行,并将开办情形咨明臣馆存案备查。所有拟设各省调查局并办事章程缘由,理合缮单恭折具陈,伏乞太后皇上圣鉴训示。谨奏。

再,统计一项,在各省者,现由臣馆于请设各省调查局章程内声明由督抚饬令司道及府厅州县各衙门添设统计处,就该管事项按照颁定表式,分别填送汇呈考核,似已稍有基绪。其在京各部院衙门,综持全国政务,为各省之总汇,关系尤为重要。凡属于编制局一部分者,尚不难遇事讨究,随时谘商,其统计一门,头绪纷繁,亦非援照外省之办法,由臣馆拟定表式送交各衙门自行填写不可,将来即以各省所送之表,与各衙门所列,彼此对勘,互为钩稽,义例不至参差,条理亦易详密。一两年后统计年鉴不难逐年刊布,略具规模。相应请旨饬下在京各部院衙门均设一统计处,酌派司员专司其事。所有各项表式应俟奉旨后,再由臣馆细心核定编订,一律颁行试办。是否有当,谨附片具陈,伏乞圣鉴。谨奏。

宪政编查馆奏设各省调查局办事章程

计开

第一条　各省应设调查局一所,专任臣馆一切调查事件,归本省督抚管理主持。

第二条　调查局应设法制、统计两科,分掌各事。

第三条　法制科分设三股如左:

  第一股　掌调查本省一切民情风俗,并所属地方绅士办事与民事、商事及诉讼事之各习惯;

  第二股　掌调查本省督抚权限内之各项单行法及行政规章;

  第三股　掌调查本省行政上之沿习及其利弊。

第四条　统计科分设三股如左:

  第一股　掌属于外交、民政、财政之统计;

  第二股　掌属于教育、军政、司法之统计;

第三股　掌属于实业、交通之统计；

第五条　调查局设总办一人，综理局务，由本省督抚选派，出具切实考语，咨送臣馆，臣馆得酌量加札派充为臣馆谘议员。

第六条　法制科、统计科各设科长一人，承总办之命，综司科务。各股设管股委员一人或二三人，受科长之指挥，分司各股事务。其余应设书记等员，视事务繁简，由科长商承总办酌定。

第七条　除上列两科外，设庶务处一所，由总办选派委员二人，分司一切杂务。

第八条　科长及管股委员由总办开单呈请督抚札派，书记委员等由总办委用。

第九条　凡调查局任用各员，自总办以至管股委员，均须曾习法政、通达治理者方为合格。

第十条　凡调查局调查所得之件，应按类编订，呈由本省督抚咨送臣馆。其统计事项并应分咨主管各部院。

第十一条　凡臣馆所需调查之件，得随时札饬调查局遵照查明申覆臣馆，其由臣馆照章派员分赴该省考察时，该局应有协同调查之责任。

第十二条　所有编制事项，应由本省督抚札饬府厅州县，就近派员调查。其统计事项，按照臣馆所定表式，并札饬司道及府厅州县各衙门添设统计处，选派专员，就该管事项，分别列表，统将以上各事汇送调查局。

第十三条　调查局办事细则由总办挈同科长详细妥拟，呈报本省督抚核定施行。

督、抚宪徐、唐奏设奉天调查局折

奏为奉省遵旨设立调查局派员编纂法制统计事宜以备宪政参考恭折，仰祈圣鉴事。光绪三十三年元月十六日奉上谕朕钦奉慈禧端佑康颐昭豫庄诚寿恭钦献崇熙皇太后懿旨，本日宪政编查馆奏请饬各省设立调查局各折片：各省民情风俗及一切沿革习尚参差不齐，现在该馆开办编制、统计二局，非有京外通力合作办法，无以推行尽利。著每省设立调查局一所，由该管督抚遴选妥员，按照此次《奏定章程》切实经理，随时将调查各件咨覆该管等因。钦此。钦遵由宪政编查馆咨抄到，臣窃维立法之始，必观其会通以规全局，而后条理之划一可期，为政之〔无非统计〕方，必凭诸实验以制时宜，而后名实之综覆有据，是故周官三百六十属{月要岁会，无非统计}之书，保正闾师皆负编查之责，上而皇室之费用，政府之经营，下而民生日用之微，动植纤悉之事，莫不随时报告，按籍可稽，既以得失之周知，乃可谋盈虚之酌剂。即今东西各国统计年鉴之作，同此用意，成效昭然。奉省为丰镐旧都，规制既闳，政俗尤复，举凡旗务、蒙务、边务、交涉各节，纷赜迥逾他省，调查更觉冗繁。前经臣于试行奉省新官制时，就谘议厅隶设编纂一科，责以编纂法典、统计报告之事，筹办略有端绪，兹奉明谕，遵即查照馆章于省城设立调查局一处，遴选熟悉政治各员，认真经理。查有奏调开缺山西道监察御吏张瑞荫，学识淹赅，器局深稳，堪以派充总办。局中设科分股，划清职掌，派员分理，各专责成，并刊刻木质关防一颗，文曰"奉天全省调查局关防"。颁发开用，以资信守。将来调查所得，门分类别，应由臣督饬各员按照各节填列表式，随时咨报宪政编查馆，并分咨各该部院查照办理，庶于宪政前途有所依据。除咨报该馆并按照馆章通饬各府厅州县分设统计处外，理合将奉天遵设调查局派员总办并刊发关防缘由，恭折具陈，伏乞皇太后皇上圣鉴。谨奏。

奉天调查局开办章程（三十四年八月）

一、命名　本局遵宪政编查馆定章设立，名曰奉天调查局，呈请督、抚宪刊发关防一颗，文曰"奉天调查局之关防"，以资信用。

二、局所　本局以急于成立之故，呈请督、抚宪指拨公署前楼两间先行开办，俟有相当公所再行迁移。

三、职员　（甲）本局依照馆章由督、抚宪派总办一员，其科长、股员仍由总办呈请督、抚宪札派；（乙）本局总办派定后，依照馆章由督、抚宪咨报宪政编查馆加札委派。

四、经费　（甲）本局房屋由公署指拨，无租赁之费；（乙）所需器具拟请督、抚宪饬下承宣厅庶务科措办，不另支款；(丙)局员系兼差者，概不支薪；(丁)书手听差人等，有需添派者，临时移请承宣厅庶务科酌派；(戊)局用如笔墨纸张茶水等费，概由承宣厅庶务科支办，本局暂不派收支人员。

五、权限　本局依照馆章于权限内所应行之事如下：(甲)本局得以直接收受馆札，其有关于询事问事件申明督、抚宪外，得以径行呈覆；(乙)得咨行厅司道局处皆设统计处，以备本局调查事件，一应公务与本局直接办理；(丙)得札行府厅州县皆设统计处，一应公务与本局直接办理。

六、职掌　(甲)本局各员皆按科、按股办事；(乙)本局办公时间均按照公署钟点；(丙)自总办以下各员，虽系兼差，仍应认定本局办公时间，常川到局；(丁)如本管差使紧要，不得常川到局，而其人又为本局所必需借助者，应请作为额外委员；(戊)本局立考勤簿，自总办以次每日一体署到；(己)本局局员当差勤奋者，由总办呈明督、抚宪核奖，不职者随时撤退；

七、附件　(甲)本局遵督、抚宪谕应以前设编纂图书处事务归并本局办理，该处即于本局成立之日归并；(乙)除原编图籍外，所有督、抚宪内文案处秘文件，仍由原派各员与内文案编理；(丙)本章程如有未尽事宜，仍应随时修改。

本局内部办事细则（三十四年九月）

一、总办负全局之责任，掌管全局事务，指挥所属各员办理本局一切事务，凡事非经总办承认，即无施行之效力。

一、科长承总办之命令，处理本科各股事件，率同本科人员分理各该股事件。

一、法制、统计两科，除各设一科长外，股员不定名额，随时酌量添设。

一、庶务处暂设二员。一经理杂务，凡收发文件、监用关防、分造报销（此时尚未领款，如届领款时，即归该员经理）、储置物件等，皆属之；一经理文牍，凡编存卷宗、检查档册、通常之稿批函电，皆归其掌管。

一、凡法制科应行创拟条目、规定章制事件,由法制科各股员分任拟办,送本科科长覆勘后,呈总办核定施行。

一、凡属统计科应行创拟表式、规定章制事件,由统计科各股员分任拟办,送本科科长覆勘后,呈总办核定施行。

一、科长有覆核稿件之责,凡稿件、批件不能分隶属某科者,由总办分派庶务处委员拟办,仍送两科长覆核,呈由总办核定施行。如遇庶务员有事故请假时,各股员皆得代办。

一、紧要稿件、批件可分隶于两科者,科长择别其事之性质,分交各股员拟办,送本科科长覆核(如遇本科科长不在局时,亦可送他科科长覆核),径呈总办核定施行。

一、本局书记应同受科长股员之指挥,勤慎缮写各项文件表册,均须按照公署钟点到局,无故不得请假。

一、本局遇有重大机要事件,非仅凭文牍能调查事实之原委而必需特别派员调查者,应由总办临时遴委胜任之员承办,其他紧要文件,亦得直派某员办理,不拘某科人员。

一、庶办员掌管收发各簿,每日呈总办阅后,并送两科科长一阅,以便稽核。

一、本局文件每日由总办画稿阅批后,仍交庶务处令书记分缮存发,统由庶务处办理。

以上各条系就目前办事情形规定,如有未尽事宜,随时再行酌定。

各厅司道局所统计处办事大纲十条(三十四年九月)

计开

一、统计处应附设于各首科内,其各局处有未分科者,应准另行组织处所,均须特派专员办理(以首科科员及有差人员兼充),仍将附设统计处情形呈报公署备案。

二、统计处人员承办各事,应禀承该管长官办理。

三、统计处承办经常主管事件(如承宣厅以行政用人为其主管,谘议厅以法令章制为其主管之类)暨本局随时行查事件(如奉馆札有行查事件由本局行查之类)均依限转覆,以便汇齐编订(所有行查各项事件,应分门别类拟定纲目,以俟本局奉到馆发表式及指

定调查事项时,即行咨送各处承办)。本局得为特别之调查,应由该统计处自十月初一日起按月呈覆,其款如下:

(甲)关于该管官厅上下人员,应分实缺差使开具衔名,按月列表报局一次(其告假及出差者分注于下)。

(乙)关于该管官厅人员之廉俸、公费、薪水、津贴等项数目,按月列表报局一次。

(丙)关于该管官厅行政上之费用,分别额支、活支,按月列表报局一次。

(丁)关于该管官厅行政上之成绩,分别款条填注事由,按月列表报局一次。

五、本局以兼办编纂图书处事宜之故,所有前项行政上之成绩,应截自本年十月初一日起,除例行文件不计外,凡关于改革旧章创办新政暨其他随时发生之各项文牍(如章奏、咨札、呈禀、签批、说贴、章程、图样、表式等类),均由统计处人员依类阅选,摘叙事由,录副送局。限每星期汇送一次,以备编成报告(如有重大事件疏漏不报,经局检卷自行查出者,应由该管长官与以相当之处分,依前章程办理)。

六、关于第四条、第五条送局文件、图表,限用白洋纸,长一尺五寸、宽二尺(表式另拟咨送),抄件限用官推纸,长九寸、宽六寸,以归划一。

七、关于第四条内开报局各件,限次月第十日送局;第五条内开报局各件,限次星期第五日送局;第三条内开报局各件,至迟不得逾两星期(违者应由该管长官与以相当之处分,依前章程办理)。

八、凡报局各件由统计处人员办成后,呈由该管长官,片送过局,不用正式文移,以求简便。

九、凡统计处人员有疑难事件,须通问本局者,应即随时来局,与本局人员协同商办。

十、其他未尽事宜及该处办事详细规则,应由该处体察本管官厅办事之习惯,自行拟议,呈候该管长官酌定施行,仍将该规则送局备考。

呈请札饬府厅州县应设统计处办法四则文

为呈请事。窃查本局依照馆章应饬府厅州县一律设立统计处,所有本局行查事件,即责成该处迅速办覆。惟州县积习,往往于行查事件辄玩视不报,或报不以实,殊非实事求是之意。查奉天提学司前定行查各属之件限期呈覆一案,呈蒙前军宪批准施行,本局亟宜援照办理。今将援用行查各属事件限期呈覆各办法条列于后:

一、行查各属之件,从调查局行文日起,至覆文到日止,奉天、新民、锦州各属至迟不得过三十日,铁路未通之处,展限七日;昌图、兴京等属至迟不得过四十日,铁路未通之处,展限十日;海龙、凤凰等属至迟不得过五十日,铁路未通之处,展限十四日;洮南府各属至迟不得过六十日。

一、前项行查之件,如果调查需时,实在不能依限呈覆者,应将缘由立即详晰声明,呈请展限,该限期由各属酌拟呈候调查局批遵。

一、前项行查之件,由调查局立簿分别登记,如有逾限不覆者,将该地方官记过,一面行文饬知该地方官,并展限催覆,覆到酌予销除。

一、前项记过人员,如经三次不悛者,改记一大过,应由调查局于每一个月汇案呈请饬下承宣厅考绩科注册,经三大过者,由调查局专案呈报,将该员立予撤省,以为玩愒者戒。

订定各府厅州县统计处暂行办事大纲(三十四年十月)

一、各府厅州县应遵照宪政编查馆奏章于署内或现有公所附设统计处。

一、统计处应设统计长一人,以该守令兼充;统计员二人,调查员二人,书手二人,皆由统计长遴派,但统计员、调查员须以曾习法政、通达治理者为合格。

一、统计长将各统计员、调查员派定后,应将衔名、履历呈报本局查核。

一、统计处除统计长以地方官兼充不支薪津外,其他各员应准酌给薪水。所有薪水及办公经费,如纸张笔墨等项,每月共支若干,应由该守令核实预算列表呈核,所须经费拟由该地何款项下开支,应指定款目呈明核办。

一、统计处成立后,如遇有本局派员前往该地方调查事件,应由该处派员协同办理。

一、统计处关于经常调查事件,应依照本局颁行各项表式(表式续拟颁发)分类调查,依式填报。

一、统计处应自每年开印日起,封印日止,为一统计年度,除关于临时调查应即依限具覆外,所有经常调查事件,限半年内迅速完结,分别填报。

一、本件到日各府厅州县应即查照办理,其从前呈报各章程,核与本件不合者,一律作废。

咨呈宪政编查馆请即颁发统计表式文(三十四年十一月)

为咨呈事。前准贵馆咨开,光绪三十三年九月十六日本馆具奏请饬令各省设立调查局,业经奉旨允准,相应刷印原奏咨行贵督抚钦遵查照办理,计原奏清单一纸等因。准此,当即遵照于省城设立调查局一所,遴选妥员经理其事,并将开办情形咨明贵馆在案。查贵馆《奏定章程》第十二条内开,所有统计事项,应按照臣馆所定表式,由督抚札饬司道府厅州县各衙门添设统计处,选派专员,就该管事项分别列表,统将以上各事汇送调查局等语。旋经札饬去后,现据司道及府厅州县各衙门呈报,统计处均已次第成立,惟未奉到贵馆颁发表式,所有以上调查各事无从填报,相应备文咨请贵馆速将此项表式颁发到局,俾饬各统计处人员遵照定式填报,实为公便。为此咨呈贵馆,请烦查照,见覆施行。须至咨呈者。

拟定表式恳请督、抚宪查核颁发道府厅州县
并咨送宪政编查馆查核文(元年三月)

为呈请事。窃查宪政编查馆奏定调查局章程第十条内开,凡调查局调查所得之件,应按类编订,呈由本省督抚咨送臣馆,其统计事项并应分咨主管各部院。又第十二条内

开，统计事项按照臣馆所定表式，札饬司道及府厅州县各衙门添设统计处，就该管事项分别列表，统将以上各事汇送调查局。现在本省厅司道及府厅州县各衙门应设之统计处，节经本局呈请宪台通饬设立在案，惟各统计处既已渐次成立，所有应行调查统计事项日益烦剧，非赶速规定表式，不足以立调查之根据。目前馆表尚未颁发，自应由本局先行酌拟各种表式，颁发厅司道及府厅州县各衙门按照格式逐一查填，以凭考核。本局前拟每月行查各厅司道局处办公人员暨公费薪津、行政经费、行政成绩表共四种，厅司道各衙门主管事件表共十五种，业经核定咨行各衙门，依限照式填送在案，兹复拟就属于法制科职掌应行调查道府厅州县事件表共三十种，遵照馆章仍应呈由宪台核定后，通札各道府厅州县查填。惟此项表式应填款目甚为繁密，并应饬各道府厅州县分一年两期，按期依限填送。此外尚有属于统计科职掌八项统计，及属于法制科职掌应行调查事件，惟此次表内未能赅括者，应由本局一面督饬各员陆续制拟各种表式，俟拟定后再行呈请核定，以便分别颁发厅司道及府厅州县各衙门查填，以期完备。查湖北调查局于去年九月间拟定统计表共五百余种，曾经呈请本省督抚咨送宪政编查馆核定，载在官报，尚可稽考。本局现在先后拟定表式共四十九种，亦应援照湖北成案，除暂行一面颁发道府厅州县各衙门查填外，应请一面咨送宪政编查馆核定。如有疏漏缺略之处，俟该馆覆到后，即妥为更正，俾臻周密。一俟馆表颁行到局，即将本局所制之表停发，概行遵照馆颁表式办理。所有拟定表式拟请颁发咨送各缘由，理合备文呈请宪台查核。如蒙俯赐允准，请将原表发回，以便照式排印成册，呈请分别咨送颁发。伏乞批示祗遵。须至呈者。

呈请督、抚宪将各府厅州县最先设立统计处者可否嘉奖文（三十二年十二月）

为呈请事。窃本局于八月二十一日开办，旋经遵饬照宪政编查馆章程通行各属设立统计处，除省城各司道局所尚能及时设立，所有各府厅州县最先遵设者，九月内只有兴京、凤凰两厅，锦县、本溪两县，十月内有奉天府海城、开原、盖平、东平等县，此外陆续尚有呈报,而观望迟延视同具文者,亦复不少。所有最先设立之兴京、凤凰两厅,及锦县、本溪两县,可否传谕嘉奖,以示激劝之处。理合备文呈请宪台查核,批示施行。须至呈者。

遵批传谕嘉奖兴京凤凰两厅锦县本溪两县并严催各府厅州县速设统计处文

为札饬事。照得本局开办以来,节经酌拟各府厅州县统计处办事大纲八条,均蒙督、抚宪批准并通饬设立统计处遵照办理在案。查现届年满,本局拟将最先设立统计处之厅县备文呈请督、抚宪传谕嘉奖,以示激劝。旋奉批示呈悉,查各属设立统计处原为备具调查机关起见,自当迅速成立,岂容因循观望,视同具文。所有最先设立之兴京、凤凰两厅,暨锦县、本溪两县,应准嘉奖,以示激劝,其尚未经设立之处,亦应严札催办,毋任迟延,仰即遵照,缴等因。奉此,合亟通行各府厅州县即便知照,其统计处已经成立者,应将办事规则补送,以凭考核;尚未成立者迅即筹设,毋稍延缓,致干未便。切切。此札。

谨将主管事宜开具清折呈请督、抚宪鉴核文(宣统元年四月)

计开

一、本局依照馆章,凡关于法制科第一股内开本省一切民情风俗并所属地方绅士办事与民事、商事及诉讼事之习惯,概由本局撰拟问题,分别调查,汇齐编订,申送宪政编查馆。

一、本局依照馆章,凡关于法制科第二股内开本省督抚权限内之各项单行法及行政规章,概由本局分别在已行事件内详细调查,随时编订,申送宪政编查馆。

一、本局依照馆章,凡关于法制科第三股内开本省行政上之沿习及其利弊,概由本局撰拟问题,分别调查,汇齐编订,申送宪政编查馆。

一、本局依照馆章,凡关于统计科一、二、三股内开外交、民政、财政、军政、教育、司法、实业、交通之各统计，概由本局制表，分行厅司道局处及省外道府厅州县依类调查，汇齐编订，申送宪政编查馆。

一、本局对于前列事项已行各厅司道局处及道府厅州县，皆设统计处一所，由本局督饬办理各统计事宜。

一、本局对于前列事项如奉宪政编查馆特别饬查之件，概由本局依限办理；如馆派人员到奉调查事件，本局亦派员协同馆员办理。

一、省外道府厅州县统计处办事人员概由本局考察，其所办事件概由本局覆核，本局并得以随时派员调查各属统计处办事情形，以资整顿。

一、本局特设四项表例，以调查省内司道局所之办公人员、名数及各员薪津银数并办公银两数目及该处办事之成绩，行令各处每月填报，由本局汇为比较总表，按月呈送督抚宪考核。

督、抚宪照会调查局准宪政编查馆咨送谘议员札委文

为照会事。案准钦命宪政编查馆王大臣咨开，本馆奏定各省调查局办事章程第五条内称，调查局设总办一员，综理局务，由本省督抚选派出具切实考语，咨送本馆，酌量加札派充本馆谘议员等语。于光绪三十三年九月十六日具奏，奉旨允准，通行在案。兹据京三省总督、奉天巡抚咨称选派奏调开缺山西道监察御史张瑞荫为奉天省调查局总办，咨报前来。本馆编制、统计两局创办伊始，事务纷繁，凡需调查之件，或须随时札饬该局查明申覆，或由本馆派员分赴该省考察，该局并有协同调查之责，合行加札委派该员充为本馆谘议员，以符奏章。为此咨明贵督、抚查照，将发去委札一件，转发该员收领，并饬将奉札日期申报本馆可也。计委札一件等因。准此，相应将委札照送贵总办，请烦查收，并将奉札日期迳行申报施行。须至照会者。

调查局申覆宪政编查馆奉到札委日期文

为申覆事。光绪三十四年十月初七日奉东三省督宪徐照开,为照会事云云,迳行申报等因,奉此,并将宪馆札委一件照送前来。谘议员遵于奉札之月任事,所有宪馆调查事件应请随时札饬,依查申覆,如遇有宪馆派员到奉考察之处,职局应有协同调查之责。除呈覆东三省督宪外,所有奉委谘议员及奉札日期缘由,理合备文申覆,伏乞鉴核。须至申者。

督抚宪转行宪政编查馆札派奉天调查局总办李道家鳌充谘议员文

为札发事。案准钦命宪政编查馆王大臣咨开,本馆奏定各省调查局办事章程第五条内称,调查局设总办一人,综理局务,由奉省督抚选派,出具切实考语,咨送本馆酌量加札派充本馆谘议员等语,于光绪三十三年九月十六日具奏,奉旨允准,通行在案。兹据东三省总督、奉天巡抚咨称,奉天调查局总办开缺山西道监察御史张瑞荫回京供职,所遗差使,查有候选道李家鳌,强毅明通,热心任事,以之派充调查局总办,堪以胜任,咨报前来。本馆编制、统计两局创办伊始,事务纷繁,凡需调查之件,或须随时札饬该局查明申覆,或由本馆派员分赴该省考察,该局并有协同调查之责,合行加札委派该员充为本馆谘议员,以符奏章。为此,咨明贵督、抚查照,将发去委劄一件,转发该员收领,并饬将奉劄日期申报本馆可也。计委劄一件等因。准此,合将委劄札发。札到该道即便查收,并将奉劄日期迳行申报。此札。

呈报接办调查局任事日期文

为呈报事。案奉督、抚宪台札开,照得总办调查局张侍御回京供职,所遗差使,查有候选道李道家鳌堪以派委接办,每月薪水照章支领,除分行外,合亟札委。札到该道即便遵照到差,将调查一切事宜督饬股员认真办理,以副委任,仍将到差日期报查。此札。等因。奉此，于十月十六日准前总办奉天调查局张侍御将关防、卷宗、款项、器具开单咨送前来，职遵于是日接管任事。所有到差日期，理合具文呈报宪台查核施行。须至呈者。右呈督、抚宪。

呈报代理奉天调查局事务日期文

为呈报事。案奉宪台札开，照得本大臣、部院札派李道前往吉江两省调查事件，所有该道现充调查局总办一差不能兼顾。查有蒙务局总办黄道仕福堪以派令，暂行代理，另给夫马费银五十两，其原薪三百两仍由该道支领，以资办公。除分行外，为此札仰该道遵照办理，此札等因。奉此，兹于三月初六日准总办奉天调查局李道将关防、卷宗、款项、器具开单咨送前来，职道遵于是日代理任事。所有到差日期，理合具文呈报宪台查核施行。须至呈者。右呈督、抚宪。

调查局谨将办事要则分类开呈督、抚宪鉴核文（元年六月初六日）

设局缘起

职自光绪三十四年五月间蒙前宪照为会同奉委兼差各员开办编纂图书处，凡奉天办过行政规则及各项报告章制法令，搜罗编辑，以备考核，至八月初八日奉照令职总办调查局事务，所有科股各员仍就原有编纂人员分委法制、统计两科庶务各差，仍兼办编纂图书馆。迨宣统元年正月，前督宪复另设三省编辑处，职局即将缮成奉天政书分类十六册，并各属规章原本五十余种，一并遵批移交该处，汇总编辑。嗣局务日繁，于二月蒙前督宪复奏所需经费，准作正开销，四月蒙督宪始将科长正股员改为专差。现饬逐日勤奋办公，以期名实相符，务尽职任。

设局宗旨

中国幅员人数物产皆甲环球，而数千年积习相沿，各行省因地为治，其政令、民情、户口、财用亦互殊,未能平准,若不详求其得失之原,消长之数,则一切新政无以挈要领,而善变通。调查一事实,预备立法改良之基础也。

法制科宗旨

第一股掌调查本省一切民情风俗并所属地方绅士办事与民事、商事及诉讼事之各习惯。因中国无民法专书,凡关于民事各项,在上者往往意为轻重,馆饬调查各习惯乃为编订民法取材适用之根据,其商事为民事中之一种,而诉讼习惯又民事刑事改良之预备也。

第二股掌调查本省督抚权限内之各项单行法及行政规章。凡关于谕旨及奏咨颁行事件,皆在范围,即统计科所掌之外交、民政、财政、教育、军政、司法、交通、实业诸大端,无一非规章所组织,至督抚权限内之单行法,同为行政上之机关,则亦参稽得失、斟酌损益之方。

第三股掌调查本省行政上沿习及其利弊。以国家政令初无不同,而各省因时因地之施行,实无一成不易之法,其利弊之宜兴宜革者,举期于切实详明,以备改良。

统计科宗旨

第一股掌属于外交、民政、财政之统计。第二股掌属于教育、军政、司法之统计。第三股掌属于实业、交通之统计。查东西各国调查政治至纤至悉,凡有数可稽,无不列之于表。中国人民物产富庶繁多,尚无详明确数,以至一切事件皆不能酌剂盈虚消息而与列邦争衡。馆章设立统计,所以祛弊混而求真实,分门别类,为他日刊行年鉴之预备。

统计处宗旨

按照馆章分饬司道及府厅州县各衙门均设统计处,为实地调查之基础,期于地方推行无阻,而民宜土俗庶几洞悉靡遗,惟须统计普立,方能实地调查,以资考核。

送馆期限

馆章于汇转调查之件,未定期限明文,惟于奏请饬令各省设立调查局折内有"由疆臣遴选妥员实地考察,随时编列汇交臣馆"之语。本年闰二月馆颁饬填光绪三十三、四两年民政、财政统计两表,均限六个月呈报。至他项表式,尚未颁发。按各省章程,皆以馆表迟延自行制表调查,现已仿行,制有多种表式。惟调查须年终方能齐备,其先行呈报者,随时汇编送馆,以凭查核。

调查自何年始

光绪三十三年。

局务与宪政之关系

调查各项为宪政编查馆改革政治之预备,与按年推行各项宪政无直接独任之条件。

调查局呈督、抚宪请将本局兼办编纂图书处事宜移交新设编辑处一并办理文

为呈报事。窃本局自开办以来,所有前奉宪台饬设之编纂图书处,向由本局兼办数月之久,规定体例搜辑材料,业已略有端倪,自应接续赶办,以期早日成书,藉资考镜。惟目前本局调查一部,事益烦剧,几有日不暇给之势,若再兼顾编纂事宜,诚恐力有未逮,反渐即于废弛。兹查本省编辑处业经宪台特饬设立,总揽编辑机关,规模至为完备。本局编纂图书处既难兼办,应请归并编辑处一手办理,庶事权划一,可免纷歧之弊。除将本局经手未完事件开列清单,一面移交编辑处接收办理外,所有编纂图书处拟请归并编辑处办理缘由,理合另缮清单一纸,备文呈报宪台鉴核备案,伏乞批示施行。

通饬各府厅州县续发办事规则以期一律文(元年六月)

为札饬事。案查本局于光绪三十四年九月遵照宪政编查馆章程,呈请督、抚宪札饬各府厅州县设立统计处,随发行查限期四则在案。现查各属统计处业已渐次成立,所有办事规则应行续发,以期完备而免贻误。除呈请督、抚宪批准外,合将续拟规则抄札饬。札到该　即便遵照。勿违,切切。此札。

总则五条

一、统计长有盛〔监〕督综核之责,凡关于调查报告各事项皆应负责任。

一、调查员宜会同本地绅士虚心咨访,以期详尽,不可徒取成于乡约、地保、吏胥、差役致等具文。

一、调查各项,其关于法制科者,为将来编定法制期合时宜起见,期关于统计科者,为编制统计年鉴之需。该府县宜剀切出示晓谕说明理由,使人民不致惊扰,且无庸讳匿。

一、调查所得之件,凡事关于法制者,逐条编定报告,其数目关于统计者,则分项填表,务各依限呈送,不得笼同汇报。

一、调查员如有藉端骚扰需索规费者,轻则撤差,重则呈请抚、督宪予以应得处分。

关于法制科规则四条

一、编辑报告,每题(如民情风俗类中生计问题、学校问题等类)自为一编,俾可合可分,藉以参稽各处之同异。所用纸页,宜照本局所发问题各本程序大小划归一律,勿得参差。

一、编辑报告勿求详实,不可稍涉粉饰,致失真情,尤宜用文言,勿掺入俚语。

一、调查各项习惯为该地方所无者,不必附会胪列;其在问题以外者,亦应依类调查,分条附记。

一、每编缮成后,宜悉心校对,不得脱漏讹误,以免差谬。

关于统计科规则五条

一、统计注重记数,凡调查所得,务须详审钩稽,以散合总,俾数目相符,免致往返驳诘,徒烦案牍。

一、统计各项,以现时调查所得之确数为据,不得悬揣臆断,敷衍塞责。

一、表中各项有源流可考者,须在备考下填注明晰,如何发起,现在如何办法,以凭稽核。

一、本局颁发八项表式,均期由疏及密,逐渐进步,事庶易成,其有未备,仍宜随时增添。如表内有该处向无者,自可从阙,惟不得希图省事,率注一"无"字。

一、表式只撮大要,不事繁细,期易填报。如该府县有特别调查之件为表格未备载者,亦可酌添子目,能得多数者,由本局记录,随案分别请奖。

咨送各厅司道经常主管事件表式文

　　为咨送事。案照本局应行调查事件，前经拟定表式四分送各厅司道局处照式填写在案，所有应行调查各厅司道衙门经常主管事件，兹复分别酌拟表式呈由督、抚宪核定，相应备文咨送贵　请烦查照填写，送局备考，实为公便。须至咨者。

遵照馆章拟具三十三、四年旗务交涉巡警道谘议局主管事项表咨请查填文

　　为咨行事。案奉督、抚宪转行宪政编查馆王大臣咨送民政统计省表七十二种到局，饬由敝局将光绪三十四年分应报事项，切实调查，迅速具报。除由敝局核阅其应行民政司及他司道局所及各府厅州县者另文行查外，查有贵　主管事项表　种应即行查，理合依照馆颁表式缮送贵　查照，并希饬统计处人员依照表内事理，将光绪三十三、四年分赶速查填，分列两纸，限文到一个月内覆送敝局，以凭汇呈督、抚宪咨送宪政编查馆考核。事关统计要政，希饬统计处人员勿得迟延，致干未便，盼切施行。须至咨者。

咨催度支司将历奉督、抚宪饬催造报收支各款迅速咨覆文

　　为咨催事。案查光绪三十四年十月奉督、抚宪发交准度支部咨催将光绪三十三年全年分收支各款勒限送交一案，当经敝局签请前督宪批交贵司会同谘议厅核办，旋于宣统元年闰二月二十六日又奉发交准宪政编查馆咨送财政表式，并原奏例要仍勒限咨覆，经呈请札发贵司，限三个月一律报竣，并令每届十日将查填所得之件汇送敝局，以凭核订。四月初十日又奉发度支部第三次咨催，仍令将三十三年款项赶紧报部，复遵呈请督、抚宪札催迅速办理，各在案。惟迄今未准贵司造办咨送，事关度支部、宪政编查馆迭次交催之件，万难再缓，相应咨催贵司，请烦查照，迅速严饬统计处员司赶紧造报，务于六月十五日

以前咨送过局。悬案以待,望毋再延,同干部议。切切。须至咨者。

咨催民政司造送民政表以便送部文

为咨催事。案查本年闰二月二十六日奉督、抚宪发交准宪政编查馆咨送民政表式并原奏例要勒限咨复等因,当经呈请札发贵司所有宣统元年以前关于民政事宜,应由贵司查案填报,限三个月一律报竣,并令每届十日将查填所得之件汇送敝局,以凭核订。三月十八日又奉发交民政部咨同前因,复经呈请札催查照办理各在案。现查限期将届,立待汇送,事关宪政编查馆、民政部饬办之件,势难延缓,相应咨催,请烦贵司查照,迅速依限造报咨送过局。悬案以待,幸勿再延。须至咨者。

通咨各厅司道另行规定分别填表办法文

为通咨事。案查光绪三十四年十二月二十一日本局拟定各厅司道衙门经常主管事件表,业经呈由督、抚宪核定,分别咨行各衙门按月填报在案。惟查此项表式应填款目甚为繁密,如一律按月填报,诚恐各衙门一时难于猝办,不得不另行规定分别办理之法。兹查各表中有必须按月填报者,则承宣厅、谘议厅之主管事务统计表,及度支司关于经费出入事项统计表,劝业道关于各局所办公经费统计表是也。有可按一年两期填报者,则旗务司、交涉司、民政司、提法司、提学司之主管事务统计表,及度支司关于出产银数统计表,劝业道关于办理实业事务统计表,巡警道关于组织巡警事务统计、户籍人口事务统计两表是也。有可按四季填报者,则巡警道关于巡警教练事务统计、巡警经费事务统计两表是也。凡按月填报之表,应从二月初一日办起,于三月初十日以前送局;其按期按季填报之表,并应依限送局备资考核,以备将来汇呈督、抚宪咨送宪政编查馆查核。所有另行规定分别填表办法,相应备文咨行贵厅、司、道,请烦查照。本局前发表式按月期分别按期季填报,望切施行。须至咨者。

咨覆民政司调查主管事件表仍请由司主任办理文

　　为咨覆事。准大咨本局咨送表式不合填送，应由本局径饬各府厅州县办理。查来咨内开云云等因，准此，查馆章第十二条内称，统计事项应按照臣馆所定表式，通饬司道府厅州县各衙门添设统计处，选派专员，就该管事项分别列表，统将以上各事汇送调查局。本局详绎馆章，业已呈请督、抚宪通饬各衙门设统计处，派员专办之事，自不能限于前送四项表纸而止。此次续拟各官厅经常主管事件调查表式，除学务由提学司衙门详细调查，警务由巡警道详细调查，实业交通由劝业道详细调查，商埠外务由交涉司详细调查各制表分别外，贵司掌理民政所包甚广，其在行政范围内，除外交、军政、财政、司法诸大端不经贵司掌理，余则无一不在民政之中。奉天之有民政司，犹之中央政府之有民政部，部务无所不管，则贵司亦应周知。前项事件惟奉省已设巡警道，警务已非贵司专责，是以本局制表时，于警务特详，于巡警道各项表纸，贵司调查表内不过略具梗概，其简已甚，其他事涉学务、外务诸端，用意亦复类此。又来咨谓当由本局径饬各属府县填报一节，本局现已制定细密表纸，拟即通饬各属统计处查报。所查事项甚繁，非一表所能了事。总之调查一事，府、州、县当其繁，而厅、司、道当其简，贵司应填各项事件亦已甚简，碍难删动，因承咨商，相应据情咨覆，希即查照。前咨仍饬统计处人员按期填送，望切施行。须至咨者。

咨呈宪政编查馆请即颁发统计表式文

　　为咨呈事。前准贵馆咨开，光绪三十三年九月十六日本馆具奏请饬令各省设立调查局业经奉旨允准，相应刷印原奏咨行贵督抚钦遵查照办理，计原奏清单一纸等因。准此，当即遵照于省城设立调查局一所，遴选妥员经理其事，并将开办情形咨明贵馆在案。查贵馆《奏定章程》第十二条内开，所有统计事项，应按照臣馆所定表式，由督抚札饬司道及府厅州县各衙门添设统计处，选派专员，就该管事项分别列表，统将以上各事汇送调查局等语。旋经札饬去后,现据司道及府厅州县各衙门呈报,统计处均已次第成立,惟未奉到贵馆颁发表式,所有以上调查各事无从填报,相应备文咨请贵馆速将此项表式颁发到局,俾饬各统计处人员遵照定式填报,实为公便。为此咨呈贵馆,请烦查照,见覆施行。须至咨呈者。

呈请督、抚宪分咨光绪三十三、四年财政表册未能依限填报文

为呈请分咨事。案查闰二月二十六日奉前宪发交宪政编查馆、度支部咨催饬将光绪三十三、四年财政收支款项表册勒限查填呈报,迭经呈请宪台批交度支司填造送局汇报各在案。六月十五日准度支司咨称三十三年以后各销册正在核办,至三十四年收支各款必须俟三十二、三年销册办齐,挨次查造旧管数目,方有根据,所有三十三、四年报销各册未能克期造送等因。查度支司来咨自系实情,而编查馆、度支部未悉本省情形,将来势必严诘,惟有仰恳宪台可否将办理所以为难之处,据实分咨宪政编查馆、度支部容赶紧查填造报。是否有当,伏候鉴核批示,再行拟稿。须至呈者。

呈请督、抚宪分咨光绪三十三、四年民政表册未能依限填报文

为呈请事。案查闰二月二十六日奉前宪发交宪政编查馆咨送民政表式,饬将光绪三十三、四年事项勒限查填呈报,又奉发交民政部咨同前因,当经呈请宪批交民政司查填送局汇报各在案。六月十五日准民政司咨称所颁表式经呈请分发各属,就近调查,分别照填,现尚未据呈送,实因此项表式繁难,欲求填注精细,断非克期所能报竣等因。查民政司来咨限填报实恐赶办不及,而编查馆、民政部未悉本省情形,将来势必严诘,惟有仰恳宪台可否先将办理所以为难之处,据实分咨宪政编查馆、民政部容赶紧查填照报。是否有当,伏候察核批示,再行拟稿。须至呈者。

咨行各处有关于邮船电路细图绘照咨部文

为咨行事。案奉督、抚宪札开接准邮传部咨开图书通译局案呈,本部现在筹画邮、传、电、路四政事宜,非有详细图说不足以资研究,应请贵处将呈送会典馆详细地图及各种图说咨送过部,以供参考,相应咨行贵督、抚请烦查照办理,等因到本大臣、部院。准此,查印本舆图久已无存,无凭照绘,凡有关于邮、船、电、路四政事宜,自应分别绘造咨送,为此札饬。札到,该局即便遵照,速将各该处所有关于以上四项详细图说绘造送局,以便汇案呈送等因。奉此,除分咨外,合咨贵司请烦照会南满铁路,公请南满铁道会社将安奉、东清两路各站名,相距道里,坐落州县,是何村屯,桥梁若干,何处双轨,何处单轨,筑路费若干,养路费若干,一切详细图说咨送贵司汇送过局,以便呈送督、抚宪察核,汇案咨部。须至咨著〔者〕。

照会邮政局文

为照会事。案奉督、抚宪札开,接准邮传部咨开云云,除分行外相应照会贵局,请将由省城邮政所通奉天境内东西南北各路程途各若干里,设立分局几处,经理人员几何,邮递夫役几何,一切详细图说烦汇送过局,以便呈送督、抚宪察核,汇案咨部。须至照会者,右照会邮政局。

咨行各处有关于邮船电路细图绘造咨部分行文

为咨行事。案奉督、抚宪札开,接准邮传部咨开图书通译局案呈,本部现在筹画邮、传、电、路四政事宜,非有详细图说不足以资研究,应请贵处将呈送会典馆详细地图及各种图说咨送过部,以供参考,相应咨行贵督、抚请烦查照办理,等因到本大臣、部院。准此,查印本舆图久已无存,无凭照绘,凡有关于邮、船、电、路四政事宜,自应分别绘造咨送,为此札饬。札到,该局即便遵照,速将各该处所有关于以上四项详细图说绘造送局,以便汇案呈送等因。奉此,除呈覆外,相应咨行贵道,请烦查明现在出进各海、沙河口兵商轮船数目系何名称,隶于何国,管驾姓名,长度宽度排水量各若干,吨数若干,一切详细图说移送过局,以便汇案呈送督、抚宪察核,汇案咨部。须至咨者,右咨奉锦山海关道东边道。

咨行电报局文

为咨行事。案奉云云,贵局请烦将奉天省城所辖四路,境内电线所通路程共若干里,电杆共若干根,分局若干处,局员若干人,局役若干名,一切详细图说移送过局,以便汇案呈送督、抚宪察核,汇案咨部。须至咨者,右咨电报局。

咨行京奉铁路文

为咨行事。案奉云云,贵局请烦将由奉天省城西至山海关、南至营口厅路程各若干里,大小站共若干处,坐落何村何屯,站名用何字样,桥梁若干架,属于何州县,何处双轨,何处单轨,火车头若干,头等车若干,二等车若干,三等车若干,装货车若干,筑路费若干,养路费若干,站长若干名,司事若干名,巡警若干名,夫役若干名,一切详细图说汇送过局,以便呈送督、抚宪察核,汇案咨部。须至咨者,右咨京奉铁路局。

本局宣统元年春季造送各员衔名

总办	奏调开缺掌山西道监察御史张瑞荫	直隶南皮
法制科科长	内阁中书蔡肇元	广西宜阳
	即选知县贺淜	直隶武强
正股员	廪膳生武锡珏	直隶深州

续表

副股员	签分云南直隶州州判谢廷辉	广西宜阳
	拣选知县陈展骐	广东镇平
统计科科长	指分安徽试用县丞严伟	江苏扬子
正股员	拣选知县樊振家	河南内黄
副股员	县丞职衔王沛	浙江仁和
	拣选知县刘毓麟	山东蓬莱
庶务委员	蓝翎五品衔补用骁骑校洪德溥	厢蓝旗汉军
书记长	内务府笔帖式袁贵麟	内务府厢黄旗汉军

本局宣统元年秋季造送各员衔名

总办	奏调开缺掌山西道监察御史张瑞荫	直隶南皮
法制科科长	丁忧即选知县贺涉	直隶武强
正股员	廪膳生武锡珏	直隶深州
副股员	留奉补用知县刘毓麒	山东蓬莱
	留奉补用直隶州州判刘祖培	直隶南宫
统计科科长	革职同知张朝埔	四川奉节
正股员	拣选知县樊振家	河南内黄
副股员	留奉补用知县艾德元	河南祥符
	拣选知县陈展骐	广东镇东
庶务委员	蓝翎五品衔补用骁骑校洪德溥	厢蓝旗汉军
	山西补用府经历许光鹤	湖南巴陵
书记长	内务府笔帖式袁贵麟	内务府厢黄旗汉军

本局宣统二年夏季造送各员衔名

总办	军机处存记候选道李家鏊	江苏上海
代理调查局总办	布政司衔分省直补道蒙务局总办黄仕福	浙江山阴
法制科科长	丁忧即选知县贺澎	直隶武强
正股员	留奉补用知县刘毓麒	山东蓬莱
副股员	留奉补用直隶州州判刘祖培	直隶南宫
兼署副股员	增广生王维祺	江苏上海
统计科科长	革职同知张朝墉	四川奉节
正股员	留奉补用知县艾德元	河南祥符
副股员	日本法政大学毕业生徐道立	湖北汉阳
	拣选知县陈展骐	广东镇平
庶务委员	蓝翎五品衔补用骁骑校洪德溥	厢蓝旗汉军
	增广生王维祺	江苏上海
书记长	内务府笔帖式袁贵麟	内务府厢黄旗汉军

拟定调查民情风俗条目呈文

为呈请事。窃职局法制科第一股遵照馆章应行调查本省民情风俗并所属地方绅士办事与民事商事暨诉讼事各习惯，前经拟表六种，于本年二月初十日呈请颁发在案。查各属民情风俗与内地实有不同，若仅制表行查，只可期其简明，而于事实上究恐未能详尽。况积习相沿，一邑一乡，每各自为风气，若非详为研究，何以为参观互证之资。因督饬该科管股股员就向有之习俗与民情之好尚，撰拟大纲八条，共目七十七则，俟将来各属报告到局，删繁就简，纂辑成编，庶于宪政编查馆编制法规或不无涓埃之助。谨将拟定问题缮呈鉴核，俟奉到批示后，再由职局刷印成册。拟稿呈请札发各府厅州县分类调查，依限呈报，以备编订。所有遵章调查民情风俗缘由，理合备文呈请宪台鉴核，批示祗遵。须至呈者。

行查民情风俗条目

(甲)生计之习惯

 农事

  一、农、工、商、贾以何项为最多？

  二、土质之美恶？

  三、水利之有无？

  四、物产以何项为多？

  五、农事之工拙若何？

  六、耕获之法若何？

  七、盖藏屯积之法若何？

  八、蚕桑女工各习惯若何？

 工艺

  一、趋重某项？

  二、某项最精？

  三、销路广狭？

  四、有无制造之机器？

 商贾

  一、各项营业以何项为多？

  二、远贾至于何地？

  三、销于本境者何项最多？

  四、贩运出境者品类若干？

佣工

　　一、力役之佣价几何？

　　二、有无赴他省与外国者？作何种力役？

　　三、沿海沿河之营业，凡海隅河隈各居民，其营业若何？

　　四、游手失业此种人数多寡，试述其失业之由。

　　五、医卜星相堪舆杂技，下至娼优贱业之流，本境以何者为最多？何者之生计较盛？

　　六、盗风之盛边僻为多，其入盗之原与难遽净绝之故，试言其概略。

　　七、胡匪蔓延是否由外界窜入，抑由地方游民失业所致？本地居民如何思患预防？邻居闻警有无救助情事？今昔情形相较若何？

(乙) 学校之习惯

　　一、就学之年龄，以通常之习俗，约计在何年岁者为多？

　　二、城乡学堂之多寡？有无私塾？旧日之情形若何？改良后之情形若何？

　　三、男女识字之折算统合境人口计算，每百人中约得若干人？

　　四、各项学堂毕业人数。

　　五、在省城及京师各学堂与留学外洋者，始自何年？入何学堂？人数各若干？所学系何种科学？

　　六、有无研究旧学者(如理学考据词章之类)？

(丙) 家族之习惯

　　一、有无数世同居者？此最有关于风化，宜详叙其家法。

　　二、异居析产，其理由极为烦杂，宜详征其习惯之办法。

　　三、宗祠之有祭田者，有无管理规则？岁时祭祀主祭与助祭者，其事实之习惯若何？

　　四、出继承产者，宜详征其习惯之办法。

　　五、养子赘婿，有无此等习俗？

(丁) 社会之习惯

　　一、慈善事业，如以财物相扶助之类。

二、庆吊之礼,时节馈遗之品物,其习俗若何？

三、兴建公益,如防水火盗贼、修桥梁渡口、联合本村屯或数村屯协同办理之类。

四、有无要挟官长破坏公益各陋俗？

五、春秋报赛祈雨祷晴演剧酬神之类。

六、寺庙若干？是何名目？僧道喇嘛各项以何项为最多？

七、回教、耶稣教、天主教及各项杂教入教者多寡,教会之情形若何？

八、宴乐游戏并一切酿饮赌博,宜详其品类状态。

(戊)迷信宜忌之习惯

一、有无不在祀典之祠祀？是否有迎神、酬愿、诵经、祈福、祝咒、盟誓、茹素、持斋等俗？

二、巫觋符咒此等习俗流弊甚多,宜各详其情事。

三、有无秘密教等类？其如何引诱？徒从多少？迷信之情形若何？

四、各项宜忌之习俗,如婚丧之宜忌、节序时日之宜忌、构造迁徙方向之宜忌,须分类言之。

(己)婚姻之习惯

一、婚嫁之年龄若何？有无早婚之俗？

二、婚姻之契约,如庚帖、婚书、礼柬,其式若何？

三、自议婚至庙见,其舆马、衣饰物品、礼节通常之习俗若何？

四、聘币妆奁之丰俭,虽因贫富而殊,然豪华俭啬亦往往因地而异,其习惯若何？

五、向日有无满汉联姻之事？近奉奏定新章联婚者是否较多？

六、再醮、再娶其与初婚之礼有无别异？

七、有无离异休弃之习俗？其离婚之契状若何？

八、纳妾嫁婢,其习惯之办法若何？

九、丧娶、停娶、娶同姓、悔婚、逼醮、娶殇皆悖礼违例之事,有无此等习俗？宜分别查填。

(庚)丧葬祭祀各项礼俗之习惯

丧事之习惯

一、丧事称家之有无,然尚奢尚俭亦有因习俗移易者,试略举其大凡。

二、棺椁衣衾及一切殓具,其习惯若何?

三、服制有无短丧之习惯?

四、吊唁奠赙,其礼节若何?所需品物以何项为最多?

葬事之习惯

一、自初丧以至葬期为日若干?

二、圹兆有穴土、茔圹之分,何者为多?

三、聚族共葬北方多沿此例,其觅地别葬者是何原因?

四、世俗自初丧以讫葬期,每延僧道尼诵经作七,此风是否盛行?

五、停柩不葬,有治丧无力者,有迷信吉地者,各属有此习惯否?

祭礼之习惯

一、品物之丰俭,祭事之疏数,其礼节若何?

二、古礼如祥祭、禫祭、祔食之类,近今有无遵行之者?

三、时祭如嘉辰令节四时祭祀、荐新等类,其习惯如何?墓祭每岁几次扫墓?是何时日?

(辛)居处饮食服用各项之习惯

居处

一、草屋、瓦屋以何项为最多?野处、里处,其习惯若何?

二、单居、杂居孰居多数?

饮食

一、通用是何品类?是否皆系土产?自外输入者以何项为多?

二、有无嗜酒之俗?

三、吸食阿片已戒者若干人?未戒者若干人?有无私售吗啡者?

四、纸姻之糜费不减于阿片,本境之销路若何?

服用

一、奢俭之习惯若何?所需丝布各项是否产自本境?

二、自外输入者以何项为最多?

三、土货、洋货,其价值贵贱比较若何?

四、男女衣饰有无奇衺不衷者?

为通饬事。案据奉天调查局呈称,窃职局法制科第一股遵照定章掌调查民情风俗,因督饬该科管股股员就民间应行调查之件撰拟大纲八条,合问题七十七则,呈请通饬前来,本大臣、部院核属事行,应即照准,合亟分行札发。札到,仰该　即便督同统计处遵照册内各项问题详细调查,编列报告。限一月内迳送调查局,以备编辑,汇呈转咨,勿得迟延。切切。此札。

右札各府厅州县准此

拟定调查地方绅士办事习惯条目呈文

为呈请事。窃职局法制科第一股遵照馆章应行调查事宜,业将所拟调查民情风俗条目呈蒙批准札发在案。查地方绅士办事为全境之代表,著手最难,既无官权,要办官事,然绅士向来之习惯,非勾通衙署,即抵抗长官,求一热心任事,以和平之手段办理公益,为地方之补助,与官吏相辅而行者,几百不获一。现董事议事各会暨地方自治局已次第成立,所有地方公益等项,端赖绅士为之组织,其选任之法,或投票公举,或由印官委派,不可不切实调查,藉觇地方自治之权力,以为宪政实行之基础。因督饬该科管股股员撰拟大纲四条,其目三十七则,另册缮呈钧核,俟奉批示后再行刷印成册。拟稿呈请批发各府厅州县,按照所开条目逐项查填,迳送调查局,以备编辑,汇案咨呈。所有拟订地方绅士办事习惯条目缘由,理合呈请宪台鉴核,批示祗遵。须至呈者。

行查地方绅士办事习惯条目

（甲）选任绅士之法

  是否由众公举？或由地方官选派？

  有何等资望方为合格？任事之期限若何？

  对于地方官之权限若何？对于民户之权限若何？有无津贴？

  勤能者地方官有何等奖励？本地民户有无酬报？

  不职者是否由公议斥退？或由地方官勒令退职？

（乙）保社及规约

  保社之组织若何？

  规约之大概及规约施行之效力。

  施行区域之大小（村屯若干？方面若干里？）每年以何时为开会之期？

  保社所应办之事项若何提议？若何议决？

  保社之民户是否遵行规约？违者有何办法？

  保社与地方官之关系如何？

  保社办事之经费是否临时募集，抑先事筹备？募集筹备之法若何？

（丙）商会及各行公所

  成立缘起。

  总会中值年任事者若干入〔人〕？分会几处？

  职员如何选任？经理之法若何？办事之章程若何？有无管理规条？违犯者有无罚则？

  历年办理之情形若何？以何时为会议之期？

  经费若何筹集？

（丁）绅士主管之各事项

  劝学所

  教育会

宣讲所

公立学堂

农事研究会

蚕桑研究会

劝业所

劝工厂

以上八项所应调查者，成立之年月，现时办理之情形，办事章程，管理规则，人数若干？经费若干？如何筹集？成绩若何？均宜一律查填。

戒烟会

天足会

全节堂

育婴堂

水会

此外一切公益事项，如平治道路、修理义渡桥梁之类，皆附此类调查。

以上数端，所应调查者，会员之人数，办事章程，管理规则，经费若干？如何筹集？成绩若何？

常备仓

社仓

义仓

此数端皆备荒之要务，有无此等名称？存储者若干？存放之法若何？粜旧籴新有无虑致亏耗不敢粜出之弊？经理者若干人？全济者若干人？

此外一切慈善事业，如施粥、施衣、施药、施棺之属，皆宜详悉调查，条列其事实。

通饬各府厅州县查填地方绅士办事习惯报告文

为札饬事。案据奉天调查局呈称，窃职局法制科第一股遵照馆章调查民情风俗各习惯，业经拟定条目呈请宪台批准通饬调查在案，所有各地方绅士办事习惯亟宜遵照馆章详悉调查，以觇各府厅州县地方自治之能力。因督饬该科科长第一股股员撰拟应行调查条目，共计大纲四项，问题五十六则，呈请通饬前来。本大臣、部院核属可行，应即照准，合亟分行札发。札到该　即便督同统计处调查员遵照册内各项问题详细调查，编列报告，勿稍疏漏。限文到之日起，一月内呈送调查局，以备编辑，汇呈转咨，勿稍延缓。切切。特札。

右札各府厅州县准此

拟定调查民事习惯条目呈文

为呈请事。窃职局法制科第一股遵章调查民情风俗暨地方绅士办事各习惯，业经分别拟定各问题，先后呈请宪台批准通饬调查在案，所有民事习惯亟宜遵照馆章详悉调查。惟民事一项，头绪纷如，举一切财产之缪轕，债务之纠缠，亲族之琐屑，其事之有关于法律者，极为繁颐，几令裁判官茫无根据，不能依律例以剂其平。查东西国厘订民法，虽事极微细，亦莫不揭载于篇，故司法者即可据为判事之标准。中国向无民法专书，遇有律例所未详者，不免任意重轻，失出失入，在所不免。兹遵宪馆定章调查民事各种习惯，以为编订法典之预备，先即其最切要者，督饬该科就民间田宅、钱债、户族等项，撰拟条目，略分三项，共问题一百零七则，另册缮呈鉴核，俟奉到批示后，再由职局刷印成册。拟稿分行各属，依类调查。所有遵章拟订调查民事习惯条目缘由，理合呈请宪台批示祗遵。须至呈者。

调查民事习惯条目

(甲)调查关于田宅财物之民事习惯

　　一、凡土地非从邻地经过不能至公路者，其于经过之邻地是否应有所赔偿，抑别有习惯办法？

二、凡数人共有之地因分割之故而不通公路者，是否得通行于他分割者之所有地？

三、其因通行之故而有所损害，是否应有所赔偿？

四、凡水从邻地自然流来者，对于此事习惯如何？

五、若邻地故行设法使水流来者，对于此事习惯如何？

六、凡因蓄水、泄水、引水等事所设之工作物（如堤埝之类）或破坏、或沮塞而损害邻地时，如何办法？

七、前项之工作物虽未至破坏沮塞而情形可虞时，邻人为预防损害计，是否得要求其设法防备？

八、凡邻地之竹木等，其枝干越过界线如何办法？

九、凡相邻之地，其界线通常以何为标识？

十、若相邻者越过界线且收获不止一次，通常用何法了结？是否应有所赔偿？赔偿之法若何？

十一、凡房产之界线通常用何标识？

十二、凡筑造建屋于公共界线，通常应距离若干？

十三、若逾应距离尺寸时，是否可令其停工？或别行改作？

十四、若建筑已成或自动工时起，以经若干时势难于停止改作者，用何法了结？

十五、凡穿井开沟凿池等事，通常应距离界线若干？

十六、若于公共界线越过应距离尺寸，是用何法了结？

十七、凡于界线近傍有所筑造非使用邻地不能工作者，是否须经邻人许诺始得使用，抑别有习惯办法？

十八、若邻地因之有所损害时，是否须有所赔偿？赔偿之法若何？

十九、凡典质土地以若干年为限？逾限不赎作何办法？

二十、凡典质房屋限若干年？若于限期内其房屋有必需修缮者，其费归何人承担？

二十一、凡典质衣物通常以若干月为期？利息几何？

二十二、凡租赁田地者，是否先行缴价若干？余者限期缴清，倘逾限不缴时有何办法？

二十三、凡租赁房屋是否先行缴价若干？余者限期缴清。

二十四、凡地主与佃户因田事之费用（籽种、肥料、牲畜等）如何摊派？收获之利如何分割？承种之地有无期限？

二十五、凡以物产抵押债务者，其物产必需之费（如田地之粮差、房屋之修缮）向例归何人承担？

二十六、凡抵押之田产债主欲转押于他人，是否应俟业主允许？

二十七、凡以田产抵押债务，其价比原价低减若干？

二十八、凡不知为他人之物，如家畜及他种动物逃亡之后，物主不来追寻则拾得者，是否即为其所有？

二十九、若物主来寻自应归还，其索还时是否应有所赔偿（如喂养费之类）？

三十、凡明知为他人之物，如故买赃品，与明知为某人遗失物，故而购买之，或拾取之其于失主索取时，及归还此物时，用何种方法？

三十一、凡数人共营一业时，其财产即为数人所共有，此共有之契约习惯如何？

三十二、共有之费用摊派时习惯如何？

三十三、共有之财产分割时习惯如何？

三十四、遇有不易分割之物产通常如何办法？

三十五、凡无主之物首先寻获者，是否即为其所有？

三十六、若经数人寻获如何分割？

三十七、凡埋藏之物首先发见者，是否即为其所有？或俟公告后经若干时所有者不得主名始为其所有？

三十八、若从他人所有物中发见时如何办法？

（乙）调查关于钱债之民事习惯

一、凡债主与负债者相去甚远，非汇兑不能偿还者，其汇费归何人承担？

二、凡债主因负债者届期不还之故所生之损害（如债主别负有重利之债，指此款偿还,此款不还则已所负之利日增),是否应有所赔偿?

三、凡负债者应付之利息未能归还,有经若干时即可作为元本之习惯否?

四、凡债主欲将债务转让于人,是否可任意为之,抑必须经负债者允许后始可转让?

五、凡债主于负债者是否有经过若干年不行追索即作为消灭之习惯?

六、凡负债者未至偿还期限不幸而有破产倒闭之情事,斯时债主是否不俟期限即可追索?

七、凡于应偿之债先付若干,债主是否与以收据,抑注明于借券中?

八、凡负债者将欠债悉数偿还债主,或遗失借券不能归还,其习惯之办法若何?

九、凡人家子弟因游荡浪费所生之债务,债主可否向其父兄追索?

十、凡数人共负之债,其中一二人已将其本身应还之数清偿,其余之负债者设有因事变不能偿还时,债主可否仍向此一二人追索其余欠?

十一、凡数人共借一债,其中一人兼有保证之责,设此人逃走死亡,或破产,则债主于其余各负债者是否可要其偿还此债之全数?

十二、凡数人共借一债,其中一人兼有保证之责,设各负债者不能偿还,则债主可否向此保证之一人索其将债之全数悉行偿还?

十三、凡债主数人共有之一债务,原约偿还时可付债主中之一人,此一人所收得之数又仅足自己应得之此数时,负债者无力再偿其所收得者,是否应归各债主均分,抑归此一人独有?

以下关于债务之担保习惯

十四、凡可充当保证人者应具有何等资格?

十五、凡届偿还之期限,债主是否直向负债者追索,抑须请求保证人代为追索?

十六、凡借债者所延请之保证人应负何等责任?是否有代偿之责,抑仅有督促之责?

十七、凡家有父兄其子弟所担保之债务,负债者届时不偿,债主可否向担保之父兄追问?

十八、凡保证人所保之债未至期限,而因事破产无代偿之资力,则债主可否要求负债者使其另觅人担保？

十九、凡债未偿清或未至期限而保证人身先死亡,其承继人是否尚有保证之责任？

二十、凡数人所保之债务届期不还,债主是否应向各保证人追索,抑向数人中之一人
　　　请求偿还？其习惯若何？

二十一、凡为人担保债务,有无由自己另立字据与债主收执者？其字据之式若何？

二十二、凡借债者除保证人外,有无指自己田宅作保之习惯？

二十三、凡以田宅担保之债务,设届期不还,债主有先他债主抵押之惯例否？

二十四、凡担保债务之田宅,其价应比原价低减若干？

二十五、凡既有田宅担保之债务,是否尚须保证人？

二十六、凡指明以何种田宅担保借债者,设其物有损毁(如房屋倾倒等类),债主有要
　　　　求其另以他物作抵之惯例否？

以下关于钱债之契约习惯

二十七、凡契约成立之时应行到场签押者,除中证人外,尚有何人(如乡约、地保等)？

二十八、凡请人写立契约者,归何人延请？

二十九、凡买卖租借等,其契约成立之费,何人承担？

三十、凡面订契约不另觅中证者,其效力何如？

三十一、凡契约有遗失时,通常另设何法以为证据？

三十二、凡孀居无子,或子未成丁,其立契时,是否须自己出名？

三十三、凡财产觺轕,经中证清算立约不再争执,此等契约除彼此各执一份外,是否中
　　　　证人亦须收执一份？

三十四、凡以各种契约(如质票、典契等类)转押于人者,其价比原价有无低减？低减
　　　　之率若干？

三十五、凡以各种契转押于人者,如届期不偿,债主可即管理其业否？

三十六、凡以自己财物赠与人者有无契约？其契约注重之点有几(如不许他人争执)？

三十七、凡以财物相交换者,其契约之习惯如何？

三十八、凡佣雇之契约习惯如何？

三十九、若佣者有非法行为致雇主受损害时，引荐人有无责任？

四十、凡承办工程之契约习惯如何？

四十一、若违犯契约中所指各款者，有无罚则？

四十二、凡以财物寄存他人处所者，其契约之习惯如何？

四十三、其寄存之物若未经原主允许，可否转借与他人？

四十四、凡代人输运货物者，其契约之习惯如何？

四十五、若货主已给运费若干，其余不能清付，是否得扣留该货以作抵偿？

四十六、若代运之货中途遇有事变非人力所能防御者（如水火盗贼等事），代运者尚负责任否？

四十七、凡联合数人共营一业，此种契约之习惯如何？

四十八、各种契约之式如何？

（丙）调查属于户族之民事习惯

一、凡民户户主是否皆以尊长充当？

二、凡兄弟析居者，其户籍是否即行分别登记？

三、若遵父母命析居者，其户籍是否仍旧，抑另行分别登记？

四、凡合族订立规约，是否由族众公议？

五、若有违犯规约者，是否由族长处分，抑合族公同议罚？其处罚之法若何？

六、凡经理族中公产者，是否由合族公举，抑由族长经理？

七、若此项经理人有侵吞情事，是否有赔偿之责？

八、凡族中有争讼情事，是否先由族长处理？

九、凡族中有与外族争讼，是否由族长出名，抑另行公举？

十、凡族中有承继析产等事，是否应经族长到场？其所立契约族长是否出名签押？

十一、凡承继析产当事者有不公情事，族长不认可，能否改议？

十二、凡承继时除亲长主持外，是否仍须承继人允许？

十三、凡承继之证人除亲族姻戚外,有无以外人充当之惯例?

十四、凡不按亲疏次序择爱为嗣者,是否须俟亲族公同承认?

十五、凡长子与承重孙得继与他人为嗣否?

十六、凡一子兼祧两房者,设其后仅生一子,当承继何房,抑仍系兼祧两房?

十七、凡兼祧者订约之后,其本生父生子或其所承继者生子,其兼祧之约有无变更?

十八、凡近支应行承继之人因所继者家产贫薄,是否有带产出继之习惯?

十九、凡立嗣者若近支无承继之人,远族之人又无爱子,有以姻戚为嗣之习惯否?

二十、凡抚养或收买异姓之子为嗣者,是否必经同族承认?

二十一、若族中有不承认者,是否即可阻止,抑另有习惯办法?

二十二、若经族中承认后,是否公同订立契约,以后永无争执?

通饬调查民事习惯札文

为札饬事。案据奉天调查局呈称,窃职局法制科第一股遵章调查民情风俗及地方绅士办事各习惯,业经分别拟定各条目问题,先后呈请批准通饬调查在案,所有各属民事习惯亟宜详悉调查。查民事一项所关于法律者,端绪至为繁杂,若非编订法典,立有专条,其何以为裁判之准。兹遵照馆章调查民事习惯以为编制民法之根据,因即其最切要者督饬该科就民间田宅、钱债、户族等项撰拟应行调查条目,略分三项,并增加一条,共问题一百零八则,呈请通饬前来。本大臣、部院核属可行,应即照准合亟札发。札到,该　即便督同统计处调查员遵照册内各项问题逐条详实查报,勿稍疏漏。限文到之日起一月内呈送调查局,以备编辑,汇呈转咨,勿稍延缓。切切。此札。

拟定调查商事习惯条目呈文

为呈请事。窃职局法制科第一股遵章应行调查事宜,业将先后拟订各项条目呈蒙批准札发在案。查商事习惯极为复杂,遇有因商镠轕之案,有主任裁判权者往往无所依据,商律未定,流弊滋多。查东西洋以商立国者所在皆是,故各国判决商事亦皆有一定之权衡，只以法律上有完全之商规，乃于裁判时无偏倚之臆断。中国自商部成立后，商业乃日见发达，现法律馆为保护商务起见，奏请修订商律，然非将一切商事习惯详细调查，恐将来编订商律不能悉行赅括，绝无渗漏之虞。因督饬该科调查商事习惯以为修订商律之资料。兹特拟订大纲十条，共目一百十八则，另册缮呈钧核，俟奉批示后再行刷印成册。拟稿呈请札发各属按照各项条目逐类查填送局，以便编纂，汇案转咨。所有拟行调查商事习惯条目缘由，理合呈请宪鉴批示祗遵。须至呈者。

调查各属商事习惯条目

甲　商号商标之习惯

　　一、凡开设商号，其应报官立案者，约有几种？

　　二、凡报官立案后，设有假冒该号商标售同一货品，如何办法？有无罚则？

　　三、凡商号除领帖外有无别项规则？

　　四、凡新立商号应入公会，入会时有无规费？

　　五、凡立商号有无特定号规？

　　六、凡商号子姓分析，仍各沿用该商号商标者，通常用何法区别？

　　七、凡新设商号，其商号商标通常用何法广告？

　　八、凡客籍人设立商号，如该客籍无同业者，是否须经本籍同业者之许可？

　　九、凡合股伙开之商号，其退出之股可否沿用该号别开一店？

　　右甲项问题九

乙　资主伙友之习惯

　　一、凡商号之资主，除筹集资本外，如遇有意外情事（如讼事亏累等项），是否尚负责任？

　　二、凡资主自行营业与委人经理，其权限如何分别，责任有无异同？

　　三、凡资主与经理人订立合同，其重要之款目有无年限？

四、如未至合同年限,资主可否随时退出资本?如资主遇有急需,于应得利息之外,能否任便支用?

五、凡商号借入之款,是否由本号出名,抑资主出名?

六、凡合股伙开之号,可否任一人随意退股?其退出之缺额可否由他股东顶补?

七、凡号友以劳力作为现金资本者(即俗所谓人股)如何计算?

八、凡合股伙开之号,其股东有充经理人者,其责任与薪金较外招者有无区别?且此等经理人当分配红利担任亏累时,是否视他股东有异?

九、凡合股伙开之号遇有重要事务各股东意见不同时,如何议决?

十、凡合股伙开之号,设有一股东欲于该处左近另立一号而营同一之业时,有无限制?

十一、凡号中伙友阶级职事约分若干类?

十二、凡号友所司之事务以何项为最重?

十三、凡招集号友是否概需保证人并有无保证金,设有侵蚀亏欠等事,保证人应否代为赔偿?

十五、凡号友之升转有无一定规则?

十六、凡号友薪津外,有无另给酬劳及分赠红利之例?

十七、凡号友可否于本号之外另出资本,营与本号同业之商务?

十八、凡号友违犯号规,是否即行辞退,抑另处罚之法?

十九、凡号友因故自行告退,或由本号辞退,是否须布告周知?

二十、凡商号经理人为经营商业借人之款,至本号收歇倒闭无力清偿时,此经理人是否尚负责任?

二十一、凡商号经理人欲息放巨款或收买大宗货物,是否须与资主商明?

二十二、凡号内一切账目除经理人按期报告外,资主可否随时盘查?

二十三、凡经理人不经资主之许可得兼管他号事务否?

二十四、凡号友卖出货物或比市价低减以致本号受亏,是否应负赔偿之责?

二十五、凡号友经手赊出货物被人倒欠,有无赔偿之责?

二十六、凡入号学习者(即俗所谓学徒),以若干年为满期?学习期内有无津贴?并有无保证人、保证金?

右乙项问题二十六

丙　商事簿籍之习惯

一、凡各种商号其紧要账簿共若干种?是何名目?

二、各种商业情形不同,其账簿格式亦异,各就其有关紧要者,详举其式。

三、凡紧要之账簿,其边缝之处有无特别标识,以防弊混?

四、凡商业中欠人之账与人所欠之账,是否各立一簿,抑别有习惯办法?

五、凡交易之事,或现款,或赊欠,是否各立一账?

六、凡每年总结之账,是否另立一簿登记总数?

七、凡支付银钱货物之票照,是否专立一簿,临时盖骑缝戳记,抑别有习惯办法?

八、凡商案账簿自总结之日起保存之,以期以若干年为限?

九、凡商业一切账簿是否概行保存,抑仅保存其紧要者?

十、凡关于营业之重要函件,是否一律保存?

右丙项问题十

丁　清结之习惯

一、凡商号除每日出入均应登账,是否日结一次,抑月终、年终结算?

二、凡商号出入盈亏总账是否按年结算,抑迟至三年、五年始行结算?

三、凡总结时,现存之货如何折价?

四、凡总结时,是否将存货存钱各若干、欠人若干、人欠若干列一总账?

五、凡总结时,其登账之钱货各数目如与实数不符,其责任归何人负担?

六、凡总结时,本号与他号往来账目是否须一律结算?

七、凡总结时,资主、伙友分配利益有于分配之前提余利几成作为护本之习惯否?

八、凡总结时,本号经理人欲为下期余裕计,有将现存货色减价估计之习惯否?

九、凡商号设有支店者,设本号盈余支店亏累,有彼此牵算以为弥补之惯例否?

　　右丁项问题九

戊　商事介绍人(如牙行类)之习惯

一、凡充商事介绍人,本地是何名称?共有几种(如客经纪、跑合、牙行之类)?

二、凡充当此种介绍者,是否须报官立案领有执照?报官时有无规费?

三、凡充介绍人者,除由地方核给执照外,是否尚须同业之认可?

四、凡介绍人抽收之费用如何计算?是否由买主、卖主均摊,抑另有特别习惯?

五、凡交易订立合同,此介绍人应否列名?

六、凡交易时,买主、卖主设有未到者,介绍人可否代为主持并代负责任?

七、凡订期交货仅以货样成交者,其货样除交买主外,介绍人是否亦收存一分〔份〕以为凭证?

八、凡不愿自己出名买卖者,介绍人是否代办并代负一切责任?

九、凡货色物价设有不符原议或短欠者,介绍人负何等责任?

　　右戊项问题九

己　货栈之习惯

一、凡代客商存寄物品应付存货人凭据,是何名目?

二、此种凭据中所必须注明者,何事最为重要?

三、此种凭据本栈中用何法登记以为日后取货之证?

四、货栈于所存之货负何等责任?

五、凡存货有遗失、毁损时,是否须全数赔偿?

六、凡遇有意外事变非人力所能防者(如水火抢劫之类),能否免其赔偿,抑减数赔偿?

七、凡存货凭据该客商抵押债务,是否须关照货栈将存货人姓名更换,抑仅将存货凭据交付即为了结?

八、凡存货人出售存货时,是否必须亲到,抑由买主执存货凭据即可提货?

九、凡存货费用通常须何时清付？

十、凡言明定期交付之费用（如按日付租之类），逾期不付如何办理？

十一、凡货之易朽坏者，如存货人逾期不提，可否由货栈代卖？

十二、凡报官纳税等事，货栈是否代办？

右已项问题十二

庚　运送习惯

一、凡客商运送货品有无包运（即承办运送者）习惯？

二、凡箱笼包裹等件，可否由包运人检点，以防夹带违禁之物？

三、凡运货是否起运时交付，抑运到后交付？

四、凡包运有期限者（如限于某时运到），如逾期不到客商因之受亏（如所运货品逾期则价落之类），有无赔偿？

五、凡包运者代觅车船，于运费之外有无别项酬劳之费？

六、凡包运者代垫之一切款项（如各税用之类），如货主有所短欠，是否可扣留其货？

七、凡运送地段途中有必须更易运法者（如起行时用舟，至某处则用车），是否由包运者承办一切？

八、凡货品有毁失短少，其赔偿之法是否按照原价，抑按交货地之时价？

九、凡途中照料一切，货主不自行押运与自行押运，包运者担承责任有无区别？

十、凡货主自行押运与包运者押送，其运费有无增减？

右庚项问题十

辛　钱法习惯

一、凡商事交易，其钱法计算之数与制钱如何比例（如制钱三百二十为一千之类）？

二、银币、铜币通行后，是否按本数计算，抑仍以向来之钱法计算？

三、旧日各处钱法每有短陌之风（如九六、九八之类），行用铜币后，此风是否革除？

四、银铜各币通行之后，如大宗交易尚可行用旧日之钱否？

五、市面通行之银币共若干种？以何种为最多？何种价值较贵？

六、如以银块交易,是否按银圆折合,抑按本数计算?

七、外国银铜各币流入者多寡?是否通行?有无折扣?

八、纸币除户部银行、东三省官银号外,外省之纸币是否一律行用?有无折扣?

九、本地殷实商号出银钱票者若干家?

十、除殷实钱店外,有无他种商号出银钱票者?

十一、外国纸币流入者若干种?其价值如何?

十二、与外国交易是否须用该国纸币?如以本国银币纸币与之交易,其折算之法如何?

右辛项问题十二

壬　度量衡各项习惯

一、凡商界通用之尺度共有若干种?长短相较之差有几?

二、通用之尺视工部营造尺有无差别?相差若干?

三、凡丈量地亩惯用何种尺度?

四、市面通用之斗斛共若干种?容积多少?相差若干?

五、与部颁之定式有无殊异?相去几何?

六、城镇村屯是否遵用一式?

七、通用之斗斛,每斗斛约重若干?

八、凡货物以斤两计者,各处所谓斤者每有差异(如十六两、二十两之类),本处之习惯若何?

九、凡斤数之差是否因物品而殊,抑沿本地之旧习?

右壬项问题九

癸　商事各种字据习惯

一、各种合同;

二、各牙行章程;

三、各种帮规;

四、牙行部帖；

五、经纪执照；

六、各种仿单；

七、各种收货单；

八、各种货价收单；

九、买卖结账清单；

十、夫行腰牌字样；

十一、厘税报单；

十二、各种存货单及提货单。

通饬调查商事习惯札文

为札饬事。案据调查局呈称：窃职局法制科第一股遵章调查本省民情风俗等项各习惯，业将拟定各项条目陆续呈请批准札发在案，其各府厅州县商事习惯亟宜详悉调查，以为将来编订商法之助。因督饬该科就各属商事习惯应行调查之件，分类撰拟十纲，共问题一百一十八则，呈请通饬前来。本大臣、部院核属可行，应即照准，合亟札发。札到，该即便督同统计处调查员遵照册内条目逐类详实查填，勿得疏漏。限文到之日起，一月内呈送调查局，以便编辑，汇呈转咨，勿稍延缓。切切。此札。

拟定调查诉讼事习惯条目呈文

为呈请事。窃职局法制科第一股遵照馆章应行调查事宜，业将拟定各习惯条目先后呈请批准札发在案。查诉讼习惯一项，东西洋所编定之法律，均将民事、刑事区分为二，故民之起诉者，亦有民诉、刑诉之分。中国虽有律例全书，惟于民刑两事向皆混合为一，近今修订法律大臣分饬各行省设立审判厅，因略仿西法，亦分民庭、刑庭以为法律改良之基础。然中国之程度幼稚，多不能与法律相适，故欲编订法律，只有将向来之诉讼习惯详细调查，以为改定法律之资料。因督饬该科就各属诉讼习惯应行调查之件，分类撰拟大纲三条,问题三十九则,缮具清册呈候钧核。如蒙批准,再由职局刷印成册。拟稿呈请札发各属详悉调查,依限呈报,以备编辑,汇呈转咨。所有遵章拟订调查诉讼事习惯缘由,理合呈请宪台批示祗遵。须至呈者。

行查诉讼事习惯条目

(甲)起诉待质习惯

　　一、绅衿诉讼事件是否遣家丁作抱告,抑或有随地雇人作抱告之事?

　　二、绅衿被告有无遣人代质之习惯?

　　三、原告、被告或系多数人遇质讯时,是否举一人代表,抑同赴公堂?

　　四、有无被告抗不到案,或被告到而原告不到以致案悬不结,故意拖累情事?

　　五、两造有无互愿让步,凭中和息之事?

　　六、旗民争讼或两造管辖之地不同,其案件应归何官厅办理?

　　七、旗民交涉重要之案,须取具保证之处,其中有无差别?

　　八、诉状内有碍印官考成字样,代书不敢直书起诉人,有无自己担任之事?

　　九、业经起诉,案件原告久不投到,向系如何办理?

　　十、讼案已经判决或和息后,当事人有无翻案复控之事?

　　十一、当事人有无自写诉状不由代书盖戳者?

　　十二、案内见证人传讯时,是否由原被告先期关照,以备到案质讯?

　　十三、原告不识字,代书写状有无故意改易情节之事?

　　十四、各处有无拦舆递呈之事?

　　十五、遇有重大案件,是否准其传词报告?

　　十六、被告欲投诉状,有无书差勒掯不准呈递之事?

　　十七、案经亲族或公正人调处,是否由调处人禀请结案,抑两造互递息呈?

　　十八、官饬调处两造不遵者,是否由调处人据情呈覆?

十九、凡钱财涉讼,保人之担任若何?

二十、如店铺保经理人不到案,但遣伙友备讯者,可否代担责任?

二十一、绅董于些小细故有无用片送到官之习惯?

二十二、绅董于诉讼案件有无辄代原告或被告到官剖辨是非之事?

(乙)翻供上控习惯

一、翻案或由问官误断,有无已经输服经人挑唆故意翻控之事?

二、案经调处了结后,有无仍行翻控者?

三、前官已结之案,后官接代时,有无希图蒙蔽辄行翻控之习惯?

四、控案甫经堂讯,有无不俟断结即行上控者?

五、被告人有无抗传不到径行上控者?

六、有无越级径赴最高官厅呈控者?

七、上控之案有无刁绅劣监从中包揽之事?

(丙)诉讼费之习惯

一、状纸费有无定额?其额若干?原被告有无殊异?

二、堂讯时有无铺堂费?

三、传案差役原被告是否酌给路费?

四、被押之人于保释时有无差费?

五、两造和息及结案时有无差费?

六、相验尸伤时有无厂费?

七、尸厂一切费用是否由尸亲备办,抑由本村公款支用?

八、踏勘各种案件,其事主是否须出差费?

为札饬事。案据奉天调查局呈称,窃职局法制科第一股应行调查本省民情风俗等项各习惯,业将拟就各条目先后呈请批准札发在案。其各府厅州县诉讼事习惯,亟应遵章调查,以为将来编订诉讼法之根据。因督饬该科就各属诉讼事习惯应行调查之件,分类撰就大纲三条,问题三十九则,呈请通饬前来。本大臣、部院核属可行,应即照准,合亟札发。札到,该 即便督同统计处调查员按照册内条目详慎查填,勿得疏漏。限文到之日起,一月内呈送调查局,以备编辑,汇呈转咨,勿稍延缓,切切。此札。

呈请饬各科凡遇有发表章则文奏多行一份到局以便编纂呈文

为呈请事。窃职局前请饬令各司道局处所有现行行政规章已经咨奏有案者录副过局,以凭编辑,蒙批准札行在案。窃查奉省举行新政,大半发生定议于公署之中,而职局附设署内各司道局处凡奉行之件,或误认职局早已确知,殊少抄录副本过局,罅漏之虑所不免合无。仰恳宪台俯赐鉴核,嗣后遇有发表章则文奏,于拟稿钤发时,饬由十科多行一分〔份〕下局,俾便编纂,以为送馆之需。职为慎重要政起见,是否有当,伏乞钧示。须至呈者。

札各司道局处将行政规章录副迳送调查局文

为札饬事。案据奉天调查局禀称,窃职局遵查宪政编查馆章程第三条法制科第二股内开,各省所办事宜,其行政规章(如民政、外交、财政、教育、军政、司法、交通、实业、旗务、蒙务等类)法制股员须调查编辑清楚,呈请送馆,以为宪政实行之预备。查前奉省开设编纂图书处,各司道局处所办文件,其章程法令、图籍册表等项均经按送副本各在案。今职局开办,合仿此例,拟请宪台札饬各司道局处除循例文件免抄送外,所有现行行政规章已经奏咨有案者,迅速抄录副本,迳送过局等因,应即照准,合行札饬。札到,该 仰即迅速将现行行政规章已经奏咨有案者钞录副本,迳送该局。嗣后如有新定此项规章,应即随时录送,以备编辑。事关宪政,勿稍延宕。切切。此札。

拟定调查盐务行政沿习利弊条目呈文

为呈请事。案查宪政编查馆奏定各省调查局章程法制科第三股掌管调查本省行政沿习利弊等因，职局自应遵章试办。窃维行政上之沿习利弊，事类极繁，举教育、实业、警察、司法、军政、蒙务、垦务、税捐、外交等类，无一不有行政之关系，即无一不在调查之范围。惟端绪纷如，自不能一时并举，只有先择其事之重且大者次第调查，以为逐渐推行之举。查盐务一项，上关国课，下济民食，于政治上极为切要。奉省向例仅就各处盐滩设局征收，自光绪三十二年改为官运督销，并设局吉江两省分收转运，盐法业经变通，加减征厘之旧章亦半多改易，现在是否销数畅旺弊窦悉捐，亟宜切实调查，以为整顿鹾纲之计画。因督饬该科科长、第三股股员谨拟四纲十二款，其目四十则，缮具清册，呈候钧核批示，再行刷印成册。拟稿呈请札行奉天盐务总局，依类调查，逐目具报，以备编订。所有遵章调查盐务撰拟条目缘由，理合备文呈请宪台鉴核。须至呈者。

调查盐务行政沿习利弊条目

一　行政

（甲）章程

一、奉锦各属向有引数若干？自何年停引？

二、奉省盐斤向有征课银数若干？嗣经改为盐捐，较征课银数溢收几何？

三、自何年改为盐厘局？

四、督销局自何年创始？能否扫除向日之积弊？

（乙）奏疏

一、光绪三年将军崇奏请加抽盐捐，八年将军崇奏请复加抽盐捐，十七年户部因筹饷再加盐捐，二十四年将军依奏请添抽盐捐，三十年将军增每斤加抽制钱四文，以后，有无加捐奏疏？

二、屡次奏请加抽之捐款经费几成？归公几成？现下是否照旧，抑别有变更？

（丙）职务

一、总局设督办、会办名目始于何年？

二、总局设提调、文案、主稿、收支各员共若干人？现下是否有应行增减之员？

三、各分局共若干所？分设之地系何名目？原设委员若干？续派若干员有无应行增减之处？

四、各分局每年所收盐斤若干？较前是否收数畅旺？宜分别详报，以资比较。

五、所设缉私各局卡是否得力？现下有无偷漏绕越等弊？缉私巡役共若干名？

(丁)行销

一、自改章以来，盐斤行销数目果较前能畅旺否？宜详细报告，以备比较。

二、吉林、黑龙江、蒙古科尔沁诸部向例无征榷之举，现两省均设立官运局，销数如何？

三、外盐浸灌吉黑两省，其弊甚巨，以致利权外溢，现办理官运浸灌之弊是否革除净尽？

四、外盐浸灌吉黑其源来自海参崴，能否于海参崴设立缉私局，以杜利权外溢之弊？

二　盐滩

(甲)滩场

一、各处产盐之滩均有滩户，纡回千有余里，散漫难稽，有无走私之弊？

二、前曾拟定修筑盐仓以备存储，嗣因款项支绌，暂筑土垣以资范围，现下是否业经成立？

三、光绪三十年拟设滩总、滩长以编滩户，现下是否设立？果能挽回利权以杜商贩流弊否？

四、前拟派员分往各盐滩，将滩户姓名、坐落四至悉数归官收买，以杜滩户与商家私相售买之弊，此事果实行否？

五、产盐之滩视原数有无增减？现下能否扩充？

(乙)产额

一、各滩每年究晒盐若干包？每一石是否照章分作五包，每包百二十斤？宜核定实数，详为报告。

二、运往吉省是否加卤耗百六十斤？江省是否再加六十斤？务宜详细报告。

三、复州之貔子窝、金州之三官庙向系产盐区域，自划归租界后，此两滩是否交还？如未交还，此两滩减出盐斤，有否成数可稽？

三　转运

（甲）运法

一、奉盐向例仅设局卡，就各滩户报售之数收厘给票，盐厘所由减色，嗣拟改为督销，现下果能实行？是否有成效可考？

二、向收盐厘，后改督销，其运往各处之盐销数是否畅旺？宜详填以资比较。

（乙）运程

一、奉省沿海产盐之滩到处皆是，其运往各处有宜水运者，有宜陆运者，宜水运者系何州县？宜陆运者系何州县？水陆各运以何运为最多数？

二、吉江两省暨蒙古各部落均借食奉盐，大抵归陆运者居多，其宜水运者是为何处？

三、奉省与山东比邻，山东极东各州县无不借食奉盐，大半皆以船运往，其运出之总数有否稽核限制？

（丙）运额

一、产盐之滩各立分局，兼设巡役，以稽查之局员能否实行稽查巡役？有无放行走私等弊？总局有否派员抽查该局员、该局役之方法？

二、各盐滩运出之盐，每石六百斤分作五包，每包百二十斤，运往吉江等处，各加卤耗，以及运往山东之盐，各滩宜将每滩运出总共之成数，分别核实报告。

四　财计

（甲）盐捐

一、光绪三年《奏定章程》每石抽东钱二千四百文，八年加抽东钱二千四百文，十七年再加抽东钱二千四百文，二十四年又添抽东钱一千二百文，三十年每斤复加制钱四文，以后，有无增加之捐款？

二、每石六百斤用票几张？每票捐厘银若干？

三、每岁所收盐捐,每分局共收银若干两?通共各分局所收盐捐银共若干两?

四、滩户、贩户私相售买,恐所难免,如经查觉,有无罚款充公?罚款共有几何?

(乙)解支各款

一、盐捐所入之款归本省截留若干?解部若干?提入学堂经费若干?

二、总分各局督会办暨各分局各委员以及文案收支各名目,其公费若干?津贴若干?司书薪水若干?巡役工食若干?宜分别分填后,再为合计银数。

三、总分各局伙食银共用若干?笔墨纸张银共用若干?车马费及一切杂支银共用若干(奉省多行使银元,所有填写银元数目仍以银数核计)?

(丙)杂事

一、盐总局岁收款数报销后归解何处?报部有无定期?解部之款有无定期?

二、各分局、总局是否按季派员盘查款项及其行止各滩储盐之土垣,总局是否随时派员详细盘查盐斤之石数?

三、总分各局经新旧交替之时,移交接交之方法如何?办理有无一定期限?

为札饬事。案据奉天调查局呈称,窃查宪政编查馆奏定各省调查局章程法制科第三股掌调查本省行政上沿习利弊等因,职局自应遵章试办。惟行政上之条目繁多,其沿习利弊均在调查范围之内,势不能同时并举,宜先择其事之重要者次第举行。查盐务一项,上关国课,下济民食,于政治中极为切要,亟宜详细调查。因督饬该科拟就四纲十二款三十九目,呈请通饬前来。本大臣、部院核属可行,应即照准,合亟札发。札到,仰该局即便转饬各分局遵照册内各项条目详细报告,勿得疏漏。限文到之日起,一月内填送调查局,以备编辑,汇呈转咨。切切。特札。

右札盐务局准此

拟定调查教育实业行政沿习利弊条目呈文

为呈请事。窃职局法制科第三股照章调查行政上之沿习利弊,业将盐务各项条目拟具清册,呈蒙批准札发在案。查行政事宜,最切于民者,惟富与教。富民必首兴实业,教民必先端学术。自学部颁行奏定学堂章程暨各省设立提学使,学务规模灿然大备,特恐维新过骤,转昧国粹之大原成迹是泥,或阻推行之进步,是知学问之道,最贵变通。今之设立各项学堂,务以实事求是为宗旨,果使承学之士淹通中外,各勉为有用之材,则因应不穷,何至蹈授政不达之弊。至实业一门,尤关小民之生计。天下之物,农生之,工成之,商通之,无非所以致富之原。东西各国于实业上之竞争,均属不遗余力。此教育、实业两事,最宜切实调查,以为将来改良之预备。凡关记数之类,概不列入,不侵统计科之权限。因督饬该科科长第三股股员,谨拟教育大纲八则,其目四十三,实业大纲四则,其目三十四,另册缮呈鉴核。俟奉到批示后,再行刷印成册。拟稿呈请分札提学使、劝业道及各府厅州县按照各项条目逐类调查填报,以备编订。所有拟具调查教育实业各缘由,理合呈请宪台鉴核。须至呈者。

调查教育实业行政沿习利弊条目

一、法政、师范、方言各学堂何年成立?教授方法若何?已毕业几次?

二、中学堂、蒙文、实业、商务各学堂何年成立?教授方法若何?已毕业几次?

三、小学堂、模范小学堂、半日学堂、简字学堂何年成立?教授方法若何?已毕业几次?

四、女师范学堂、女小学堂何年成立?教授方法若何?已毕业几次?

五、教育会、劝学所、宣讲所何年成立?经理人是否合格?

六、外国人所立各学堂教授方法若何?中国有无捐助经费?能否受中国考查?

七、各学堂成立宗旨是否恪遵学部颁定章程办理,抑别有通融办理之法?

八、各学堂官费原以创办之始风气未开藉资鼓励,非可为经久之计,现今能否将官费逐渐收回?

九、各府厅州县划定学区其规章若何?有无变更?

十、境内儿童及学龄者,有无簿记及迫令就学之法?

十一、赴东西洋游学生是否合学部限定程度？

十二、有无致力古学之士暨保存古学之结社？其保存之法若何？

十三、各学堂监督管理员其权限如何？各教员是否受其节制？各学生有无不受约束等弊？

十四、聘订外国教员能否受监督约束？

十五、每届学期例有季考，其两次不及格者该管理员是否斥令退学，抑仍留堂补习？

十六、各学堂管理员往往不能公正从事，以致屡起风潮，现在各管理员之管理方法是否恪遵学部颁定章程？其沿习利弊宜详细填报。

十七、各管理员于学生品行功课勤惰画分数时，能否认真秉公填注表簿，按日可稽？

十八、各学堂所用教科书是否合格？其未按照学堂所用书籍教授者，曾否改正？

十九、各学堂所授之中学，凡经史国文地理等项，能否认真讲解？各学生于各项中学能否实有所得？该监督以何方法考其进步？

二十、各学堂所授之科学，凡算术格致理化各门，是否学与年俱进，抑是按学期敷衍？其考察之法如何？

二十一、高等小学堂最宜注重国文，学部颁定章程内曾经严切申明，各教员是否能不违背？

二十二、各学堂学生年龄不一，入学堂之年分亦不能齐，其人数较多者，是否别其等级分班教授，抑系合数班而一堂教之？

二十三、各府厅州县之私塾，早有通饬俾令逐渐改良，现在业经改良者几处？是否有名无实？教授方法如何？宜详细报告，勿稍欺饰。

二十四、女师范学堂、女小学堂有无手工一门？

二十五、学部奏定规章各学堂课程以品行居首，教员必先敦品立行，方足以资表率，其品行不端之教员，该监督能否随时考察斥退？

二十六、各教员如有嗜好，经监督密考明确，能否即时更易？

二十七、各教员任意旷课，或值上堂之时延宕钟点，于教授均大有妨碍，以何法考察而督过之？

二十八、各学堂如办毕业学生之不及格者，是否照例另行入堂补习一年？

二十九、应行毕业之年，各学生是否于中学、科学确有毕业之程度，抑是循例办理，敷衍塞责？

三十、毕业之班次如何办理？譬如甲班已毕业，其升入者是否乙班，抑是由续招而入？

三十一、各学堂之经费，其来源何在？

三十二、常年之经费是否充足？

三十三、各学堂之经费多由捐集而来，其捐集之法若何？

三十四、各学堂经费不足之处，由何项支拨暂行垫办？

三十五、管理员有无侵吞经费等弊？

三十六、各学堂常川支出之经费最宜慎重，有无滥支虚糜之弊？

三十七、群情观感最足觇人心之向背，而管理员、教员之是否胜任，风气之开通与否，均于此下之各学堂之设立，群情向背如何？

三十八、各学生入堂肄业，其家属是否有亟亟向学之意？

三十九、学堂经费不足之处，往往由捐集而成，其捐集之家是否乐成此举，抑系由强迫而来？

调查实业行政上之沿习利弊条目

计开

　　农务

一、奉省地亩名称最为淆杂，每亩之方径弓数亦复不齐，该境向来沿用若干种名称，宜分别填报。

二、自设立清赋局，境内亩堂是否核实？果能粮与地相符合否？

三、奉省完粮向无上下忙之别，例以秋获后完缴，其完纳之期是何月分？有无一定之期限？

四、各花户完粮，地方官例以银数申报上宪，奉省多行使银元及制钱，其银元若干作银一两，制钱若干作银一两，行使铜元之处，以铜元若干作银一两，各宜详细填报。

五、现在农业会、试验场是否成立？其已成立者农业有无改良之事？

六、水潦之患虽由天灾，而补救之方亦由人力，每值伏夏多有水灾，官家宜设法提倡以疏浚之，并可借资水利，现在有无提倡之法？

七、亢旱之灾亦所时有，地方官有无教民引水蓄水，或凿井以资灌溉之政策？

八、害稼之虫自古有之，官家有无提倡预防之术及临时扑灭之方法？

九、奉省山蚕各属多有，饲蚕之方法若何？

十、境内森林官家有无保护及谕令种树之法？

工务

一、工艺局已否设立？成绩若何？有无进步？

二、工艺传习所于何时成立？组织之大概情形若何？所习何艺？制成之物能否适用？

三、曾否设立工艺、陈列、劝工等场？有无成效？

四、有无独运匠心造出特别物品，请得专利权之人？

五、遇有特别之工艺，地方官是否有奖励之法？

六、官家有无提倡商民集资购取新式机器、改良工艺之举？

商务

一、境内土货输出外洋之额，自轮船火车开通以后，其销数是否益见畅旺？

二、商务会于何时成立？其宗旨是否悉合部章？其权限若何？

三、曾否设立商品陈列所？办事规则若何？

四、商业学堂已否成立？教法是否专门，抑系普通？已毕业几次？

五、有无纠集股本设立之公司？有无擅立公司而不禀请立案者？

六、官家于钱行、当行限制、保护之法若何？

七、各行商业有亏欠纠葛是否归商会清理？其商会所不能了结因以成讼者，官家是否仍协同商会办理？

八、各商设立行栈必先请领牙帖，所有领帖费是否仍率旧章，抑别有新定章程？

矿务

一、开采五金煤等矿者系用土法，抑用西法？官家有无提倡补助之法？

二、中国向无矿师，北洋设立路矿学堂，该属有无入该学堂肄习毕业之人？

三、矿产列入条约之内归外国人开采者，地点何在？已开采者有无抗不纳税之弊？

四、矿产之不在条约内者亟宜设法开采，免致外人干涉，现今若何筹划？

五、矿产已经中国人开采者，官家收税之法若何？保护之法若何？

通饬调查教育实业行政上沿习利弊札文

为札饬事。案据奉天调查局呈称，窃职局法制科第三股遵照调查本省行政上沿习利弊，业将行查盐务条目问题，呈请批准札发在案。查教育、实业两门，于行政上极有密切之关系，其沿习利弊尤宜详悉调查。因督饬该科拟就教育条目三十九、实业大纲四条目二十九，呈请通饬前来。本大臣、部院核属可行，应即照准，合亟札发。除分行提学使、劝业道外，札到，该　仰即督同统计处人员遵照册内各项条目详实查填，勿得疏漏。限文到之日起，一月内填送调查局，以备编辑，汇呈转咨，勿稍延缓。切切。此札。

拟订调查警察行政沿习利弊条目呈文

为呈请事。窃职局法制科第三股调查行政上之沿习利弊，业将盐务、教育、实业各门撰拟各项问题，先后呈奉批准札发在案。查近时新政于民事亟有关系者，莫如警察，举凡行政、司法、卫生、消防等事，悉隶警察范围之内，而警察之宗旨，惟在保护治安。奉省自创办警政以来，规模已属大备，特历时既久，必有沿习之情形。局务较繁，保无潜滋之弊。实允宜详为调查，以为逐渐改良之预备。爰督饬该科科长第三股股员撰拟警察大纲四条,其目五十八则,另册缮呈,鉴核批示后再行刷印成册。呈请札饬民政司转行省城警务公所并分札各府厅州县,按照所开条目逐类调查报告,以备编辑。所有拟具调查警察行政上之沿习利弊缘由,理合呈请宪台核定示遵。须至呈者。

调查警察行政上沿习利弊条目

第一章　省会之警察

一、省城巡警总局始隶巡警道管辖,及巡警道裁撤又改隶民政司,其创改年月宜详细填报。

二、巡警总局城厢始设七分局,继改为八分局,现仍改为七分局,其改革年月、原因宜详细填报。

三、巡警总局始而只有总办名目,继而添设会办,嗣后裁去会办,前又改为坐办,又改为所长,现又改为总办;始有提调,继而裁撤,其改革年月、原因宜详细填报。

四、五科之有副科长何年添设?何年裁撤?有无关系利弊?

五、警卫队、消防队、探访局、稽查处屡经更易,其原因若何?其利弊若何?

六、行政科举凡营业各项,均发给许可证,有无分别限制之事?

七、司法科裁判违警案件只有罚工、折赎等名目,现在有无刑讯等事?

八、司法科与审判厅之权限迥别,现在是否划清?

九、妇女犯法亦有拘留例,有无女拘留所及伴婆名目?

十、巡警局于词讼一事须系违犯警章方归警局判结,除关于秩序风俗、政务财产、公众危害外之各词讼有无侵越之弊?

十一、假预审各案件是否讯有确供方移送审判厅,抑系未经讯供即以送致书送之?

十二、各屠兽场例有察验宰割之事,是否按次序察验,抑随意后先?

十三、捐务科所收各项捐款陆续报交支应股,如有不实不尽者,总务科以何法查之?

十四、铺捐、妓捐、戏捐、人力车捐、驴车捐、屠捐、膏捐、斗用捐能否核实办理?有否严密稽查之法？

十五、省会为人民辐辏之所，土棍流氓所在多有，是否有预戒之法？

十六、每分局有分设之区岗，带岗之巡长及站岗之巡警能否恪守警章，其稽查之法若何？

十七、巡官、巡弁以及长警是否由巡警学堂出身？确有养成之资格？

十八、火警有关公众危害特立消防队以拯救之，其临时扑灭之方法如何？如有延烧者是否分别情节轻重以为惩治之条？

十九、报馆出版警局例有考察之权，其报馆不合章程者以何法对待之？

二十、结社集会皆在警局范围之内，如有不合程度者，以何法考察办理之？

第二章　通商口岸之警察

一、通商各口岸现均设巡警以保护之，系何年成立？归何署统辖？

二、凡出口、进口之人能否随时盘查？

三、通商口岸例有禁止进口之物，能否严密稽查实行其捕获之权？

四、入口之民人，其懦弱者每致受人欺侮，巡警例有保护之责，其保护之方法若何？

五、通商口岸无赖之徒每多猥集其间，该警有无查禁惩治之法？

六、通商口岸遇有违犯警章之事，何项归本局裁判员办理？何项送归地方官办理？

七、通商口岸新营业之商号是否由本局领有许可证方准开设，抑系任其自行开设？

八、通商口岸每多外国之人，其违犯警章者，是否归警局协同各领事办理，抑系由警局照会各国领事，听其自行办理？

九、通商口岸每多火警之变，有无消防队以扑救之，抑由水会扑救之？

第三章　乡镇之警察

一、设立巡警系何年创办？其间改革原因若何？

二、乡镇总局向有总办、提调，自改隶承德县，其分科治事较前有无异同？

三、分设各区是何地名？其弁长警能否常川梭巡？有无鞭长莫及应行增添之区？

四、中夜行路之人巡警以何法保护之以防意外之事？

五、遇有词讼能否以排难解纷之法行之？倘送归总局仍难断结如何办理？

六、有无任用不公正之首事擅作威福及聚敛民财自肥之弊？

七、遇有赌博等案经弁长警拿获后如何罚办？

八、违犯警章之人有否罚工？罚工之人作何等苦力？有无拘留之法？

九、乡镇巡警局亦宜研究卫生之法，有无创设之屠兽场？

十、款项除由司支领外，大半筹自亩捐，每亩缴纳月捐有无迟延等事？

第四章　府厅州县之警察

一、设立巡警系何年创办？中间有无改革情事？

二、各巡官巡弁是否由上宪委派，抑由地方官禀请？有无兼用本地人情事？

三、各巡警是否由学堂出身，抑招募而来？或吏役改充？

四、所有罚款作何开销？

五、有无实行卫生之事？其办法若何？

六、四乡分区分岗遇有盗贼能否互相策应，彼此缉捕，抑不免有呼应不灵之势？其平时之梭巡如何？

七、有无任用不公正之首事擅作威福及聚敛民财自肥之弊？

八、各村屯之铺户是否以资本之多寡扣成地之亩数缴捐？其按月缴捐者宜受保护之利益，其保护之法若何？

　　通饬调查警察行政上沿习利弊札文

　　为札饬事。案据调查局称呈〔呈称〕，窃职局法制科第三股遵章调查行政上之沿习利弊，业将盐务、教育、实业各项条目问题先后呈请奉批准札发在案。查近今时政于民事极有关系者，莫如警察。奉省办理警察以来，历时既久，必有沿革之情形，局务较繁，保无潜滋之弊，实允宜详悉调查，以为逐渐改良之进步。爰督饬该科拟就四纲四十六目，呈请通饬前来。本大臣、部院核属可行，应即照准合亟札发。除分行巡警公所外，札到，该　仰即督同统计处人员遵照册内各项条目详实查填，勿得疏漏。限文到之日起，一月内迳送调查局，以备编辑，汇呈转咨，勿稍延缓。切切。此札。

　　计札发警察沿习利弊条目册一本

　　右札　准此

　　宣统元年八月　日

拟定调查司法事项沿习利弊条目呈文

为呈请事。窃职局法制科第三股遵章应行调查事件，业将盐务、教育、实业、警察各项分别拟就条目，先后呈蒙批准札发在案。查东西洋阐三权分立之说，统立法、行法、司法三项不得混合为一，乃划明权限，各不相谋，司法始有独立之日。我中国之主任司法者，向与行政无所区分，自光绪三十三年各行省内外遵章设立各级审判厅，民事、刑事不得混淆，遂有民庭、刑庭之设，而各州县刑名钱谷之名目旧习相沿，仍于民事、刑事无所区别，现值修订法律之时，不得不详细调查，以为将来司法独立之预备。因督饬该科拟就各级审判厅沿习利弊大纲四条，其目二十七则，府厅州县沿习利弊大纲九条，其目六十二则，缮具清册，呈候钧核。俟奉批示后，再行刷印成册。拟稿呈请札发提法司暨各府厅州县，按照所开各项条目逐类调查，依限填报。所有拟具调查司法行政上之沿习利弊，理合呈请宪台鉴核示遵。须至呈者。

行查府厅州县司法行政上之沿习利弊条目

起诉

一、讼有期呈、传呈、喊禀之分，是否一律准理？告期递呈是否该地方官当堂收阅？

二、代书是否经印官谕派方准？充差递呈者，如无代书戳记是否收理？

三、所递之呈或准或驳，有无一定之限期？

四、案经批准与传案堂讯之期，其相间究若干日？

五、重要案件如被告不在该印官管辖之地，以何项公事提讯？

六、凡案关凭证，凭证人不在应行管辖之内，能一体传质否？

七、刑事案件被害者如无人出首伸诉，戚族邻保可否代为出首？

八、遇有刑事要犯未经拿获迟至年久，是否将案禀销，抑系永归悬案？

九、州县批驳之案，如赴道府呈控，有无限制之条？

十、例当停讼之期，遇有何项案件始行准理？

十一、案有应行请人抱告者，究系何等人方准为抱告之人？

传提

一、准理之案，自批准至差传，共需若干日？有无迟延之弊？

二、差传之票标明限期，如差人需索不遂以致迁延时日，该印官是否改差，抑严责原差，有无一定之法？

三、应行拘提之犯，差人于本犯外有无滥行拘提之弊？

四、差人传提案件，如有索贿虐待等弊，经印官察觉或被害者供明，以何法惩之？

五、中证人数过多，是否酌提要证以备传讯，抑系全行传案？

六、原告递呈后，有事他适，日久归案，是否仍准质讯？

审讯

一、原被告业经传齐，是否立时审讯？

二、审讯时倘原被告或有紧要事故不能到案，是否悬案以待，抑系准其请人到案备质？

三、中证人如呈明实有事故不能到案，是否添传他人备质？

四、票内未载之人证，如原被告当堂供明，以为要证，准其随时添传否？

五、遇有要案，是否禁人旁听？禁之法若何？

六、刑事案件如人证未经传齐，是否准其取保候质？

七、两造遇有聋者、哑者及言语不通之人，堂讯时以何法质之？

八、被人诬陷或涉于疑似之交，是否准公正绅民到堂代为剖白？

判决

一、如被告匿不到案，有无添传被告家属以备质讯结案之事？

二、抱告之人业经输服代具甘结，如本人以为屈，抑心仍不服，是否准其呈请覆审？

三、审讯录供后如本人以为错误，准其另行改正否？

四、遇有不遵堂断具结者，有无收押勒派之事？

五、已经判决之案，原被告或中证人心有不服，是否准其申诉？

六、结案须有堂判，是否分给原被告传观始行完案？

上控

一、上控案件应行发回原审衙门者，有无更派委员或邻封会审之事？

二、如有在第一级衙门起诉而屡传不到迳行上控，以何法办理之？

三、原被告已具结完案，忽有赴上级官厅控诉者，将如何办理？

四、第一级判决不服，该控诉人欲行上控，下级官厅有无以公事送赴上控之事？

五、如有越级遽行京控、省控，其间应经过之衙门，是否饬令补呈？

六、如犯人在监、在押，必系何等人方准代为上控？

七、如刑事案件原审官误判，该犯实系负有冤屈，或事隔多年，或其人已死，是否准其亲属代为上控翻案？

讼费

一、投状、差传、过堂、结案等项费用，是否有一定之数？

二、所有讼费是否由讼败之人担任？

三、勘验命案、踏勘田宅坟墓等案一切费用，是否由事主担任？

四、所有讼费作何开销？

和息

一、经印官谕派公正人调处之案，倘两造不听调处，是否准其于禀覆中声明两造之曲直？

二、如有业经批准传讯，是否准其和息？

三、案有两造起诉，其亲友出为调处，两造业经应允，有无书差门丁勒索不准之弊？

四、案归调处，是否尚有和息费之名目？

缉捕

一、奉省胡匪蔓延必有倚为渊薮之地，其藏匿系何处所？宜详细查填。

二、盗贼为商民之害,地方官宜极力缉捕,其缉捕之方法若何?

三、各属每有不法教会,皆地方官亟宜查禁之事,其名目为何?宜详细查填。

四、教会中如秘密教等类曾经拿获者几何?未经拿获者几何?

五、秘密教等类经官家拿获后,其徒从能否以渐解散?

监狱

一、典狱官责任綦重,防范宜严,有无不自检察仅派差人收封、放封之弊?

二、监狱虽典狱官之专责,该管上司亦负监督之责任,其慎重考查之方法如何?

三、罪有或轻或重之别,案有已决未决之分,监狱房舍有无等差?

四、监狱现经改良,房舍之规模如何?男女各屋有无分居杂居之别?女监有无女看守?

五、监狱虽经改良而看守仍宜严密,其防范之法若何?

六、狱内是否时常涤扫洁净?其容积若何?

七、衣服食物之给与有无苛扣之事?

八、该犯家属来狱探视,或递交书信,有无派人察验以及禁止之事?

九、疾病与死亡者,该典狱官平日待遇之方法如何?临事之管理如何?

十、狱中囚徒均宜教以习艺,其教授之方法如何?系何等艺事?

十一、新设州县有未设监狱者,其防范罪犯之法若何?

行查各级审判厅司法行政上之沿习利弊条目

章程

一、审判检察厅之阶级不一,有高等、地方、初级等名目,均系何年成立?

二、审判检察各厅官吏其名目为何?其职务若何?

三、审判检察厅各员曾否学习法律?有养成司法之资格?

四、审判厅凡分三级,何项事宜归高等?何项事宜地方?何项事宜归初级?

五、高等地方各厅均系合议制,初级乃用单烛制,各厅遵办已久,其中有无利弊?

权限

一、下级审判厅判决民刑案件,如不得其平,经原检察厅纠正违误,或受害者自请上诉,上级厅讯明其仍照原判者,固应交第一审判厅执行,若改判及平反各案,究系何厅执行,方有利而无弊?

二、如讼诉人经下级判决而心未允服,欲赴上级控诉者,下级审判厅有无抑制不准上诉之弊?

三、案有应归下级审理而遽赴上级越诉,上级厅是否收理?

四、如有应行缉捕密访之案,是否由巡警帮缉并派员严密访查?

受理

一、代写诉状有无一定之费?何等资格方准充当此差?

二、民刑诉状或准或驳,其期限是否有定?

三、传案差人以及看守伴婆等类,现经改良有无需索虐待之弊?

四、检验尸伤向用仵作,每滋流弊,现改用检验吏能否革除从前积弊?

五、遇有刑事要案,如讯无真实口供,以何法讯之?

六、遇有迫不容缓之案,是否立时传讯?

七、每休暇日不理刑名,遇有重要案件如何办法?

八、检察人员莅庭时,照章有陈述意见、纠正违误之责,各级厅均能实行否?

九、检察厅为刑事被告之代表,凡应公诉案件不问被害者之愿否?诉讼均有即时起诉之权,各级厅开办以来,检察人员曾否实行?

十、开庭时准人旁听,有无一定限制?

十一、命盗重案是否禁人旁听?

十二、如被告人抗传不到转赴上级厅喊诉,是否押送第一审厅讯办?

判决

一、民事诉讼屡经庭讯并无确实供证,如何判决?

二、如案内有必须证人、鉴定人到庭者,该证人等抗延不到,如何办法?

三、斩绞决罪行刑场所何在?其执行期限有无一定?

四、流徒笞杖各刑现已分别改归罚锾折工习艺,其习艺人犯均送习艺所折工,究系发何地作工?罚款作何开销?

五、钱债案件如负债者家产净绝,无款可变,照章罚工,其作工期限应与欠款数目相比例有无一定章程?

六、承审各员勤惰不一,如有听断明决,或才不胜任者,本管上司稽查劝惩之法,以何者为标准,以何者为区别?

通饬调查司法行政上沿习利弊札文

为札饬事。案据奉天调查局呈称,窃职局法制科第三股遵章调查本省行政上沿习利弊,业将行查盐务、教育、实业、警察各项条目先后呈请批准札发各在案。查司法一项,举凡民事、刑事,其沿习利弊,于司法独立之关系极为密切,尤宜详细调查。因督饬该科拟就各属暨各厅大纲九条,其目六十二则,呈请通饬前来。本大臣、部院核属可行,应即照准。除分行外,合亟札发。札到,该　即便督同该统计员遵照册内各项条目详细查填,勿得疏漏。以文到之日起,限一月内填送调查局,以备编辑,汇呈转咨,勿稍延缓。切切。此札。

计发调查司法沿习利弊条目一册。

　　右札　准此

拟定调查外交行政沿习利弊条目呈文

为呈请事。窃职局法制科第三股遵章调查行政上之沿习利弊,所有先后拟订各条目,迭蒙批准札发在案。查奉省舆图寥阔,为我朝发祥之区,亦近畿来脉所在。自甲午、庚子两役后,南有日本,北有俄国,以强邻逼处之域办理外交,动多棘手,况营口、安东乃各国通商之地,外人猬集,轮舶麇至,稍有不慎,交涉随之,其为难之情形,有非内地交涉所可同日语者，此外交一事于本省行政之机关最为密切，尤不可不详细调查，以为交涉之准备。谨饬该科拟就大纲五条，其目四十则，缮具清册，呈请钧核。如蒙批准，再依式刷印成册。拟稿呈请札发交涉司暨各关道并府厅州县，按照所开各节逐类查填。所有遵章拟行调查外交行政上之沿习利弊条目缘由，理合呈请宪鉴批示祗遵。须至呈者。

行查外交行政上之沿习利弊条目

法令条约

一、总理衙门旧日颁行之法令，其关于奉省已办各件，宜详为调查，摘要填报，以资参考。

二、外务部成立以后新颁之法令，其关于奉省已办者何事，未办者何事，宜详细查填。

三、奉省自改设行省后，交涉事日见繁重，一切新行之法令，其与向章不同者，宜分别填报。

四、奉省近今交涉之法令或有变通，其原因宜详细填报。

五、日俄未开战以前，多与俄人交涉，日俄既议和以后，多与日本交涉，其对待之法相较若何？

六、奉省各项条约，有无经两国签字后复行变更者，其变更之原因若何？宜详细查报。

七、奉省各租界内各国驻扎军队能否恪遵条约内一定之确数，期满已未撤退？

八、日本租借南满之地，是否即俄人从前租借之地？其条约有无增减之事？

九、各国领事馆租借之地何在？有无续行租借之条？

十、各属现办交涉有无与原定条约间有不符，或由部议更章，或系外人违约，宜详细查填。

职务权限

一、交涉事件其勿庸咨商外务部，归各省自理者系何等事？

二、交涉司遇有各国交涉，有无办理后呈明备案之事？

三、奉省交涉局改为交涉司系何年月？其沿习若何？

四、各道府厅州县遇有办理交涉，长官以何法监督之？

五、各道府厅州县遇有交涉自行办理，然后呈明者，系何等事？

六、各道府厅州县遇有迫不容缓之交涉不及电禀各长官，以何法对待外人？

七、凡已设有交涉局之道府厅州县，遇有交涉事务，是否会同交涉局办理？

八、租界经定之区域有无外人自行展拓之事？

九、租界内遇有与租界外交涉之事，以何法办理？

十、外人来至各商埠者，听何处约束？

十一、外国商轮来至口岸有不受查验约束者，以何法对待之？

十二、各海口渔业外人如有侵越之弊，以何法保护之？

十三、奉省有准外人筑路开矿之条，其区域有无一定限制？

十四、外人自筑路线起止之处，名为铁路附属地，在此界内商民有无抗税不缴不服盘查情事？

十五、外人开采之矿，其界域所至以及面积之地，并所出矿产，有无成数可稽？交还有无限期？宜详查填报。

十六、外人于路矿等事，遇有占及他处利权，能否据约力争，使其退出？

财产保护

一、外人居住奉省者，有无购置房田之事？

二、未通商之地，有无限制外人入境营业之法？

三、各国通例，外人入居他国者，不得有不动产，中国每多宽假，各属考查限制之法若何？

四、外人至内地者，例宜保护，填给护照，各地方官保护之法若何？

治外法权及领事裁判权

一、外国人与中国人有诉讼之事，赴中国官署起诉，能否听中国官吏审理？

二、中国人与外国人有诉讼之事，赴外国官署起诉，中国官吏有无会审之权？

三、军舰游弋各国口岸,例准自由,惟舰员登岸须归本国节制,奉省于此等事以何法对待之?

四、领事裁判权尚未收回,如外人有犯法律者,以何法办理?

五、外人之至中国内地游历者,应将护照呈验地方官以资保护,若无护照而私行游历,有无禁阻之法?

六、外人至内地往往藉游历为名,暗探矿产,联络民心,私营商业,测绘地图,遇种种情事,动起交涉,地方官以何法对待之?

各项杂载

一、中外有分任义务之事,各属是否协同办理?

二、中国人与外国人间有私约营业者(如买卖田宅、商业集股之类),有无考查之法?

三、各属奉外国教及为外人佣工者,有无确数可稽?

四、各属出洋游历或留学者,外人之待遇如何(此虽归出洋公使保护,本省仍宜一律调查)?

通饬调查外交行政上沿习利弊札文

为札饬事。案据奉天调查局呈称,窃职局法制科第三股遵章调查本省行政上沿习利弊,业将拟就盐务、教育、实业、警察、司法各条目,先后呈请批准札发各在案。查奉省领土广漠,各属租界日渐开通,故外交一项于行政上之关系尤为密切,允宜详细调查,以为交涉之准的。因督饬该科拟就大纲五条,其目四十则,呈请通饬前来。本大臣、部院核属可行,应即照准。除分行外,合亟札发。札到,该　即便督同该统计员司遵照册内各项条目详细查填,勿得疏漏。以文到之日起,限一月内填送调查局,以备编辑,汇呈转咨,勿稍延缓。切切。此札。

拟定调查交通行政沿习利弊条目呈文

为呈请事。窃局法制科第三股应行调查事宜,业经分别拟就各项沿习利弊问题,先后呈蒙批准札发在案。窃维新政之组织莫要于交通,而交通之大端,尤在于举邮政、电政、轮船、火车,力求文明之进步。查奉省为陪京重地,大海拱卫于东西,铁路绵亘于南北,兼之电报之敷设极为灵通,邮政之推行,绝无阻滞,更济以文报之便利,河路之畅行,若从此次第经营,日见发达,未始非挽回利权外溢之一助,故不可不切实调查,以为逐渐改良之预备。爰督饬该科撰拟大纲六条,其目七十二则,缮具清册,呈候鉴核。如蒙批准,再当刷印成册。拟稿呈请札发交涉司、邮政局、电报局、文报局暨各关道府厅州县,按照所发问题详细查填,以备编辑,汇案送馆。所有拟行调查交通行政上之沿习利弊缘由,理合呈请宪台批示,以便祗遵。须至呈者。

调查交通行政上沿习利弊条目

中外铁路

  一、由山海关至新民府系何年创始?由新民府至奉天省城系何年添设?

  二、由山海关至奉天省城沿途各站是何名称?

  三、由沟邦子至营口支路何年成立?沿途各站系何名称?

  四、运货载客各价值现在有无增减?

  五、南满铁路旧属俄国租借,嗣归日本租借,俄人租借与日本接办系何年月?有无归还年限?

  六、南满铁路起讫暨沿途各站系何名称?归日本后路线有无改易?

  七、安奉铁路何年成立?沿途各站系何名称?租借有无年限?

  八、南满、安奉两路运货载客各价值现在有无增减?

  九、安奉铁路现在路线如何改易?

  十、外国铁道改易路线所占民田发价有无定章?现在较原占价值有无增减?

  十一、除中外铁路外,有无另勘路线之事?其勘定之路线何在?

  十二、筑路章程原准官商合办,现在有无商民禀请合办之事?

十三、运货载客必何等货客始有免票？

轮船（民船附）

　　一、各国轮船抵埠若何检查？其章程有无改革？

　　二、军火例不准私运，其查验禁止之法若何？

　　三、海关权限凡轮船帆船均归管辖，外国商船出入口岸是否一律报关？设擅行开驶如何阻止？

　　四、各项船只均宜一体保护（如标识船灯信号、雾中速力等事）？其保护之法若何？现在有无改良方法？

　　五、各船装运易生危险之物品，例宜禁止，各海口若何限制？

　　六、运货载客必何等始有免票？

　　七、各帆船报关纳税较向章有无变更？

　　八、商船遇险例有救生船保护，奉省有无救生船只？

　　九、救生船救护三次例宜开保，奉省救护职员有无奖励？

邮政

　　一、奉省邮政局开办何年？其推广情形若何？

　　二、办事员司资格如何厘订？有无任免劝惩规则？

　　三、邮政分水陆两项，何项较为畅旺？

　　四、征收邮费变更几次？现行之规则若何？

　　五、损失信物赔偿章程分若干等？现在有无更改？

　　六、邮政兼准兑款项系何年创始？现行章程若何？

　　七、邮政开办以来成绩若何？

　　八、凡不通轮船铁道处所有无邮船邮车？其迟速利弊若何？

电报（电话附）

　　一、奉省电线系何年创立？章程若何？

　　二、各分局支路若干处？何年添设？章程若何？

三、经理机器各员是否电报学生？有无任免规则？

四、沿海沿河安设水底电线者若干处？

五、委员办理电政有无劝惩方法？总办监督之法若何？

六、发寄印电是否按先后次序，抑分别轻重缓急？有无一定章程？

七、发寄商电是否按接电先后？有无搀越延缓情弊？

八、电信取其敏捷，是否收到即派役分送？

九、电费更订几次？现在实行规则若何？

十、译费有无滥收？此项款目是否作为公赏？

十一、送电费是否按里数收取？有无讹索情弊？

十二、每年所收电费能敷支销否？有无赔累情事？

十三、电杆电线如被人损坏，何法缉捕？若何惩罚？

十四、材料场经理员司侵蚀材料，如经察觉，若何惩办？

十五、电报工程以何法剔除浮冒情弊？

十六、现在有无新设电报学堂，章程若何？经费由何处支拨？

十七、奉省电话局系何年开办？章程若何？

十八、营口、安东等处电话系何年安设？是否与外人接线？

十九、电话局所收官商各费足敷支销否？

文报

一、文报总分局系何年成立？历年推广者若干处？均设于何地？

二、递送文件除铁路外，马递者若干处？夫递者若干处？

三、如有延搁遗失，其考察之法若何？

四、总分局员司夫役号马薪津工食以及局用由何处请领？何处报销？

五、自文报局成立后，较驿站利弊安在？

河运（陆运附）

一、奉省河道可以行驶船只者凡几？并举其名。

二、内地运载粮石货物多赖商船,应筹何法疏浚?

三、各内河历年改道迁徙之处何在?其水势涨落之高度若何?

四、船只经行内河,设遇抢劫,何法保护?

五、各内河停泊码头隶于何州县?有无保护方法?

六、各属码头装卸粮石货物,是否由税局抽收税捐?

七、由河道载运粮石货物必较火车价减,其不能尽由河路装运者何故?

八、河道封冻,粮石货物统改陆运,其封河时陆运数目较河运差异若干倍?

九、不通火车河道之处须由大车运载,其经过各卡有无抽收税捐等事?

十、专恃大车运载系何州县?以何州县最占多数?

十一、大车经行各处,沿途地方官有无保护方法?

十二、大车装运粮石货物难保无匪人溷迹其中,有无盘查方法?

通饬调查交通行政上沿习利弊札文

为札饬事。案据调查局呈称,窃职局法制科第三股遵章调查本省行政上沿习利弊,业将拟就盐务、教育、实业、警察、司法、交涉各项条目,先后呈请批准札发各在案。查交通一项,举邮政、电政、文报诸要政,奉省早经次第举行,允宜详悉调查,以为逐渐改良之预备。因督饬该科拟就大纲六条,其目六十六则,呈请通饬前来。本大臣、部院核属可行,应即照准。除分行外,合亟札发。札到,该　即便督同该统计员司遵照册内各项条目详细查填,勿得疏漏。以文到之日起,限一月内填送调查局,以备编辑,汇呈转咨,勿得延缓。切切。此札。

拟定调查军事行政沿习利弊条目呈文

为呈请事。窃职局法制科第三股遵章调查行政上沿习利弊,业将先后拟订各条目呈蒙宪台批准札发在案。查军务一端,为人民之保障,亦外交之后援,其于本省行政上尤有密切之关系。奉省旧章设有兵部掌管兵籍,统三省八旗额兵、巡防营兵、捕盗营兵、护垦兵队,合计马步百数十营,土客并收,操法各异,其制庞杂,其势散漫,此积久弊生,所以不能不为改革也。自陆军部成立以后,各镇新军虽已订划一章程,而各属旗营及甫经新编之军队,其一切营制、饷章,恐尤有未尽合宜之处,自不得不详为调查,以为修明戎政之预备。兹饬该科拟订条目,分别陆军、新军、旗营、防营为四大纲,其目四十有二,另缮清册,恭呈钧核。俟奉批示后,再依式刷印成册。拟稿呈请分札副都统、督统处统计员转行各城守尉、协统并各局处,按照所开各节逐类调查,详细报告。所有遵章拟行调查军务行政上之沿习利弊条目缘由,理合呈请宪鉴。须至呈者。

调查军务行政上之沿习利弊条目

陆军

一、奉省马步各营何年裁撤?有无选入陆军弁兵?其选法若何?

二、北洋奏拨来东各镇协何军驻奉?分扎何处?

三、常备军退伍如何资遣回籍?

四、续备军例以三年出伍之兵充之,是否减成给饷,仍分期调操三年递退?

五、后备军以续备军三军递退之兵充之,是否饷又递减,仍分期应操四年退为平民?

六、应征各兵是否会同原籍地方官选验悉合应征之资格?

七、各兵娴习操练曾否行文该兵原籍地方官准免差徭?

八、陆军各兵是否准该兵家属赴原籍地方官衙门请领月饷?

九、积劳病故之兵有无赐恤金?

十、长假被革者是否行知该原籍地方官追缴领饷执照依旧差徭?

十一、未届退伍之期擅行私逃者是否行知原籍地方官严限查缉?

十二、招募新军有无训练五月以后由该管长官择优选升办法?

十三、训练新军曾否编辑忠义歌诀,由将弁分授讲解,随时诲勉?

十四、弁兵如有公罪,有无分别情节轻重罚扣薪饷充赏之例?

十五、各营武员有无依定新例以年秩之大小为退伍之期限？

十六、军医官宜兼讲卫生，各军内已设有养病室、养病院否？

十七、新军各项房舍宜空气流通，是否仍前狭隘起居不宜？

十八、各军标旗，凡遇圣节、元旦、冬至各期，是否排班对旗行礼？路遇标旗如何致敬？

十九、一标一营之中不准杂有两式军械，各营现用军械若何？

二十、兵丁平时操练是其专责，有无仍前兼任杂役，仰〔抑〕另设护勇专供营中杂务？

二十一、退伍之兵例准营业，然仍宜听受约束，其约束之法若何？

二十二、五路巡防营业经改为新军，能否合新军资格？

二十三、奉省改编过山炮一营并改用驼骡，是否合用？有无成绩可考？

二十四、沿海口岸驻扎弁兵归何军节制？

二十五、各军饷糈系由何款支拨？

二十六、各军请领月饷，除由粮饷局请领外，有无由他处请领款项？

二十七、各营采买军衣等项发给下级官，有无加价扣薪之事，宜详实查填。

局处学堂

一、粮饷局系何年设立？分处治事职任若何？

二、奉省督练处何年成立？分科治事权限若何？

三、附属督练处之各局处系何名称？均何年成立？职务若何？

四、奉省军械局何年改立？其沿习若何？

五、军械局之修械匠，其修理军械是否适用？

六、陆军小学堂系何年成立？分为几门？有无毕业升送学生？

七、奉省宪兵学堂系何年开办？其已毕业者是否仍拨各营听用？

八、奉省讲武堂系何年开办？有无成绩可考？

九、奉省测绘学堂系何年开办？其课程若何？

十、奉省军医局系何年开办？其医学有无研究章程？

十一、各营有无随营学堂？其规则若何？

旗营

一、各旗营将校有无可改归陆军之资格？

二、各旗兵有无自请入陆军者？

三、各旗兵因病出缺是否停补？

四、旗营有不能即行裁撤者，系何原因？

五、各旗营是否一律改用新式枪炮？

六、各旗营是否一律变用新式操法？

七、各旗营现用服色是否新式，抑仍旧制？

八、旗营官弁是否仍用昔日名称？其名称为何？

九、各旗营兵额出缺现已停补，其旷饷作何支销？

十、各旗兵饷发给时是否现银，抑折给东钱？其折法若何？

十一、各旗营旗官除掌管兵籍征收租赋外，有无别项职务？

十二、各旗营放马厂现多废弃，有无按兵授田渐令开垦耕种之事？

十三、已裁旗营之官署渐就倾圮，曾否改作别项用处？

十四、各旗营旧存火药兵器等是否照旧存储，抑禀请变价？

十五、各旗兵有无兼营他业者？

通饬调查军务行政上沿习利弊札文

为札饬事。案据奉天调查局呈称，窃职局法制科第三股遵章应行调查本省行政上沿习利弊，业将先后拟就各项条目呈请批准札发在案。查军务一项，于本省行政上尤有密切之关系，允宜详细调查，藉觇军事之进步。爰督饬该科拟就大纲三条，分为五十二目，呈请通饬前来。本大臣、部院核属可行，应即照准。除分行外，合亟札发。札到，该处统计员按照册内所开各项条目详细查填，勿得疏漏。以文到之日起，限一月内填送调查局，以备编辑，汇呈转咨，勿稍延缓。切切。此札。

拟定调查财政沿习利弊条目呈文

为呈请事。窃职局法制科第三股应行调查事宜，业经分别拟具各条目先后呈蒙批准札发在案。查财政一项，凡百设施皆恃此以为挹注，则财政实握政治之总机关，尤不可不切实调查，以为预算之基础。举凡收入之种类，会计之方式，惟量入为出，庶可为制国用之准。奉省财政困难百倍于内地，若复以有限之款项，任意支销，恐所入之数终不敌所出之数，势不至右绌左支，合上下交困而不止。现值预备立宪时代，不可不将奉省原有一切之财政统为预算，以为量出地步。故此次拟订各条目，除盐务一门业经先行调查外，即税捐、垦务各款，皆财政入款之大宗，均宜别类分门，另行调查。因督饬该科就奉省财政沿习参酌近今情形，拟分田赋、关榷、捐款、官业、钞币为五大纲，其目五十二则，缮具清册，呈候钧核。俟奉批示后，再行刷印成册。拟稿呈请札饬各司道局所暨各府厅州县，按照条目逐类详填，送局以备编纂。所有拟具调查财务行政上之沿习利弊条目缘由，理合呈请宪鉴批示祗遵。须至呈者。

行查财务行政沿习利弊条目

第一章　田赋

一、田赋为国家正供，征银、征米、征豆如何区别？宜详细填报。

二、各属有无初经开垦尚未升科之地，应俟何年方可一律升科？

三、各属是否犹有未垦之地，宜如何考察详实以便招垦？

四、完纳银米是否由花户自封投柜，抑由方长会首代征包投？

五、民间完纳米豆由何处征收？有无浮收勒索之弊？

六、征收必有期限，其任意迟延者以何法催比之？

七、报解系分几次？有无一定限期？

八、田赋向系征银，各属银根奇绌均以银圆改折，是否按市价核算？

九、征收例有耗羡，其报销之法若何？

十、花户完纳清楚例给券票，吏胥有无勒索陋规之事？

十一、荒年例应禀请缓征，各属办理之法如何？

十二、遇有水旱偏灾，其勘灾赈济之政若何？

十三、地亩被水冲没，额征仍难短欠，是否禀请上官设法核办？

十四、户口逃亡，赋课无自而出，各属办法若何？

十五、新垦之地已届升科之期，有无隐匿不报之弊？

十六、熟荒向多私垦，现在能否照章一律缴价？

十七、私垦未经缴价者，民间有无兴讼互讦之事？

十八、如系熟地垦主无力缴价，是否出示另行招领？

第二章　关税

一、各海关系何年成立？向来办法若何？

二、税关员役共若干名？有无应行裁并之役员？

三、验货收税，其办理规则若何？

四、关单、执照、验单、联单有无一定式样？向系如何办法？

五、关税极繁之区，监督官以何法考察其利弊？

六、偷漏之弊以何法查禁之？

七、没收货物是否分别充公充赏？

八、免税之物限制之法若何？

九、历年征收税额或盈或亏，宜分别填报。

十、关税所收银两归何署拨解？其限期若何？

十一、办公官吏有贤否？以何法惩戒奖励之？

十二、海关延聘洋员，其任期薪俸若何？

十三、海关协定税率有无变更？宜详列以资参考。

十四、大连海关系中日合办，能否遵守条约无侵越权限之弊？

第三章　捐项

一、各属举办新政就地筹款,其名色共分几种?

二、亩捐、铺捐、房捐向系如何办法?孰利孰弊宜分别填报。

三、收捐有无定期?届期有无税捐不缴之弊?

四、所收各款何项应解?何项存留?储于何所?办理地方公益支销之法若何?

五、学堂巡警等捐是否敷用?有无随时增减之事?

第四章　官业(如官银号、公济当、工艺局等类)

一、官立银号、当铺、工艺局,以及路矿各股份系何年开办?有无推广之事?所得余利若何?

二、所有分号、分庄、分局系何年设立?共分几处?其沿习利弊若何?

三、总分号、总分局额定资本若干?由何项提拨?宜详细填报。

四、总分号、总分局之办事员司分课治事规则若何?有无应行变更之处?

五、一切官业办理成绩若何?

第五章　钞币

一、奉省官钞系何年发行?

二、官钞分银钞、银圆钞两项,其数目若干?能否一律信用?

三、官钞以资周转,有无尚未通行之处?

四、钞币兑换现银,其规则若何?

五、钞币之预备金与所发钞币之数是否相符?

六、历年发行钞币,其推广与余利成绩若何?

七、各属商家有无自出票帖等事?

八、如商家自出银钱等票,有无资本不敷倒闭亏累之事?

九、商家自出票帖,各属有无稽察之法?

十、官钞与商票之信用相较若何?

通饬调查财政行政上沿习利弊札文

为札饬事。案据奉天调查局呈称,窃职局法制科第三股遵章调查本省行政上沿习利弊,业将拟就各项条目先后呈请批准札发在案。查财政一项,统田赋、关税、捐款、官业、钞币,皆奉省入款之大宗,允宜详细调查,以为通盘合筹之计划。因督饬该科拟就大纲五条其目五十二则,呈请通饬前来。本大臣、部院核属可行,应即照准。除分行外,合亟札发。札到,该　即便督同统计员遵照册内各项条目详细查填,勿得疏漏。以文到之日起,限一月内填送调查局,以备编辑,汇呈转咨,勿稍延缓。切切。此札。

拟定调查税捐沿习利弊条目呈文

为呈请事。窃职局法制科第三股遵章应行调查本省行政上沿习利弊,业将拟就各项条目陆续呈蒙批准札发在案。查税捐一项,乃财政范围内之一事,惟财政所入之款,头绪纷繁,若非缕晰条分,不足以钩稽其的确之数。奉省税捐为款甚巨,举木捐、丝捐、牛马捐、出产捐、销场捐,名目繁杂,收数畅旺,况各项支销尤多,藉此以为挹注之资,允宜别为一门详悉调查,以为将来通盘合筹之计划。兹饬该科拟订税捐沿习利弊条目四十九则,缮具清册,呈候钧核。如蒙俯赐批示后再当刷印成册。拟稿呈请札发度支司转行各税捐局各厅州县,按照所开各项条目逐类查填,以备编辑,汇案送馆。所有拟行调查本省税捐沿习利弊条目缘由,理合呈请宪台批示祇遵。须至呈者。

行查税捐行政沿习利弊条目

一、奉省税捐总、分局若干所?创立何年?设于何地?分别填报。

二、税捐总、分局任用各员司职务若何?

三、征收税务向分几项(如牛、马、木、丝等项)?分别填报。

四、辽河一带船捐局已、未设齐?

五、洋商运货征税之法如何？

六、商船悬挂洋旗有无严定限制？

七、工艺局购运物料有无照章免税办法？

八、军营所购马匹是否免税？

九、官运各物是否分别免税？

十、各属车捐归何项支销？

十一、煤炭税捐向章归何案报销？

十二、酌改统捐车捐两次办法如何？

十三、总税务司与日本林使所订大连设关征税事章程若何？

十四、木捐征税全省是否一律？

十五、各税局征收捐款是否一律改收银圆照七三折价？

十六、征收粮税是否按值百抽一办理？

十七、征收杂货税是否按值百抽一五办理？

十八、销场税是否按值百抽二就货物营销之地照市价纳捐？

十九、酒斤加价是否照新改章程每十斤抽收银圆一角六分？所发门牌执照有无弊混？

二十、烟斤加价是否照新章每十斤收银圆一角六分？

二十一、烟卷税捐是否照新章每千枝收银圆一角六分？

二十二、土药加价是否照新章每斤改收银洋一圆一角？

二十三、土庄请领坐票一张是否改收银元三十二元？

二十四、土药局费每票一张是否改收银洋六元？年满换票改收三元？

二十五、土药烟酒加价系由何年办起？仿照何省章程？

二十六、牛马骡三项是否按买价每百元改收银洋五元外收局费一元？（驴捐减半？）

二十七、牛羊猪是否改收银洋折算，仍照旧章核计并未加价？

二十八、牛马骡落地税票是否照章改收银元一角？

二十九、驴票落地税是否照章改收半角？猪羊改收铜圆二枚？

三十、各项牲畜过路票是否一律减半？

三十一、过路牛马骡三项无税票者是否补收税洋一圆二角？

三十二、商人请领护照是否改收铜圆四枚？

三十三、验票费每张小费铜圆一枚作何项支销？

三十四、缴票例无票费，有无滥收之弊？

三十五、偷漏木税如经查觉如何议罚？

三十六、偷漏各项税捐有无补征之法？

三十七、各税捐局有无发给票照，严杜书巡舞弊之法？

三十八、考查巡差卖放之弊，其法若何？

三十九、考查书巡捏报之弊，其法若何？

四十、书巡征税不发司票之弊以何法考查之？

四十一、过路之票最易弊混考查之法如何？

四十二、大头小尾票厥弊甚多，能否悉行扫除？

四十三、盖平县丝捐系何年改归该县征收？有无原因？

四十四、各县捐局系何月征收？拨解捐款系属何署？

四十五、斗秤捐有无畸轻畸重之弊？各属章程是否一律？

通饬调查税捐行政上沿习利弊札文

为札饬事。案据奉天调查局呈称，窃职局法制科第三股遵章应行调查本省行政上沿习利弊，业将先后拟就各条目陆续呈请批准札发各在案。查税捐局一项，为财政范围内之一事，而各项支拨，多赖以此为把注，其沿习利弊亦不得不切实调查。爰督饬该科拟就各项条目共计四十五则，呈请通饬前来。本大臣、部院核属可行，应即照准。除分行外，合亟札发。札到，该　督同统计员遵照册内各项条目详细查填，勿得疏漏。以文到之日起，限一月内填送调查局，以备编辑，汇呈转咨，勿稍延缓。切切。此札。

拟定调查垦务行政沿习利弊条目呈文

为呈请事。窃职局法制科第三股遵章应行调查本省行政上沿习利弊,业将先后拟就各条目呈蒙批准札发在案。查奉省荒地辽阔,垦务一项,尤财政入款之大宗。计奉天全省南北一千数百里,东西二千余里,舆图广漠,实为内省所不及,除各属熟地不计外,锦州各属荒地二十二处,以及东西流围荒、牛庄、苇塘、盘蛇驿等处荒地,均次第设局,一律丈放,招民种植。惟监绳各员司,其认真经理者固不乏人,而上下其手亦不免,或有朦混不实之弊,以致控诉之案,层见叠出,尤不可不详细调查,以为将来核实升科之计画。兹饬该科拟订调查垦务沿习利弊条目共计三十二则,另册缮呈钧鉴。如蒙批准,再行刷印成册。拟稿呈请札饬度支司转行各垦务局、府厅州县,按照所开条目逐项查填,以备汇呈转咨。所有拟行调查垦务沿习利弊条目缘由,理合呈请宪台批示祗遵。须至呈者。

行查垦务行政沿习利弊条目

一、各垦务局系何年开办?规则若何?宜分晰报告。

二、垦务总局、分局各设立何地?

三、各垦务局是否借款开办,抑筹有的款事竣若何报销?

四、各垦务局任用员司,其职务若何?

五、放荒流弊甚多(如以多数报少数,以上等报中等之类),何法考查?

六、用绳丈地易于弊混,是否改用皮带丈量?

七、绳夫舞弊以何法查禁?

八、价分几等?等如何分?每等价值若干?

九、商民领荒包揽转售以致不能及时开垦,何法查禁?

十、商民包揽大段地面,现在曾否一律垦种?

十一、丈出浮地如与坟墓毗连,是否四围准留三弓,免其缴价,余仍照章办理?

十二、丈出浮地如已修盖房屋，是否准该户照章缴价，仍旧居住？

十三、业经出典之地，丈量浮出在四至内为原业主所垦官荒，是否先尽原业主价领？

十四、丈出浮地在原业主契照四至外为新典户所垦官荒，是否归新典户价领？

十五、丈出浮地既归新典户价领，日后原业主回续如何办法？

十六、房园、坟园、菜园名为三园地，是否一律普丈？

十七、各户原领地照有段落无亩数，经丈明后是否就地填给亩数清单，抑仍以晌论？晌与亩如何核算？

十八、碱漤地是否免其丈量以示体恤？

十九、苇塘地各户原有苇照，是否先期谕令呈验盖戳，以凭查考？

二十、丈量各地，核与原领照内亩数不符，是否令按所余亩数缴价换照？

二十一、未经领地私行开垦查实后如何办理？

二十二、浮多余地除有执照亩数相符不收地价照例缴租外，其余是否一律丈放收价给照？

二十三、苇塘生地以及明滩河淤有主之地，倘原主无力承领，是否先尽毗连各户承领，次及外户报领？

二十四、新淤地是否准其随时报领？

二十五、无主苇塘、明滩、河淤，是否一律丈放？

二十六、丈放各荒地承领人缴价有无限期？

二十七、升科地是否分上中下三则？所定年限若何？能否展限缓征？

二十八、所放荒价解归何署？

二十九、有无私占官荒不服丈量之事？其办法若何？

三十、各垦务局所放荒价除抵开办各经费外，其赢余作何支销？

三十一、凤岫安宽庄各垦务局所领开办费停办后，有无余款？其余款几何？解归何署？

三十二、现在已撤各垦务局系属何处？有无经手未了事件？

三十三、现尚设立若干局？已撤若干局？

三十四、各垦局必须收数若干始能开保？开保人数有无限制？

通饬调查垦务行政上沿习利弊札文

为札饬事。案据奉天调查局呈称，窃职局法制科第三股遵章应行调查本省行政上沿习利弊，业将拟就各项条目先后呈请批准札发在案。查奉省荒地，均经设立局所，陆续开垦，现虽有业经葳事先后裁撤之各局，其一切情形仍应一律调查，以为核实升科之计画。因督饬该科就垦务沿习利弊拟订条目三十四则，呈请通饬前来。本大臣、部院核属可行，应即照准。除分行外，合亟札发。札到，该　即便督同统计员遵照册内所开各项条目详细查填，勿得疏漏。以文到之日起，限一月内填送调查局，以便编辑，汇呈转咨，勿稍延缓。切切。此札。

拟定调查蒙务行政沿习利弊条目呈文

为呈请事。窃职局法制科第三股遵章应行调查本省行政上沿习利弊，业将拟就各项条目，先后呈蒙批准札发在案。查蒙旗地质膏腴，户籍寥落，苟移民以实之实，足为奉省之屏蔽。惟蒙民怠惰性成，已为习惯，徒嗜佛而不知学问，竞游牧而不讲种植，蓄湩酪而食，逐水草而居，因愚而弱，改起外人垂涎之思想，于是假之以资财，而扎萨克图之债案出矣，现经交涉葳事，若非竭力经营，早争先著，恐蒙民被其诱胁，若再将蒙属土地渐成租借，根据既深，此后之交涉，益难措手。惟有就地垦荒，实为今日殖民实边之要策，故不可不亟行调查，以为推行之预备。督饬该科拟订调查蒙务条目，计分大纲二条，其目三十二则，另册缮呈钧核。如蒙批准，再行刷印成册。拟案呈请札发蒙务局暨沿边各府厅州县，按照所开各项条目依类查填，以备汇呈转咨。所有拟订调查蒙务沿习利弊条目缘由，理合呈请宪鉴批示祗遵。须至呈者。

行查蒙务行政沿习利弊条目

蒙务内政

一、本省所辖蒙旗除图什业图、扎萨克图、达尔汉等旗外，有无可放之荒地？

二、各蒙旗荒地其已经开放者,系何年月?宜分别填报。

三、现未尽放之荒系属何旗?其所以未尽放者,是否多属沙碛碱地,抑别有原因?宜分晰填报。

四、蒙旗辄以放荒为有碍生计,是否实在情形?

五、各蒙旗除扎萨克图系因负债放荒,其余放荒之蒙旗有无别项原因?

六、扎萨克图放荒最多,除北山以荒价抵债外,现开垦之情形若何?是否犹多游牧之地?

七、达尔汉之彩和新甸荒地,始因兴讼芜废,现今是否开放葳事?

八、图什业图息借官银号银二万两以应分荒价作抵,现在是否本利还清?

九、达尔汉等旗所放荒价作何开销?

十、放荒委员有无指地肥硗、任意绳丈、多寡不均、欺待蒙民等事?

十一、蒙地放荒大半归商民包揽转售,以致不能遽垦,有无变通善法?

十二、洮南、靖安、安广、开通等处已放未垦之荒,有无招徕内地贫民速行垦种之事?

十三、图什业图、达尔汉两旗土质与内地同,其不能全行垦种者,系何原因?

十四、近移饥民于蒙地以便开垦者,系属何旗、何地?其办理之法若何?

十五、业经开放尚未垦种之地,届升科年限如何办理?

十六、如有因垦务涉讼之事,归何衙署讯办?

十七、凡运往蒙地货物有无报捐之事?其收捐系归何局办理?

十八、奉省所辖蒙旗多有矿产,其区域何在?系属何矿?已、未开采?宜详晰查填。

十九、扎萨克图王旗向设天恩地局,应收岁租,现归洮南府经理,其改订之章程若何?

二十、蒙地洮河下流贯注松花江,能否由此兴舟楫之利?

二十一、蒙旗练会是否有包庇蒙匪擅给军储之事?

二十二、扎萨克图借息款内经节省银十万两,系接济何旗之用?

二十三、扎萨克图所放荒价,除分还银行借款外,是否酌提一半津贴该王?

二十四、扎萨克图岁收租赋分给该王府之二千余金,是否足抵息银?

二十五、图什业图亲王息借银二万两,此后有无续行息借之款?

蒙务外交

一、扎萨克图王旗私借外债,经此次清理后有无查禁之法?

二、蒙旗各属多用外人纸币,以致利权外溢,能否设法流通官钞?

三、俄人有无分设旅店专接待蒙古王公之事,其所设之旅店系在何地?

四、有无他国多数学生至各蒙旗地面测绘地图之事?

五、他国游历员有无径至各蒙旗游历之事?

六、洮南境内有无外人以卖药为名窥探内政之事?

七、日俄协约有无以洮儿河为界之事?

通饬调查蒙务行政上沿习利弊札文

为札饬事。案据奉天调查局呈称,窃职局法制科第三股遵章应行调查本省行政上之沿习利弊,业将拟就各项条目先后呈请批准札发各在案。查蒙务行政上沿习利弊亟宜切实调查,以为将来殖民实边之预备。爰督饬该科拟就大纲二条,其目三十二则,呈请通饬前来。本大臣、部院核属可行,应即照准。除分行外,合亟札发。札到,该　即便督同该统计员遵照册内所列各项条目逐类详细查填,勿得疏漏。以文到之日起,限一月内填送调查局,以便编辑,汇呈转咨,勿稍延缓。切切。此札。

通饬各属遵照馆准各项条目依限填报文

为札饬事。宣统元年十一月二十三日,案准宪政编查馆咨开,为咨覆事,准咨开。案查奉天调查局法制科第一第三两股遵章应行调查之件,皆民间各项习惯及各衙门行政上之沿习利弊,要在记事不厌求详,凡各司道局处府厅州县报告,非仅列表填注所能详尽,据该局先后呈称,分类撰拟条目问题,计共九百七十一则,如有缺略之处,再随时补正查报,以求由疏而密,由粗而精,等情。据此,查该局所拟各项条目能否合用,相应咨呈查核,见覆施行,等因到馆。查该局所拟条目,均属应行调查之件,应即照办,如有缺略之处,仍由该局随时补正查报,相应咨行查照施行可也等因。准此,查前次札发调查局法制科习惯沿习利弊等条目,务宜依限呈报,由该局编辑,汇呈转咨。遇有缺略之处,以便由该局随时补正。合亟分行札发。札到,该 即便督同统计员遵照节次颁发各项条目,除业经填报外迅速详查,迳送调查局,勿稍延误。切切。此札。

呈请通饬府厅州县调查报告规则文

为呈请事。窃职局于光绪三十四年八月开办以来,遵照宪政编查馆章程通饬府厅州县设立统计处,随发行查限期四则,呈请督宪批准在案。现查各属统计处皆已立成,所有办事规则应行续发,以期一律,而免纷岐。谨将续拟调查报告规则缮单呈请钧鉴,是否有当,伏乞宪台查核,批示祗遵。如蒙准行,即由局通饬一体遵照。须至呈者。

总则五条

一、统计长有监督综覈之责,凡关于调查报告各事项,皆应负责任。

二、调查员宜会同本地绅士虚心谘访,以期详尽,不可徒取成于乡约、地保、吏胥、差役致等具文。

三、调查各项,其关于法制科者,为将来编定法制期合时宜起见;其关于统计科者,为编制统计年鉴之需。该府县宜剀切出示晓谕,说明理由,使人民不致惊扰,且无庸讳匿。

四、调查所得之件,凡事实关于法制者,则逐条编定报告,其数目关于统计者,则分项填表,务各依限呈送,不得笼〔统〕汇报。

五、调查员如有藉端骚扰需索规费者,轻则撤差,重则呈请督、抚宪予以应得处分。

关于法制科规则四条

一、编辑报告,每题(如民情风俗类中生计问题、学校问题等类)自为一编,俾可合可分,藉以参稽各处之同异。所用纸页,宜照本局所发问题各本程式,大小划归一律,勿得参差。

二、编辑报告务求详实,切不可稍涉粉饰,致失真情,宜用文言,勿搀入俚语。

三、调查各种习惯为该地方所无者,不必附会胪列,其在问题以外者,亦应依类调查,分条附记。

四、每编缮成后,宜悉心校对,不得脱漏讹误,以免差谬。

关于统计科规则五条

一、统计注重记数，凡调查所得务须详审钩稽，以散合总，俾数目相符，免致往返驳诘，徒烦案牍。

二、统计各项，以现时调查所得之确数为据，不得以悬揣臆断，敷衍塞责。

三、表中各项有源流可考者，须在备考下填注明晰，如何发起，现在如何办法，以凭稽核。

四、本局颁发八项表式，均期由疏及密，逐渐进步，事庶易成，其有未备，仍宜随时增添。

如表内有该处向无者，自可从阙，惟不得希图省事，率注一"无"字。

五、表式只撮大要，不事繁细，期易填报。如该府县有特别调查之件为表格未备载者，亦可酌添子目，能得多数者，由本局记录，随案分别请奖。

呈请札饬各属遵照颁发报告通则查填文

为札饬事。案据调查局呈称，窃职局法制科应行调查各事，业经逐项拟定条目分别呈请转饬查报在案。查此项报告原预备依类汇编，咨送宪政编查馆以为编制法规之用，事理固宜确实，期限亦不容延宕，至各属款式尤不可任意填报，致有参差不齐之弊。除前呈请通札各属办事规则暨功过章程在案外，现值馆限严迫，不得不再申明规章，以严期限而一款式。谨拟定法制类报告通则八条暨报告款式一页，呈请通饬前来。经本大臣、部院批准，除分行外，合亟札发。札到，该　即饬统计处人员，嗣后册报，俱遵照所发报告通则暨报告款式办理，勿得违延。切切。此札。

法制类报告通则

一、所定规则，各衙署局处暨各府厅州县均宜一律照办。

二、所有报告各项须求真实，不得以虚饰之词敷衍塞责，尤不得于调查条目任意疏漏。

三、报告之期宜按照所定期限报告，如届期不能完竣，准先期具呈，申明原因，预请展限以何日为止，仍不准逾两星期以示限制。

四、报告册内务将原发条目分条按次开列于前，再将报告事实另行填写于每条之后，以清眉目，不得仅写第一问第二问等以图省事。

五、原发条目有不属该管官范围内者，原准从缺，惟须将无可查填之原因略为提叙，特勿庸赘词，以昭简易。

六、调查所得有出于原发条目外者，应别标一目，附入报告册同类之下。

七、各衙署统计员官将调查所得之件词句略加修饰，务求简明，惟不得意为增损，致失真实。

八、各属于报告册内填写各项事实，凡年月骑缝等处均宜盖印，以昭慎重。

报告册款式

一、条目开某事系何年创始，中间有无改革情事。

报以某事于某年成立，某年如何变更。如未经改革，则报以向无改革之事。

二、条目开某事沿习若何。

报以某事向章如何，嗣于某年因何事改易，现在实行若何。

三、条目开某事利弊若何。

报以某事始则如何有弊，现经改易其弊已除，或现正设法改易，以期有利无弊。若未设法改易，不妨直陈其弊，以求真实。

四、条目所开某事（为该管官范围内所无者）。

报以某事向不归所属经理，或因何尚未设立，或所属向无此事，举此类推。

五、条目未开某事（如调查有得，可酌类另备一页附订于后）。

报以某事或沿习如何，或利弊如何。

呈请督宪转咨宪政编查馆呈送法制科编辑各项报告册文

为呈请事。案查职局遵奉宪政编查馆章程法制科分设三股，所有应行调查事宜，业将撰拟各项问题于宣统元年十一月呈请宪台咨送宪政编查馆在案，兹将各府厅州县送到第一股调查民事商事各习惯报告暨第三股调查司法警察财政实业各项行政上沿习利弊报告，督饬各员详细查核，按类编辑合之，第二股所调查之督抚权限内单行法及行政规章，兹已缮写告竣，装订成册，共计三十四册，均由职道逐项核阅，详加删改，恭呈钧鉴，伏乞转咨宪政编查馆查核备案。惟事属创举，无案可稽，编辑各项报告册，是否合格，并恳转请宪政编查馆核示，庶日后有所遵循。除其余各项报告现正缮写，尚未蒇事，应即接续赶办呈送外，所有办理完竣各项报告册申请转咨缘由，理合具文呈请宪台鉴核施行。须至呈者。

报告民事习惯说略

谨案：三古之治，殷因夏，周因殷，皆沿袭成宪，损益典故，以定为礼，礼范围不过者也。其既也，势不能举散无纪极之数限制，而齐一之范民遵守，繇是而法立焉。周典月吉诏民读法，管子布宪因之，其民法之滥觞欤。殴〔欧〕洲立宪各国皆编有民法，日本民法准用之条文，乃参仿德意志民法之例而厘定行之。朝廷注重宪法将与民更始，酌古准今，采取公益，为斯民定一普通之法以期适用。惟是人类生活之状态随时变迁，势不能以数十官吏悬揣之心，思赅亿万黎民变幻之情状，其为理想所不及，防备所未周者，更仆难数，此非法之有欠缺，乃人事日有更益，百变不穷，以致法之不能逐一赅括也。况立法之初，又迫于政治上之定限克期告竣，不能久经时日渗漏之虞，其奚能免。现值预备立宪时代，将编纂法典条举茂明，巨细毕赅，斠若划一，此不得仅凭理想即可之得所根据也，必举各地方之民事习惯统为调查，以为编定基础，宜因者保存，宜革者删除之。据此以为法规，庶于人生凡百之情事莫不适用，若是则民事习惯其编纂民法之嚆矢乎！兹取各属民事习惯为编报告，以备采择。惟此次调查事属创始，条目粗举，仍多渗漏，查定章准陆续调查，务以必详必实为宗旨。所有应行详备之处，客俟续陈，以达其目的焉。

凡例

一、民事习惯惟不动之产为人民所竞争，次则钱债之出入，而户族之琐屑等项又次之。此编之纂辑，即依此为次第。

二、民事习惯往往事极微末，愈易启厥争端，故此编所拟各问题有寻常所最留意者，均一律行查，藉觇各属习惯之不同，以为编订民法之资料。

三、钱债细故因此成讼者，所在多有，虽法家专门亦不免或失其平，以中国民法向不完全故也。兹特详细调查编为报告,以备修订民法者所采择。

四、户族之细事不特此省与彼省不同,即此县与彼县亦多殊,致盖各属有各属之习惯也,惟户族之习惯与民法有切要之关系,故此册所编订均照各属所报告者详为记载,以为编订民法之根据。

五、各属统计员其报告合格者固不乏人,而文理之纰谬者亦间或有之。兹略为改窜,以期一律,惟于事实上不敢代为更易一字,以昭记实。

六、各属报告间有以方言俚语登诸册报者,均一律存之,不为更易,以各有各之习惯。如略为删改,恐失庐山真面目也。惟词句间有欠通顺者,不得不改易之。

七、各府有首县者,所有民事习惯概归该首县报告,册内仅列府治名称以志纲领。其无首县之府治,均由该府遵章报告。

八、同江厅专管河务,金州厅现无印官,长白府、辉南厅甫经设治,民户稀少,所有习惯无从调查,一律从阙。惟各属名称不容湮没,故一律依次开列。

报告商事习惯说略

谨案:《周礼·太宰》"以九职任万民,六曰商贾,阜通货贿"。又曰"凡民同货财者,以国法行之,犯令者,刑罚之"。郑司农注云:"同货财者,谓合钱共贾也;以国法行之者,司市为节以遗之也。"盖周制,商贾事悉掌于司市,故有教有治,琐屑凌杂,无不察而治之,其所以为商计者,何纤悉而周备也。泰西各商挟其财力以雄视环球,然治以商部即周司市之官也,国有银行各商赖以挹注,即周泉府除贷之政也。其他伪饰之禁以及开塞消息之微权,莫不默与古经若合,符契古人,殆先西商而毕具其规则欤!国家振兴商务,爰旁采西法力为提倡,设立农工商部,以总握其纲,并饬各行省分设商会,以联络商情,扩张商业,独于商律一条缺焉弗备。兹值筹备立宪时代,欲合各行省商事之习惯酌定完全之商法,似不得以虚饰之辞悬而拟之也。于是分行调查,乃举有关于商事者,与夫一切复杂之务,一一而调查之,必使洪纤悉备,大小毕赅,庶订成商律,推行罔阻,若是乎商事之习惯,其于商法殆有密切之关系乎。兹事当创始应行调查之条,或不免尚多阙漏,考九年立宪之章程，原非遽迫以时日，举凡不详不备各节，仍可俟诸异日，则将来陆续调查，或者可由疏而密，由略而焉详。

一、商事虽极复杂，而筹集资本，任用伙友，最为营业入手之要著，其次则经理货物、登记簿籍、核算盈亏，至如何交易、如何运送等项又次之。此册编辑之次第，即以此为准。

二、商事之习惯，其繁赜几与民事相埒，此次所拟调查之问题，虽极诸一百二十余条，亦不能赅括而靡遗，因其事过琐屑，实不能一时并举，容俟续行调查，庶几可臻完备。

三、此次所调查之商事虽极琐屑，要皆有关于习惯，故一例编为报告，以备修订商法者所采择。

四、各属之报告，往往一事之微几至数十言纠缠不已，实则可以一二语了之，凡此之类均一律为之删削，以去繁就简之法行之，而于其事之实际仍不敢稍失。

五、各属统计员其无养成之资格者居其多数，故所填报其文辞不明者亦所不免。兹一律为之改易，惟不致失其事之实际，以昭核实。

六、各属呈报之商事习惯迭经严催，已陆续报齐，惟无官之处（如金州厅是），暨甫经设治，报告无商事之可调查者（如长白府、辉南厅是），姑从阙略。

七、奉天府、锦州府其商事习惯概归首县报告，同江厅专管河务，亦无报告，而册内仍列府治厅治之名称，以志纲领。

八、各属报告商事之习惯，本系俗事，故其词旨亦不免有俗白之处，惟择其言语过于鄙俚者，略为更易。

调查民政类各项规章说略

谨按：政与法相为表里，国无民法即一切治民诸要政，难期遽臻美备，然使有治法无治人，亦非所以策长治久安之道。奉省民户土著素稀，而蒙旗杂处，往往故分畛域，阻力横生，此实较内地各行省为尤难治理者也。自朝廷变法图强，眷念东土，首先设立专司，以理疆域、户口、警察、工业、善举及地方自治等事，凡城镇冲繁之区，已粗有端倪，而僻处州县或且狃于积习，视为无足轻重之举，故关于此项规章条文虽称详密，其逐事逐地克见诸行者盖鲜。姑将调查所得别为二卷,凡关于地方行政之文,莫不备为采录,则庶乎足备编纂民法之一助焉。

调查交涉类各项规章说略

谨按:奉省强邻逼处交涉繁兴,凡订立约章必须条文详密,庶足维主权而固邦基。惟国与国际始有交涉,其重大机要者,大抵主持于外部,而封疆大吏亦听命令之指挥,故关于此项单行规章寥寥无几。兹将调查所得,勉辑成编,聊以备将来参订之助云尔。

调查财政类各项规章说略

谨按:奉天财政初无预算,当未设行省以前,一切赋税俸给皆为临[时]时补苴之计。行省既立新政,百端待举,度支遂倍形困难,即关于收入各项规章,势不得不多所纷更,以期通变而利用。国家筹备立宪,预算方始萌芽,非合今昔理财之法,博采兼资,无以统岁入岁出各款,使咸就法律命令之范围。故将调查所得,凡近年重要章则,足垂久远之文,备为登录,即年限稍远而事实有足考征者,亦一并列入,以为编订法规者要删焉。

调查教育类各项规章说略

谨按:预备立宪以教育普及为归,国无国民教育,凡百事业虽竭力经营,均属涂泽外观,要无关根本大计。奉省屡遭兵燹,学务废弛,自日俄战后始创立学务处,总摄全省教育之机关,继则特设专司,以一事权而严责任。朝廷之注意于东省者,至深远也。惟筹办甫历数年,规模粗具,而制度既难期骤备,即教育行政亦间有参差,如隶民政司者,有巡警学校;隶劝业道者,有农林等校;八旗中、小各学堂,又属于旗务处。政权所关,即施行难以强合。故调查此项规章,亦各即所隶,随类分辑,凡在主管教育范围以内者,莫不广为搜罗,汇成上下两编,以备编订法规者之审择焉。

调查军政类各项规章说略

谨按:奉省西南自山海关起,沿海岸至鸭绿江上游帽儿山止,北境自昌图洮,南沿蒙界以至新民、锦义等属,地势辽阔,胡匪出没无定,加以强邻环伺,此非设有重兵何以为防边筹蒙之计。方今海军尚未成立,门户洞开,就陆军一端言之,如督练处、讲武堂、测绘宪兵各校,以及军械、军医、陆地测量等局,虽均由奉省建立而擘画经营,实统吉、黑两省,胥归谋略之中。故关于此项规章,强半为三省共有之条教,其属于奉天一省者盖鲜。兹将调查所得汇为一编,庶可统观三省大局,而编订得其要领焉。

调查司法类各项规章说略

谨按:司法独立,殆无所谓单行法也,然司法上之行政事务繁赜,其重大切要者,类由封疆大吏所主持,且奉省设立专司先于内地,各行省创办经营,固已粗具端倪,而建署设立,各郡县之未经举办与甫行筹议者,实居多数,一切审判、检察及监狱改良等事,尚在力求推广之中。值兹预备宪政时代,完全独立,诚未易一蹴而几,故关于此项规章率皆近年所发见,其曩昔陋略为因袭,概弗取焉。兹将调查所得,汇为一编,审而择之,聊备编订法规时之取裁焉尔。

调查警察沿习利弊说略

粤稽周制,以司虣、司稽治市,以修闾氏治国,中以野庐氏治野,考其责任,咸以治道涂、捕盗贼、警游惰、比追胥为最切要之务。越及秦汉,犹袭成周遗制,分设游徼,东西洋之警察,殆权与于周礼欤。泰西警察其端有二,一行政警察,一司法警察。自都邑至乡镇分布巡徼官,以兵法部署之。日本警察署以行政兼司法,其职隶于内务府,凡府县悉有警部。中国各口岸为租界地,一律设立巡捕,以印人或华人充之,遇有奸盗夺路逃逸或结伙抗拒者,一捕鸣号,众捕糜集,四围兜拿,无或逸者,用是道路修治,盗贼绝迹,而其费即取诸本埠之房捐车捐,盖以民之财治民之事,官不劳民且逸也。今国家设立民政部,自都会下至郡县遍设警察,亦宪政中最要之措施。奉省创设巡警较他省独先,其布置亦较他省为独密,惟事以研究而弥精,故不可不详为调查以为逐渐改良之预备。查奉省警务,始于省会以迄乡镇暨各府厅州县,近则各通商口岸,亦次第成立,其沿习利弊均一律行查。兹据各属报告汇为一编,其中设施或有未完备者,容俟续为更订,庶几由疏而密,由略而详焉。

凡例

一、奉天全省警察以省会为起点,其次则乡镇郊外,又次则各府厅州县,而以通商口岸之警察附其后,依序类辑,用昭成立之次第。

二、省外警察之成立多由捕盗营改编,核于警察之资格,实多未虽合,间有教练所亦多不完不备,故调查沿习,藉觇警规,藉卜民气。

三、警察一门乃民政范围内之一端,有地方即有民政,有民政即有警察,警察对于民政实有绝大之关系,故别为一类,以验其措施之利弊。

四、各属有未设警察者,或现无印官(如金州是),或甫经设治(如长白府等是),兹亦一律列入。

五、各属呈送之报告册,原以必详必实为宗旨,似不必计及文词之工拙,然言之无文,行而不远,故凡俗言俚语不得不略为点窜,然于事实则未之或易也。

报告司法沿习利弊说略

谨案:周礼设官,司寇掌邦刑,民事则隶于司徒,虽有官联权无淆杂,西儒阐三权分立之说,其殆权舆于此欤。厥后驷失古谊,司法、行政互相羼入,法家者流,爰滋诟病。近世文明大启，研究法学者，知立法、行法、司法混而为一，有戾于古，乃划一权限，使不相涉，司法始独立焉。此维新之盛绩，各立宪国之通则也。朝廷与民更始，锐意立宪，博采古今中外法家之说，化裁变通，虽未能骤归一致，亦三权独立所备俶也。查筹办立宪年限，宣统元年先于各省会各商埠设立审判检察各厅，而各有司尚仍沿旧例，未能普及，故司法范围内所有事均含有行政性质，则此次司法之调查，举新设之审判检察各厅暨府厅州县，凡关司法事悉行调查，一律汇纂，以为参稽互证编辑法规之预备。惟详核各报告体例不同，繁简亦异，兹就其词之冗者减之，句之蔓者芟之，务期简明，易于浏览。至其事实不为更易一字，悉就原文纂入，必详必实，以符定章，为修订法律者备采择焉。惟隶于司法范围内者，细目孔多，一时不能悉备，此编所辑系属发凡，若夫由疏而密，由略而详，尚待觊缕，竣诸来兹。

报告财政沿习利弊说略

公家之财政不外乎公支出与公收入两项，支出与收入必两相对勘，以衡量其赢绌。地方之财政衡量，有赢则可衡量，有绌则不可，似不得不亟为谋以善其后，为谋奈何惟在振兴实业而已。盖公家财政之所从出在乎赋税，赋税之所从出在乎农工商，众民农之赋课，非出于农地，乃出于农力；商工之税捐非出于身家，乃出于货物；众民所纳百货之税率，非出于销费力，乃出于购买力，此殆所谓财政之源乎。今奉省之地弃而不耕者广矣，非他力之不足，农力之不足也。商工以重征为困，非商工之抗违，乃货物营销其价值有不逮也。民力凋敝，虽有销费之愿望，而无购买之资财，金融涩滞，市场清淡，此税项所由减色也。惟实行移民实边之策，以增加农力，大开矿产，大兴制造，大利交通，务使货物众多，成本低廉，营销广远，以增加商工之力。夫然后富源辟而民众聚，民众聚而财货生，财货生而政略举，政略举而兵戎庶，有藉赖也，不然则奉省此后需财且将百倍于今日。盖今日已岁亏甚巨，不几无术以善其后乎！且夫政之行也，不可一日暂止，即财之用也，不可一日暂停，日计而不足，月计而累短，岁亏巨额方难弥补，而将来之计画费又相迫而来，无时或止。节减延欠,则事不举;称量弥补,则款无着,此必敝之势也。况一事之范围缩小,则一事之利权丧失,事事之范围缩小,则事事之利权尽将丧失,利权愈得,即用财愈巨,用财愈啬,即利权愈失,财与权既两不相离,即财与权必互为相济,此又必然之事也。总之我中国之财政,非改弦而更张之不可,而奉省为尤甚,故其沿习利弊非切实调查不足以供参考,兹特谨识此意,以为说略。

凡例

国课正供,厥惟田赋,第一。

海禁大开,商战日盛,出入百货,税于海关,第二。

国民各怀责任之心,以补助国用之不足,乃有捐项,第三。

实业沿习利弊说略

昔先生〔王〕疆理天下,物土之宜,以前民用。禹贡一书,备载九州方物,凡所称厥田厥土,以及惟金三品,瑶琨篠岛,齿革羽毛丝枲之属,莫不广为制造,以彰其物。采此古今实业之权舆、与越及后世,乃于手工一项,拘于墨守,进步凝滞。考泰西注重实业,究重心摄力之理,运发电涨汽之机,绝尘猛进。其技巧冠绝五洲,此皆中国所宜仿效者也。奉省之宜振兴实业,较内地尤为岌岌,何则?铁血相争,伏尸百万,前日之事,权利保持,协约方成,今日之势,内附燕京之背,外当二强之口,于吉黑为颈项,于蒙古为唇齿,奉天省之形势如此不有实力,其何以守。故兵力为后,财力为先,不有财力,兵力何有?财力为后,富力为先,不有富力,财力何生?夫以奉省之沃饶,繁衍五谷,桑麻徧野,则农业之奥区也;大荒之境,茂草油油,土腴千里,弃而未辟,则屯垦之美地也;佃渔之利,森林之业,取之不竭,藏之无穷,则物产之渊薮也;地不爱宝,煤铁五金,其他各矿随地皆是不可胜指,则草人之宝壤也。有铁路之总筋沟通欧亚,有不冻之良港咫尺赢寰,商港市场,尤为列强竞争之点。以奉省之富饶如此,奈何兵戎交加,既不能自发其菁华,又不能与争以权力,有富而不能兴,有业而不能起,不重可惜乎?夫实力者,实业所由造。饿虎在侧,门户洞开，我不自谋，人将谋我；我不自取，人必竞取。现值日俄协约既成，其于实业前途尤宜亟为措手，其沿习利弊不可不切实调查，力图改良，以为致富之根据。兹特聊称斯指弁为说略，以备观览焉。

凡例

农务乃旧有之事业，为奉省实业之根本，其发展尚绰有余地，第一。

工务方兴，颇有新机，跬步千里，于今始卜，第二。

商务为各项实业藉以运用之大机关，商智不可不速进，第三。

矿务为我国天然之产，奉省乃与他省一辙，其发达尚微，可惜尤可望，第四。

呈请督宪转咨宪政编查馆续送法制科编辑各项报告文

为呈请事。案查职局法制科调查所得应行遵章编辑报告，咨呈宪政编查馆各项清册，业于七月十四日将民事、商事各习惯，警察、实业、财政、司法各沿习利弊暨各项单行法并行政规章均一律编为报告，缮成清册，呈蒙宪台批准，转咨宪政编查馆查核在案。查法制科调查之件，头绪纷繁，现经各属陆续报齐，因督饬各股员删繁就简，细心编辑，职道复详加核阅，举凡纰谬之处，均斟酌改易，逐件缮写。计第一股编辑地方绅士办事习惯报告册二本，民情风俗习惯报告册九本，诉讼事习惯报告册二本；第二股编辑督抚权限内单行法及行政规章报告册一本；第三股编辑外交沿习利弊报告册一本，交通沿习利弊报告册五本，教育沿习利弊报告册二本，军政蒙务沿习利弊报告册一本，均装订成册，呈请批示转咨。除分饬各股员续行撰拟各问题切实调查外，所有法制科遵章编辑报告呈请转咨宪政馆，并初次报告一律完竣各缘由，理合备文呈请宪鉴施行。须至呈者。

报告民情风俗习惯说略

谨案：《唐书·柳冲传》：山东之人质而信，江左之人文而智，关中之人雄而达，代北之人武而泰。管子有言曰：楚之民轻果而贼，越之民愚疾而垢，齐之民贪粗而好勇，燕之民愚戆而好贞。伊古来民情风俗各有习惯，故《礼经·王制篇》云："修其教不易其俗，齐其政不易其宜"。三代以后，殷因夏，周因殷，凡礼制之损益，政教之沿革，惟袭其已然之迹而变通之，即至大法大经，亦莫不以因为创以跻于郅治，此治国闻者欲编定法规，未有不举民情风俗，切实调查，而能得其要领者也。第考东西各国创立宪法，皆因其习惯而增损之，非是则宪政上必多阻力，故泰西立宪诸国，以英吉利为权舆，而民法之立，皆顺其民情风俗，因势而利导之八百余年，踵而行之，如以辙就轨，以玺印涂，殆无不吻合者欤。我国历代相因，以礼不以法，法粗而礼精也。然就普通言之，积久大备，已含有宪政性质。朝廷鉴专制之弊，锐意维新，欲举习惯之风俗，斟酌损益，殆欲纡徐，以达于立宪国之政治也。奉天为丰镐故都，民情愿朴，风俗敦厚，地近日俄，人杂蒙藩，民生其间者，必有千里百里不同之政。今之所调查者，举凡生计、学校、家族、婚姻、社会、丧葬等习惯，一律汇辑报告，以上备编定民法者为参考之资料，犹是輶轩采风之遗意也。惟事当创始，应行调查之条，尚多渗漏，考立宪章程以九年为期，原未遽迫以时日，所有不详不备各节，异日调查，赓续成册，或可由疏而密，由略而详焉。

报告地方绅士办事习惯说略

谨案：周官设闾胥比长之职，每闾中士一人，比则下士一人，就其地之人行推举之法，以治其众，其情亲而禄薄，举官吏体制之崇，供帐之费咸无，所用之有事则征调赋敛，政刑教化之繁赜，无不躬莅，而手治之事既举，而民不扰，此风古矣。汉兴丞尉，多以本郡人充之，而三老掌教化，啬夫职听讼游徼禁盗贼亦不离乎乡人，倘所谓地方绅士办事之权舆与。泰西纪元前九百年特已设有元老院，开民会，凡事必经民会议定而后行。近今议院林立，各郡县皆有议院，日本变法亦设元老院，维新诸政必付议院平议，殆与尚书谋及庶人之恉相符合。朝廷注重宪政，祛专制之弊，示公溥之规，饬各直省设议事董事各会，由地方公举绅士佐治，以辅牧令权力所不及，是不第仿东西洋新例，抑亦我昭代之宏规也。

先是各直省政治窳败之由。盖以一邑之辽阔,大或千里,小亦百里。一县令治之,一丞尉佐之,虽极耳目之明,竭手足之力,亦乌能百端,咸理无惑乎?府吏胥徒玩法舞弊,率为民害,现值预备立宪时代,从前弊政一例廓清。所有地方公益由地方投票公举一二人治之,破除情面,互相检察,徇私妄议者罚。有差将见,士论不绌。民气日伸。以他邑人治地方,曷若以地方中人治地方之为得也。特甫经创始,诸待改良,兹统地方绅士办事习惯,逐类调查,汇为报告,以为编订法规者作土壤细流之助。惟条目粗举,缺略尚多,此次编纂特嚆矢焉耳。

报告诉讼事习惯说略

谨案:维天生民杂居而群,凡有血气皆有竞心。治民者,既制礼以范之,复设法以绳之,而诉讼起焉。《周典·大司寇》:"以两造禁民讼,入束矢于朝,然后听之;以两剂禁民狱,入钧金,三日乃致于朝,然后听之。以嘉石平罢民,凡万民之有罪过未丽于法而害于州里者,坐于嘉石,役诸司空。以肺石达穷民,凡远近、惸独、老幼之欲有诉于上而其长勿达者,立于肺石之日,士听其辞,以告于上而罪其长。"盖其时立法至善,凡刑事民事靡不划然剖判,自乡师里宰州长以达于小司寇,盖已含有下级中级上级之性质,而为立宪之权舆也。其后管子变通周礼,正月布宪,于诉讼之法,犹得其遗意,迨古法荡然,刑狱错乱,贪墨者流辄任情违法,颠倒其是非,淆乱其黑白,刀笔小吏又弄文舞弊,爪牙而辅翼之,愚民无识沿袭相仍,以陋习为成例,良足慨也。朝廷锐意宪政建设,法部将欲编定法规,齐一民俗,非举已然之迹绳轨而裁择之,无以几于善也。董子喻治如琴瑟之不调者,改弦而更张之,不其然乎?各行省于司法一项,其向章民事则归掌钱谷者理之,刑事则归掌刑名者理之,似亦略有区分,惟讼者多浑而同之,不分民事刑事,乃一律赴诉。奉天自改设行省以来,仅于各级审判厅分设民庭、刑庭,而诉讼人亦有民诉、刑诉之判,至各府厅州县仍率旧习而无所区分。兹则详为调查,汇纂成编,以备修订法规者为互证参稽之资料。但各属报告体例不同,谨就其词之冗者减之,句之蔓者删之,以期简便,易于浏览。至其事实不为更易,仍就原文纂入,以符必详必实之定章。惟应行调查诉讼之事遗漏尚多,所有必须补正之条,俟惟续行调查,以渐臻详密焉云尔。

调查实业类各项规章说略

谨按:奉省自设劝业道专官,凡农工商矿各事急待振兴,固尽人而知之矣。然兹事体大,动关全省经济,地方之行政,人民之生计,资之此非注重实业教育,无由讲拓殖而开利源。盖普通智识与专门学科,悉从教育中来,国民不受教育,即关于一切实业不过沿习陋略,其视富厚物产或置为无足重轻之属,欲求实业发达难矣。故调查此项规章,凡有关开通民智之端莫不备为采择,汇辑一编,以备编订法规者之考核焉。

调查交通类各项规章说略

谨按:奉省交通机关,其荦荦大者,强半为外人所管摄,即归中国主权之下,如铁路、邮政、电报等局,又皆遵守部章,无复有条文之规定,此岂尽行政之责欤!〔株式会社〕人民不知讲求,即交通事业难望日有进步。当锁国闭关时代,风气各殊,或山川阻隔,老死不相往来,犹可说也。今者世界大通,非提倡经营地方之便利,无由易贫弱为富强,而顾罕有规画,如此国计民生之关系,匪渺浅矣。故关于此项单行规章,寥若晨星。兹将调查所得,勉辑成编,将来编订法规聊以备采择之资云尔。

调查吏政旗务蒙务各项规章说略

谨按:奉省吏治纷杂,旗族贫困,蒙疆亦待治维殷。历任将军初无筹办之举,自改设行省,地方官责任綦重,各旗之生计日绌,而蒙古危险之象,尤较往昔为倍亟,于是整顿改革各事项,势不得不统大局以运谋略。然创办经营诸多缺憾,加以经济困难,力不逮心,待举之事十居八九，故关于种种单行章则，要未能遽臻完备。兹将调查所得，合吏政、旗务、蒙务各项规章，都为一编，将来编订法规藉得崖略土壤细流，聊为补助云尔。

报告教育沿习利弊说略

教育为凡百事业之根本，小学普及尤为国民教育之根本，虽然厥费之巨，与练兵同。教育者，精神意识所从出，譬诸人身，其作用为心与脑，乃最重要之机关，然更有一重要机关，则胃与肠，心脑不能不恃胃肠之营养，教育不能不恃实业之经费。且夫地方之于教育，须有素养，则易设施。奉省地处边陲，虽曰陪都重镇，然于教育初无素养，奉省之办教育，譬诸农事则开垦荒土，而非耕种熟田，开垦荒土生利固巨，需费亦巨，奉省教育其进步方无限，其费亦方无限。今奉省城与乡之间，庠序师弟，彬彬甚盛，与十年前不同，然为山九仞，方覆一篑，非教育无以保存兹土，非实业无以备存兹土，非大兴实业无以支持兹土。之教育经费，言念及此，心焉怦怦。兹所调查者，一各种学堂成立年期教授方法，二学生，三教员，四经费，而其他之杂载列为第五。共发问题三十九条，不另列凡例。

报告交通沿习利弊说略

水上交通大经营二，苏彝士运河，巴拿马运河是。陆上交通大经营一，西伯利及满洲铁路是。西伯利荒瘠而满州膏腴，北洋各期封港而旅顺大连不冻，满洲真黄金土地，扼欧亚咽喉，不但为京畿屏蔽而已。自俄掌握路权，势遂出旅顺大连，直击日本，使日本卧不安席，因之而启战争。战局既终，各谋善后。善后既定协约，乃兴俄人筑西伯利复线，黑龙江路线，工事进行极速，日人急并高丽，两强对于满洲，一面凭交通以握其实权，一面仍互相聚集势力，此为两强目前之形势。而京奉间朝发夕至，绝无阻遏，一言乎交通，则岂但奉省岌岌，而京畿亦若处积薪之上，此则我国目前之形势也。兹调查奉省交通，分为六纲，铁路、轮船、邮政、电报、文报、河运，不另列凡例。

报告外交沿习利弊说略

国政莫重于外交,我国东三省为尤甚,奉省为吉江领袖,天下至难之外交也。国之外交,统于中央外务部,省其未矣;省之外交,统于省城交涉,使府厅州县抑更未矣。虽然皆不可不有应付外交之知识。方今全球尽启列国交通,人民生存于一国国家中,更生存于国际团体中,国家亦生存于国际国体中,且各地方于国际团体各有其特别紧要之关系。近者日俄协约,日韩合邦,则国际团体对待我东三省又非前此之比,而今而后东三省之外交,有何等之资格,在何等之地位,盖应付之道几穷矣,而外交于是乎益重。

凡例

奉省舆图广漠,为盛朝发祥要区,京畿根本重地。自甲午、庚子两役以后,南有日本,北有俄国,办理外交动辄棘手,况如营口、安东等处,乃各国通商之地,外人麋集,轮舶辐凑,稍有不慎,交涉随之。此外交一事,于本省行政上之机关最为密切,尤不可不详细调查,以为外交之准备。调查问题计总纲五条,法令条约第一,职务权限第二,财产保护第三,统治法权第四,各项杂载第五,子目备列于总纲之下,为四十条。

报告军政蒙务沿习利弊说略

奉省有督练处,军政出焉;有蒙务局,蒙政出焉。于此二门,遵章调查,谨以咨询于专司其事之局处,兹照录其所报告,以备采择,凡例从阙。

札发法律馆调查民事习惯问题通饬查报文

为札饬事。宣统二年四月初三日案准修订法律馆咨开,为咨行事。查本馆于光绪三十三年《奏定办事章程》第十二条内开,馆中修订各律,凡各省习惯有应实地调查者,得随时派员前往详查。又三十四年《奏定谘议官章程》第四条内开，各省提法使、按察使兼充法律馆谘议官于各项法律事件，应札饬各州县详查报告；第六条内开，谘议官于法律馆所派调查员有当协助调查之件，应随时接洽办理。又《调查员章程》第二条内开，调查员分为二项，一由法律馆馆员内派充，一就各处通晓法律之员，由法律馆派充；第六条内开，调查员于应行调查之件，如为力所不及者，得随时商请谘议官协助办理。各等因在案，所有本馆编订民商各律遵照筹备立宪期限，本年须一律告成，而民事习惯视商事尤为复杂，非派员分省调查，无以悉俗尚而资考证。现派奉天代理兴京府知府金衍海前往奉天、吉林、黑龙江，按照馆中所发问题详细调查，随时报告，需费由馆发给。业于本年正月二十一日具奏，奉旨，著依议，钦此。除抄奏另咨外，相应将调查民事习惯问题一百册，咨行贵督查照，即请行司并调查局实力协助，俾免扞格。此项问题，即请札发调查局分交各州县，按照详查，从速具报。事关筹备宪政，未容逾限，务望饬属切实奉行，足纫公谊。须至咨者等因。准此，查民事习惯于法律上之关系极为密切，调查如稍有缺遗，法律即难臻完备。特民事之繁赜较他项尤为复杂，举一切性情之异致，俗尚之殊途，其变幻不穷之状态，殊非理想所能知。欲限制而齐一之俾民，咸隶于范围之内，似非广搜博采，巨细靡遗，将何以有所凭依，为斯民定普通之法，此府厅州县之民事习惯不得不切实调查，以为修订法律之助。为此合亟札发。札到，该　府厅州县即便遵照颁发民事习惯问题详悉调查，从速迳报调查局，以便汇呈转咨。案关筹备宪政，毋得迟延，致干未便。切切。此札。

札催各府厅州县速送法律馆调查民事习惯报告册文

为札催事。宣统二年四月初三日，案准修订法律馆咨开，馆中修订各律，凡各省习惯均应切实调查，以为修订法律之资料，并遵照筹备立宪期限，本年内须一律告成。惟民事习惯视商事尤为复杂，非由各省协助调查，不足以悉俗尚而资考证。当将民事习惯问题咨行到省。业于四月初五日分行札发各属，饬即遵照馆颁之民事习惯问题详细查填，从速迳送查局在案。现经两月有余，报告者尚属寥寥，除分催外，合亟札催。札到，仰该迅速遵照前发馆颁民事习惯问题详晰查填,迳送调查局以备呈转。案关要政,勿再延缓,致干未便。切切。此札。

呈请督宪咨覆法律馆文

为呈覆事。案奉宪台札开,为札饬事。宣统元年八月初十日,准修订法律馆咨开,查本馆前经奏明编定商民各律,照章派员分省调查等因。奉旨,著依议,钦此。当经遴派各员分省调查,并将问题咨行各省查照,通行在案。原定章程各处答覆,至迟不得过八月,诚以事关宪政,未容逾限,现在转瞬届期,而此项答覆,迄未送到,殊殷盼望,相应咨行请即饬司并调查局实力催送,迅速具报,毋稍延误,文到并先赐覆可也等因。准此,除分行外,合行札。仰该局立即遵照,将前项问题详细汇案呈送,并先将遵办情形呈覆,以凭转咨,毋稍违延,切速。特札等因。奉此,查职局于四月初三日接奉宪台札发修订法律馆咨称,馆中修订法律,凡各省民事习惯,由馆派员前往详查,如该员有力所不及者,由各省调查局实力协助,俾免扞格,并颁发调查民事习惯问题一百本。当即由职道督饬股员拟文呈请,札发在案。嗣于六月初十日由宪台一律札催,旋即陆续接到各属呈送调查民事习惯报告册二十九处,现尚有十八处未经送局,除续行严催并咨行馆派调查员金守衍海商同办理报告外,理合将遵办情形具文呈请宪台鉴核,以凭转咨。须至呈者。

续催各府厅州县从速呈送法律馆调查民事报告册文

为札催事。宣统二年八月初十日,准修订法律馆咨开,云云等因。准此,查四月初八日准修订法律馆颁发调查民事习惯问题,当即一律札发,并饬详细查填,从速呈送。嗣于六月初十日复严行札催各在案。现经数月之久,其陆续呈送者,固已过半,而仍有任意延宕,迄今尚未报告者,殊属玩视要公。除分催外,合亟札催。札到,仰该　迅速遵照前发馆颁民事习惯问题详细查填,限两星期内迳送调查局,以备呈转。案关宪政,勿再延缓,致干未便。切切。此札。

咨法律馆委员金守会商调查民事习惯报告办法文

为咨行事。案奉督宪札开，为札饬事。宣统二年八月初十日，准修订法律馆咨开，云云等因。奉此，查敝局于四月初三日接奉督宪札发修订法律馆咨称，馆中修订法律，凡各省民事习惯由馆派员前往详查，如该员有力所不及者，由各省调查局实力协助，俾免扞格，并颁发调查民事习惯问题一百本。当即由敝局拟稿呈请札发在案。复于六月初十日由督宪严札分催，旋即陆续接到各属呈送调查民事习惯报告册二十九处，现尚有十八处亦可计日次第送局。除续行严催并将现在办理情形呈请督宪转咨法律馆外，所有现办情形并将来如何编辑，如何综核之处，合行咨请贵处酌夺，立即见覆可也。须至咨者。

札饬府厅州县汇送各项规章以备纂辑文

为札饬事。案据奉天调查局呈称，为呈请事。案查职局法制科第二股遵章应行调查之件，皆地方行政上之规章，事关全省，非可稍有疏漏。现省城各司道署局，类将各项章则陆续送局。惟各府厅州县举行新政随时发生之种种规条，亦应一律调查，广为采择，拟请宪台札行各府厅州县，凡关于财政、教育、实业、巡警与地方自治议事、董事等会，除遵照各司道札发通则外，所有订定一切规章，统由各属转饬统计处汇辑成册，径送职局，以备纂辑，而资呈转，是否有当，理合备文呈请宪台查核示遵，实为公便。须至呈者等情。据此，除批示外，合行札饬。札到，该　仰即饬统计处查照前开各项，除遵照各司道札发通则外，凡一切规章，依类汇齐，并注明曾否呈准公署与订定年月。以文到之日起，限三月内径送调查局，以备纂辑，勿得延误。切切。此札。

呈送缮就行政规章二册请札发谘议局文

为呈送事。窃职局于九月二十四日奉宪台札饬，将调取各处行政规章呈送一分〔份〕，以便发交谘议局等因。蒙此，当即督饬该科股员，凡已经调齐之章则赶速照缮。惟各项行政规章,卷帙浩繁,猝难备办,因将民政一类共计二册,先行缮就,呈候札发。此外各项章则,俟分类缮齐后,再随时陆续呈报。所有先行呈送民政类章则缘由,理合备文申送宪台查核札发,实为公便。须至呈者,计呈规章二册。右呈督抚宪。

呈送缮就财政等类单行章则请札发谘议局文

为呈送事。窃查职局于六月二十二日奉宪台札开,据谘议局呈请清理本省单行章程规则一案,饬前次如有漏送及未经抄送者,速即缮呈,以凭札发等因。蒙此,当即督饬该科股员将调取各处行政规章,赶速照缮,现将财政、交涉、军政、司法、交通五类,共计五册,均经缮就呈请札发。此外,教育、实业、旗务等类,俟缮齐后再行陆续呈报。所有缮送财政、交涉、军政、司法、交通各项章则缘由,理合备文申送宪台鉴核施行。须至呈者,计呈财政类、交涉类、军政类、司法类、交通类共五册。右呈督宪。

呈送教育实业等类单行章则请札发谘议局文

为呈送事。窃查职局于八月初七日缮送谘议局各项单行章则,业将财政、交涉、军政、司法、交通五类呈请宪台札发。八月十四日蒙批,呈、册均悉,候札发谘议局查照,缴,原册五本存发,等因在案。兹更缮就教育、实业、旗务、蒙务、吏政五类计共六册,凡本届应行报告宪政编查馆之件,均已一律完竣。嗣后调查所得,凡关于单行规章,容再陆续呈送。所有缮送教育、实业、旗务、蒙务、吏政各项章则缘由,理合备文申送宪台鉴核施行。须至呈者,计呈教育类、实业类、旗务类、蒙务类、吏政类共六册。右呈督宪。

呈请札饬各司道局处缮送行政规章文

为呈请事。案查职局于宣统元年五月禀请宪台札饬各司道局处将行政规章录副送局,业蒙批准在案。兹届年余,各司道局处之按月录送副本者固属不乏,而迄未缮送与旋送旋辍者,实居多数。拟请宪台札行各司道局处,嗣后凡关于筹办新政随时发生之种种事件,所有一切创办暨改订规条,仍照前录送职局,以备编辑,而资呈转。是否有当,理合备文呈请宪台批示祗遵,实为公便。须至呈者。右呈督宪。

[节选自《奉天调查局公牍摘要初编》卷上,奉天调查局编,宣统二季(1910年)庚戌孟冬上澣排印版,日本京都大学人文科学研究所图书馆藏。 本篇标题为编者所加。]

奉天调查局法制科续拟调查问题总目

奉天调查局续行调查本省民情风俗条目
民族之类

(甲)土著

一、土著之人有无世家(如科名显宦类)、大族(如族系蕃衍类)、富户(财产在十万元以上者)等类、户各若干？宜分别填报。

二、土著贫、富两等以何项为最多(宜调查其确数)？其致富、致贫之原因何在？

三、土著之贫者作何生理(如业工商等类)？极贫者有无谋生活之法？其方法如何？以何项为最多？

四、土著民人有无品行端方足资表率者？其所措置公众是否赞成？

五、境内民人除务学外，城镇人多习工商，乡屯人多习农务，有无城镇人不习工商，乡屯人不习农务者？其人数多寡，宜分别填报。

(乙)忠孝节义

一、有无公忠体国之名臣(不论存殁，一律调查。曾经赐谥建立专祠者，更宜详为填注。惟事实经付国史馆者不必填注)足以流传不朽者？其姓名、事实宜分别填报。

二、有无事亲尽礼之孝子为全境人所景仰者(不论存殁，一律调查)？其姓名、事实宜分别填报。

三、有无贞烈妇女为乡里所称颂者？其姓名、事实宜分别填报。

四、有无具真实学问不求闻达，或赋性瑰异其行事不近人情者？

(丙)残废与不法者

一、境内残废之人(如聋盲瘖哑及跛行之人)共有若干？有无教以工艺俾自谋生活之法？

二、有无包揽词讼、习为讼棍之人？

三、有无欺侮良懦、遇事诈骗、习为地痞之行为者？

四、有无聚睹〔赌〕抽头、为不肖差警所庇护以致无人敢举发者？

五、有无恃强武断、人皆侧目、无敢与之抗违者？(宜秘密调查。)

(丁)客籍

一、客民入籍者以何处人为最多？其人系以何事为生活？(或工或商，宜分别填注。)

二、由外省外府县而来者，其原因为何(或因业工商而来，或因避难而来)？以习何项事业者为最多？

三、寄居人有无不事家人生产、游手好闲者？其人数多寡(现正办理清乡事，此项人数最宜切实调查)宜详为报告。

四、寄籍人有无聚睹〔赌〕藏奸、贻害地方，甚至勾通外来游民作种种不法行为，或流为盗贼者？(宜秘密调查，详为报告。)

五、公摊款项办理地方公益事件，客籍人所摊之款往往较土著为多，有无此等摊派不公之习俗？

六、客籍之人有无受土著欺侮以致互起冲突者？

七、与邻境毗连之村屯，每为盗匪藏匿之所，此等村屯共若干处(勿论土著、客籍所寓居者)？宜切实调查，详为报告。

(戊)外国人

一、外国人寓居境内者共有若干户(或传教，或经商者)？其与本境人之感情若何？

二、有无外国人护庇私党(或教友，或商伙，或役使人)与本地人屡起冲突，以致干预词讼之事？

职业之类

(甲)农业

一、境内之民是否多以农务为生活？一夫每年可耕若干亩？普通收成每晌地所收入者可食若干人？

二、奉省地亩广漠,收数较多,丰年所收入者除预备自用外,有无仿古人耕三余一之法,以备荒年食用之惯例？

三、奉省耕种每年仅止一次,其农隙之日有无兼习他业者？所习之业以何项为最多？

四、歉收之年富家所储余粮除自用外,有无以余粮平粜接济穷民之事？

五、地亩除耕种外,有无栽植树木者？所栽植者系何种树木？能否逐渐推广？

六、有无务农之家兼习牧畜者？其所牧畜以何项为最多？

(乙)工业

一、工业之种类有几？其原料是否土产,抑或自外境外洋输入？民人趋重工业之情形若何？

二、有无新发明之工业？或就旧有工艺逐渐改良者？其销数是否日形发达？

三、有无模仿洋式制成用品为民人所利用者？其品类为何？

四、新制用品除销售本境外,有无输出外境外洋者？其销数衰旺若何？

五、所出土产有无经本境工人制成用品输出外境外洋者？其品类几何？以何项为最多？

(丙)商业

一、土货运输出境全赖商业(如本境人在外境经商,或外境人在本境经商),本境商业若何？其输出之品今与昔较其盈亏之比例如何？

二、本境商业共有若干类？各类共有若干人？其与外来商人感情若何？

三、外来商人共有若干类？其商业是否发达？较诸昔日衰旺之情形若何？

四、本境人经商外境借以谋生者共有几何？衣食之源是否皆以此为倚赖？

(丁)服公务者

一、境内有无充当幕友及司事书记等项者？其人品果皆端正否？

二、充当兵勇者是否良民，抑系无赖之徒？此项人归里时能否恪守规则？本地人有无轻侮之习？

三、书吏差役玩法舞弊之积习有若干种？以吏员得官、以差役致富者有无其人？宜分别查报。

(戊)劳动者

一、各项劳动者每日所得赁金几何？计一日所入能养赡若干人？

二、各项劳动者本境人与外境人孰多？

三、各项劳动者何时最忙？何时最暇？一年中工作几时？

四、妇女之劳动者系作何生理？每日赁金几何？以何项营业为最多？

(己)渔猎

一、渔猎区域有无官地、民地之分？如系官地，有无缴费领照之事？

二、渔猎之户各若干？其所获利益是否较前日见兴旺？

三、渔猎之人每年所获利益约能养赡若干人？

四、不能渔猎之时，有无兼营他业以为谋生之法？

(庚)杂业

一、有无习江湖医术者？此项人共有若干？其术业衰旺如何？

二、有无业卜筮星相者？社会之崇信若何？

三、代雇男女仆人有无作保抽用之习惯？

四、有无贩卖人口者？以何法查禁之？

五、凡细作，如剃头、修脚、成衣等类，计各若干人？宜分别填报。

六、无业之人，男、女、老、幼以何者为最多？约占居民几分？

七、无业之人有无习为偷窃赌博者？以何法查禁之？

教育之类

(甲)旧教育

一、旧有之书院、官学、义塾经费各若干?每年生息几何?现将此款提归何用?

二、向有之宾兴、公车经费各若干?每年生息几何?现将此款提归何用?

三、旧日之举贡生监自废科举后,其贫寒者以何业为生活?

四、停科举后旧学之人有无改习他业者?其改习之业以何项为最多?

(乙)新教育

一、本地管理学务人员是否热心公益?改良教育有无任意敷衍、专为博取薪水起见者?

二、学务改良后其效果如何?较未停科举之时,其学务是否日见发达?

三、人民对于学堂之感情如何?有无鄙弃学堂不令子弟就学之事?

四、各属设立女学堂若干处?有无顽固自守,不肯令女就学者?

礼俗之类

(甲)旌表

一、贞节妇女应请旌表,如贫家无力请旌者,有无代为请旌之事?

二、有无苦节奇行未经表扬之妇?

三、有无未嫁婿死守贞不字之女?

(乙)宗族

一、同族中有无鸠集巨款组织公益之事(如攀助丧葬、抚恤孤寡及兴学等事)?

二、敬宗收族之法如何?

三、孝子悌弟节妇,同族中有无优异之待遇?

（丙）祭祀

　　一、祭祀祖先民间沿用之俗礼如何？宜详细填报。

　　二、民间所崇奉之神有无列入祀典者？

　　三、民间供奉均系何神？有无淫祀之俗？

（丁）婚姻

　　一、有无男女自由结婚之俗？

　　二、婚姻嫁娶相沿之俗礼如何？

　　三、婚娶之不合于礼者共有几种？宜分别填报。

（戊）丧葬

　　一、丧葬相沿之俗礼如何？宜详细填报。

（己）节令

　　一、每年除端阳、中秋、年节外，有无特别佳节？其礼俗相沿若何？

　　二、每逢佳节必有庙会，藉此谋利者系何种人？居民有无受损害之事？

宗教之类

（甲）儒释道

　　一、中国最尊崇儒教，现尊崇儒教者较尊崇别项教者，其人数多寡？士绅中有无信从他教者？

　　二、儒教以孔孟为极，境内各居民有无供奉孔孟神牌之事？

　　三、遇孔孟诞日有无集合同人行礼之事？

　　四、奉省最崇信佛教，其信佛教者以何项人为最多？其崇信之礼俗若何？

　　五、道教久就衰微，现在是否犹有崇奉之人？

　　六、有无舍身剃度之俗及醵资以敬香者？

　　七、凡僧道喇嘛庙宇，其香火最盛者是为何庙？

八、有无不守清规之僧道？其不守清规者，乡众有无驱逐之事？

(乙)西教

一、入天主、耶稣各教之牧师、神甫有无干预词讼之事？

二、天主、耶稣各教，其盛衰之状况若何？男女之入教者各项若干人？宜分别填报。

三、居民对于各项教会，其称颂与讪谤者，孰居多数？

四、各项教民有无以教士势力与居民起冲突之事？

五、入外国教之人，其婚丧礼节是否与平民有异？其异者系为何事？

六、初入教时有无纳费？既入教后有何利益？其纷纷入教者原因何在？

(丙)杂教

一、奉天如在礼、混元等教名目甚多，入各项杂教者约若干人？宜分别填报。

二、各项杂教有无聚会之期？每年聚会几次？

三、入各项杂教之人，有无聚众滋事者？能否受地方官约束？

(丁)迷信

一、人民每易蛊惑神怪俗传谬妄之事有几？

二、居民疾病有无服神茶、神药之俗？

三、有无建醮、拜斗、驱鬼、降魔之俗？

四、人民有无扶乩之俗？为此者系何项人居多？

习尚之类

(甲)通常习尚

一、境内民人，其最尊重者系为何种人(如士绅、官吏、豪富之类)？

二、殷富之家，其储积余款是否多增田产，抑多存商店生息？有无出资建立公益之事？

三、境内民人是否好习勤劳，抑好耽逸乐？两项人孰居多数？

四、农隙之时，有无围山狩猎、寓尚武之习者？

　　五、往来馈送，相沿之礼俗如何？

(乙)特别习尚

　　一、家居陈设有无竞尚西式者？此种习尚以何项人为最多？

　　二、优伶演剧之事是否盛行？业优伶者本籍人多少？抑均系他籍人？

　　三、有无演唱淫戏、出售淫书淫画之习？官家有无禁阻之条？

　　四、卖淫之风盛否？有无规定娼妓之法？游狎娼妓者以何项人为多？

　　五、有无鬻卖子女之俗？其鬻质之原因何在？是否为贫所致，抑有特别之习？

　　六、有无盗卖谋买他人田产因以兴讼之事？

　　七、有无豪绅把持衙署欺压平民之俗？

　　八、有无蜚语中人、匿名揭帖之俗？

　　九、有无坐地分脏之窝户？

生计之类

(甲)饮食

　　一、通常食品以何为最重？极富之常食品为何物？极贫之常食品为何物？

　　二、通常副食品以何物为最广？极富之副食品为何物？极贫之副食品为何物？

　　三、消费品(如各种烟草茶酒等类)是否盛行？其关系于经济者若何？

　　四、嗜食鸦片已悬厉禁，现在犹有私吸者否？禁止种植，其鸦片之来源何在？

　　五、宴会通例，富者之丰俭若何？贫者之丰俭若何？

　　六、普通之饮食费，中等之家每年每人约占用若干？

(乙)衣服

　　一、境内民人，其衣服之华朴若何？华者以何项人为最多？朴者以何项人为最多？有无趋赴时尚之风？

二、冬令衣裘者多少？以何种皮货为通行之服？是否皆为土产？

三、妇女衣服向用何式？现有改用新式者否？

四、男女婚嫁必需之礼服，中人之家男家约需洋若干？女家约需洋若干？是否日见奢侈？

五、送死之衣，其领数有无定额？族亲有服制者，所用之孝服是否由丧家发给？

(丙)居住

一、民商居住之屋向用何式？有无摹仿洋式者？

二、乡屯之巨商富户，其严防盗贼之法若何？

三、修盖房屋木料、砖瓦是否产自本境，抑由外界输入？

四、建筑房屋价格如何？所费是否较昔昂贵？其昂贵之价格所差几何？

五、租赁房屋居住之民户多少？其价格较昔日如何？

六、商家租赁之屋，其价格日见昂贵，原因何在？

七、里门栅栏等是否完备？启闭有无一定之时间？有无守更之人？

(丁)用物

一、日用必需之器皿以何物为最通行？有无购置洋式器具者？

二、陈设玩好各件向以何物为贵？有无竞购洋货者？

三、购用东西洋器物者与仍用本国器物者两相比较，究以何者为占多数？

卫生之类

(甲)医术

一、境内医士是否经官考验允准者，抑系自行习医者？医士共有若干人？

二、内科、外科、小儿科、祝由科、针灸科、兽科等共有几种？有无未读医书即行治病者？

三、境内有无女医所擅之术？以何种为最多？

四、境内之稳婆共若干人？遇难产时有无应急方法？

　　五、有无官立牛痘局？习此术者是否中法，抑系西法？共有若干人？

　　六、有无官医及官家设立之医院？

　　七、有无外国之医士？请其诊治者人数之多寡如何？

(乙)方药

　　一、溺水、自缢、服毒、汤火、中风、中暑等急死症有无广告救急之方法？

　　二、有无常备之药品（如避瘟丹、午时茶、六神丸等类）或施舍或出售者？

　　三、有无秘制药品通行外境与外省者？

　　四、有无私售有碍风俗之药品（如堕胎等类）？官家有无禁阻之法？

　　五、有无外国人开设之药房及本国人贩卖外国之药品者？其商业之盛衰若何？

(丙)清洁法

　　一、城乡市镇各街巷向来有无清道之公款？污秽腐烂之物有无随地抛弃之习惯？

　　二、有无禁食病畜之命令？其未设屠兽场者，民人有无禁阻之习俗？

　　三、每日公共取用之水，其来源处民人有无保持清洁之法？

　　四、街巷设立厕所是否僻静之地？有无由公众派人涤扫之事？几日涤扫一次？

(丁)防疫法

　　一、瘟疫传染之先，有无先事预防之方法？其防疫之方法若何？

　　二、瘟疫盛行之时，街巷遇有患此症者，有无保护施救之事？

慈善事业之类

(甲)备荒

　　一、有无丰年前预筹备荒办法？其办法若何？向无此项善举者，现下有无提倡之人？

　　二、各属有义仓之处现存积谷共有若干？其变价者有几？款存何处？利息几何？

　　三、如遇歉收之岁，有无禀请官家禁止粮石出境暨禁止酿造之事？

(乙)赈饥

一、偶遇凶年,官家有无平粜之法？其平粜款项是否先时筹备,抑系临时凑集？

二、如遇凶年,富家有无捐助散赈之事？其捐助之数各若干？

三、如遇荒歉之年,有无办理劝捐赈恤之事？其劝捐之章程若何？是否量力欣助,抑系由于强迫？

(丙)救患

一、水灾为害,田地、房屋或被水冲没,有无赈恤之法？

二、遇有火警,被焚情形较重者,有无赈恤之法？

三、遇有盗贼抢劫之事,邻里有无鸣锣聚众互相救援之事？

(丁)怜贫

一、有无公众设立施粥厂与施舍棉衣之举？遇有贫民之死亡者,有无施舍棺木之事？

二、外来逃荒之流民,有无筹集公款以为安置之法？

三、有无施舍义冢之事？其义冢之广狭若何？共有几处？

四、妇人之贫而守节者,有无设立之敬节堂以为拯救之法？

五、男女幼孩之失所怙恃者,有无拯救之法？

六、有无养老养病与收养残废人之办法？

地方自治约禁之类

(甲)自治

一、办理自治之士绅是否公正之人？民众之仰望若何？

二、自治局办事之人有无遇事敷衍、不能热心公益者？

三、办理自治之经费,其来源何在？如系按户摊派者,有无勉强之情形？

四、办理自治是否遵颁发之章程办理？民人对于自治之期望若何？

(乙)约禁

一、约禁之成立是否必禀官存案,抑仅凭公众承认?

二、约禁之种类属积极者共若干种(如振兴学校、增进实业之类)?

三、约禁之种类属消极者共若干种(如严拿盗贼、驱逐娼妓、禁止赌博之类)?

四、约禁之事有无禁止奢侈,一律设立崇俭会之事?其设会之效果如何?

奉天调查局续拟调查地方绅士办事习惯条目
绅士之选任

一、绅士被选之原因何在?或有财产,或有学识,或有经验,或继先人办理者,宜分别查填。

二、被选之绅士,或曾经服官,或有公正名誉,或在学堂毕业,或有举贡生员以上之出身者,亦宜分别查填。

三、被选之绅士,或并无以上各项之资格,只以地段所限,别无当选之人,不得不以该绅承乏其间,其办事果能热心公益否?

四、已经破产或被刑事处分者,是否仍干预地方事宜?

五、曾经服官被参革之绅士,有无仍在地方办理事宜者?

六、办理地方事宜,客籍绅士是否与土著有同享之权利及同尽之义务?

七、客籍绅士办理地方公益有无限制之条(如住本地须若干年,或有若干财产之类)?

八、由官委任之绅士,或为舆论所不服,是否即行撤退?

九、由民人票举之绅士,如官不承认,是否以官吏为转移,抑以民人为趋向?

十、其由官委或民选之绅士,有无辞职不就之习惯?其辞职者,官家以何法处置之?

十一、任事期满之绅士,或为官所倚任,或为众所推许,有无继续办理之习惯?其继续有无期限?

办事之经费

一、地方办事经费是否有开办临时、经常等名目？其经费各若干？宜分别填报。

二、办事经费是否于每月初开具预算表，岁杪开具决算表呈请印官及众绅公共稽核？

三、办事经费如有赢绌时，各绅士有无暂时通融、挪移弥补之法？

四、所有收入款项系如何存储？有无设法生息以为增进余利之计划？

五、所有支出款项是否按月、按季册报官府察核？或榜示公众以昭信实？

六、凡筹集款项是否由公众乐输，抑或有强派勒捐之事？

七、办事绅士必有规定之薪水，有无不受薪水者？不受薪水之绅士，其办事是否能尽义务？

八、各项办事之绅士，其薪津各若干？此外有无夫马等费？其数目各若干？

九、办公之屋宇地基是否公产？或租赁？或购买？或捐置？一切修建费是否崇尚华侈，抑系因陋就简？

十、绅士所办之事有无加抽税捐充入各项公益经费者（如办理学堂、巡警等类）？其数目若干？

十一、有无罚款充入各项办公益之经费者？其历年各项充公之经费共若干？

办事之权限

一、地方官办理应兴应革事宜，绅士是否与闻？与地方官有协同会议之权？

二、权限内应办之事，如遇有窒碍或阻挠以致不能执行者，绅士以何法处理之？

三、不属于权限内之事，而其事确于公共事宜有利益者，是否可自由办理？

四、对于公共财产遇有变更时，是否由绅士议决，抑必由官府许可始得议决？

五、绅士办理地方公益，是否准其兼营他业？如兼营他业，是否须禀明官府，俟认可后方准兼营？

六、办事绅士有无盘踞局所、把持公事、干涉词讼、武断乡曲之习惯？

七、分司其事之办理公益者，是否由总司其事之人任用，抑必禀明官府，经官府许可始得任用？

八、每年办事所用之款以及薪工数目，是否由总司其事者自由规定，抑必禀明官府公同议决？

九、办事绅士是否常川住局？其不能常川住局者，是否由总司其事者派人轮流住局经理一切？

办事之责任

一、共同办理一事之绅士，如中有不能常川到局者，其所负责任与常川到局者是否一律？

二、绅士办事或有舛错，众绅士是否同负责任？其于舛错之事应如何救正？

三、办事绅士如有死亡者，其生前经手款项倘赔累无着，是否责其子孙如数赔偿？

四、绅士中之一人所管理之款项，如亏累无着，而本人业经死亡，其子孙复无力赔偿，同事之人是否有连带负担之责任？

五、绅士办理权限内应办之事，如有损害及于他人者，是否有赔偿之债〔责〕？其赔偿之款由何人担任？

六、绅士办理非权限内应办之事，如有损害及于他人者，其赔偿之款是否由经手办理之绅士自行担任？

七、办事绅士因尽职务以致本身生有损害，有无由公众设法补救之习惯？

办事之功过

一、绅士办理地方事宜，其开办时曾否由官家定有记功过章程？

二、绅士办理公益事件，如果卓著成效，是否由公众禀请官长分别奖励，以资鼓舞？

三、绅士创办公益,令地方受无穷之之利,其地方士民有无特别记念(如送匾额之类)？其记念系用何方法？

四、地方积弊经绅士禀官革除,有无公议优待其人之习惯？其优待之法若何？

五、绅士贻误公事致公众受莫大损害,有无公禀官长照例惩处之事？

六、绅士办事倘有破坏已成之局,致公家受无形之损害,经官长查知,有无惩处之法？

七、绅士办事如有罔利营私,经官长察觉,或被公众告发,有无惩处之法？

八、绅士办事如有才力竭蹶以致荒废公务者,经公众禀明官家,以何法处理之？

绅士之交替

一、绅士交替之时,所有经手事件、应造清册、交接办之人,有无含混之习惯？

二、旧管理者当交付款项时,对于新管理是否直接交付？有无禀明官长及协同公众稽核之习惯？

三、旧管理经理公众财产,当交替时如有不便实时稽核者(如积款、义仓等类),以何法交付之？

四、旧管理经手之款项,当交替时如有交代不清,新管理不肯接收,官长以何法处理之？

五、旧管理经管之事件,当交替时如有危险之情形(如积谷将近糜烂,或公产有将倾圮者)而新管理不肯接收,有无处置之习惯？

六、旧管理经手借出存储之款项,如其时不甚稳妥(如存放商家之款,该商亏累殊甚,本利将近无着),交替后,旧管理有无定有担任之限期？

七、旧管理经手之事,交替后如有发生之损害,旧管理是否仍负责任,抑全归新管理承担？

八、新管理接收之后,如将旧管理经手事件查出种种情弊禀明官长及告知公众,有无处理之法？

续拟调查诉讼事习惯条目

诉讼之多寡

一、呈词分二种,有诉讼人口说事由、嘱官人代书者,有自来呈稿、请官人抄录者,二者孰多孰少?

二、每告期呈、禀各有若干张?每月以刑事、民事分计,何者居多数?

三、该处呈控是否一律须用官纸?较诸未用官纸之先,诉讼有无减少?

四、准控后,两造能遵期到案者约居若干数?

五、该处所属乡镇每告期以某乡某镇诉讼为最多?

六、该处喊禀及拦舆之习惯若何?

七、诉讼人每有临时雇人抱告,或称家丁,或冒亲族,不肖之徒亦藉此为生计,该处此等之习惯若何?

诉讼发端之原因

一、诉讼之起,每因奸徒串结衙门,或诈骗财物,或报复私仇,该处有无此种恶习?

二、无赖棍徒往往事不干己,捏词兴讼以为诈索财物地步,该属有无此种习惯?

三、有无书吏蠹役包揽词讼之习惯?

四、该处有无控告官长幕友以及张贴揭贴之习惯?

五、办事绅董及学堂教员学生有无喜涉讼事之习惯?

诉讼发端之规费

一、诉讼发端,除遵章领买官纸外,余若承发房挂号之费共需几何?

二、凡告状人歇家有饭店为之者,有署中书役为之者,有劣绅讼棍为之者,该处以何等人为多？索费几何？

三、诉讼者每于发批时不及等候悬示，先托承发房抄阅，其费用几何？

四、喊禀及栏舆有无规费？其费各需几何？

五、传呈及提批有无规费？其费各需几何

民事诉讼之习惯

一、民事诉讼如婚姻、房田、索债、争继等案，该属以何项为最多？

二、负债之诉讼有无虚捏债款及罗织中人保证之习惯？

三、婚姻之诉讼有无捏造婚书聘金之习惯？

四、田土房屋之诉讼有无侵占邻地邻屋之习惯？

五、中证人之备质是否自行投到，抑须差传始行投质？

六、有无捏列多名指控及差传并无其名者？

七、有无被人列名控人而自请摘除之习惯？

八、有无缠讼不休永不投质之习惯？

九、有无当堂抗辩坚不遵断之习惯？

十、有无当堂已定之罚款抗不呈缴之习惯？

十一、报告遵结之案，有无本人仍行呈请覆审之习惯？

刑事诉讼之习惯

一、命案有无既经呈报，旋请免验之习惯？

二、命案有无以钱财贿属苦主私行和息之习惯？

三、以自尽图诈或移尸陷害平民，有无此种恶习？

四、绅董送匪送凶，有无挟嫌诬枉情弊？

五、被劫之事主，有无因挟嫌指某为盗或窝藏者？

六、悬赏缉匪费出于官，有无由事主呈缴花红之习惯？

七、盗犯有无狡供及诬攀多人以泄私忿之习惯？

八、有无买盗攀供冀遂其挟嫌之谋者？

九、有无故匿其妻女而诬控被人诱拐之习惯？

十、抢孀逼醮之案，其举发是否限于夫党母党？

十一、刑事案犯有无终年拘不到案，以致案悬不结之习惯？

十二、勘验命案有无当场拦验以及滋闹之习惯？

十三、被劫之家有无浮开失物饰词耸听之习惯？

诉讼审讯之习惯

一、未经审讯之先，有无由书差得贿先自教供之习惯？

二、审讯之时，招房录供有无私行增减供词之习惯？

三、审讯之时，招房差役有无暗中教供之习惯？

诉讼监押之习惯

一、犯人进监及入待质所时，有无纳费于监守人之习惯？其费用各若干？

二、监狱内相沿有"牢头"名目，是否以在监最久之犯充之？凡新收禁人有无纳费之习惯？其纳费有无一定之数？

三、监禁人犯有无私留眷口在监住宿及私开小押之习惯？

四、有职人经人诉讼审实后，有无不受拘留之习惯？

诉讼和解之习惯

一、讼经和解后,其争讼时之一切费用是否两造匀摊,抑原告人或被告人独任之?其习惯若何?

二、两造情愿和息者,是否各将和解办法具禀存案,作为销案?

三、讼经和解后,两造中证有无酬谢之习惯?

四、讼经和解后,两造于丁役应纳之费有无增减之习惯?其增数约若干?其减数约若干?

诉讼上控之习惯

一、案已审讯,有无因讹诈未遂,希图缠讼上控者?

二、案已审讯,有无被人唆使上控,希图挟制官长者?

三、案经准理后,有无被告情虚畏审,辄行上控,妄冀幸免者?

四、上控之案,有无本地讼棍住省住府,专以包揽词讼为生理者?

五、上控之案,其发回原衙门覆审者,有无不遵覆审之习惯?

续拟调查民事习惯条目
人事类

民人

一、人以若干岁始得为成年?如未达成年之期或有重要行为(如合资营业售买等类)未经该父母许可,是否作为无效?

二、未成年者有借贷行为,虽未经父母许可,然确为正当行为,该父母是否代为偿还?

三、未成年者之借贷行为如未经该父母允许,有无俟成年后加利索偿之习惯?

四、心神丧失者(如疯癫痴呆之类)或浪费者,其家属未预为声明,倘与人有交涉事宜,其习惯办理之法若何?

五、心神丧失者或浪费者,其家属已预为声明(如禀官立案或广告周知),倘与人有交涉事宜,是否作为无效?

六、他人不知其心神丧失而误与交涉,及事后始知者,其行为是否作为无效?

七、心神丧失者或浪费者,如被人引诱作不正行为(如冶游、赌博等类)失去财产至巨,其家属可否向引诱人追还?未付给者能否作废?

户籍

一、清查户口,民间有无互相隐匿之习惯?

二、不知来历之人(如弃儿及卖婢妾之类),其籍以何者为定?是否以抚养者为定?

三、外籍之人随母改适,是否以改适之籍为籍,抑仍列入本地之籍?

四、外籍之人为人赘婿及为嗣(如有女无子并无近支,以赘婿为嗣者),或养子(以异姓之子为子),是否可列入本地之籍?

五、赘婿、养子业经入籍后,或离婚(赘婿回籍)、离缘(养子离宗),是否仍准回原籍?

六、无夫之妇,未嫁之女(如父母已亡只有此女之类),如无亲属人,是否得为户主?

七、幼孤及失踪者是否即以代理人(如幼孤即以受托孤者为代理,失踪者即以经理其家产者为代理)为户主?

八、外来执业不正之人(如娼优、隶皂是),有无不准入籍之惯例?

九、外省流寓之人已置有不动产(如田宅之类),是否须住本地若干年始准入籍?入籍时有无特别限制之例(如捐金入籍之类)?

十、新立学堂有无限制外籍人不得入学堂肄业之例?

十一、从教之人(从天主、耶苏〔稣〕等教)原系本地户籍,有无强迫出籍之习惯?

十二、他国人丧失国籍(如现在之朝鲜人),有无不呈报官署竟自冒称入籍之事?

失踪(久出未归、生死不明者)

一、失踪者无父母兄弟妻子,其家产应归何人代为经理?

二、失踪人日久不归，计年当已死亡，其家产有无充公之例（如归宗祠或学堂之类）？

三、失踪人之家产年久失散，如失踪人复归，有向经理人索偿之习惯否？

四、失踪人年久复归，如家产业经充公，有无如数给还之例？

五、失踪人之家产经其亲族人管理，管理人之权有无限制之法？

六、失踪人之妻须经若干年方许改嫁？有无经官立案之习惯？

七、失踪人年久不归，其已聘未娶之妻，是否须至若干年不归，经官立案方可另行择聘？

八、已聘之妻如有失踪者（如因丧乱散失，或随母家远行未归）须至若干年不归，其夫始得另行聘娶？

代理

一、幼孤人之家产应归亲族代理，如无亲族或亲族有干没情事例须改易者，应归何等亲戚代为管理？

二、亲族暨亲戚之代幼孤人管理家产者，其权有无限制之惯例？

三、幼孤者之代理人须至何时可消灭其代理权？有无一定之习惯？

四、幼孤者之债权，债务代理人有无代为收回、代为偿还之惯例？

五、幼孤者之田地房屋，或买卖租退，或改良修葺，代理人是否可自行主持，抑必协同幼孤人之族亲办理？

六、代理人如管理不善或有侵吞情事，有无由亲戚举发将该代理人辞退，另行选择之习惯？

七、代理人有不得已之事不能代理（如有疾病或远行等事）须另选代理人，可否由代理人荐人自代，抑必由亲族选举？

八、幼孤及疯癫痴呆之人，如有自行与人交涉之事（如积股或借贷及出资营业等），代理人可否禁阻其行为？

九、幼孤者经亲族为之代理，如幼孤者成立后查知代理人或有侵吞情事，有无向代理人索偿之惯例？

宗族

一、族长例推辈尊年长者充当,如应充者或有废疾或执业不正不能担任,有无另选尊辈中之年齿稍次或品位较崇者充当族长之习惯?

二、族中抚养异姓之子,如其人行辈较尊或才具优长,有无可以充当族长之惯例?

三、族中有行为不正之人(如业优娼及为匪之类),有无勒令出族之习惯?

四、违辈族规之人,其处罚之法是否由族众公议,抑由族长一人处理?

五、族长如有侵吞公款情事,经合族察觉,有无由公众索偿之法?

六、族中人得与会议族事者有无限制之条(如男必成丁后方可与议之类)?其限制之法是否由族长订定?

七、同族人出继他姓者,遇有应行会议之事(其事与本生父母兄弟有关系者),是否尚有协同会议之权?

八、新认远代同族之人所有享受权利与担任义务,其与族人有无区别之习惯?

九、族中公产使用收益之权(如出疑及收租收息之类)是否由经理人专主,抑必得族众之同意?

十、曾受族产抚恤之人及成立后家境充裕者,有无应尽特别义务之习惯?

承继

一、族中有须继子为嗣者,而应行承继者有二人(如长房仅存一子,不能出继,次房、三房均有二子,互相争继),其先后次序以何为定?

二、不依应行承继之次序以择爱择贤为嗣者,是否须经亲族之公允?

三、有无以子孙承继他人?其祖若父亦得收受抚养费之习惯?

四、承继子已历多年,有无因子媳不善奉养,令继子归宗另继他子者?其习惯之办法若何?

五、大宗无嗣,小宗仅有一子,有无由大宗另继远族子为嗣之惯例?

六、大宗无嗣,小宗之子亦可承继外姻否?

七、兼祧之子复生一子,是否仍承两支,抑只继本支?其一支另为择嗣习惯之办法若何？

八、兼祧者对于两房之父母亲属，其关系及称谓如何？

九、本族无人承继，或以姻戚之子为嗣（如姊妹之子或妻兄弟之子之类），有无限制之习惯？

十、外姻承继者对于本生父母之亲属，其称谓及关系若何？

十一、为外姻承继者有无以所生之子仍承继本宗之习惯？

十二、收买异姓子为嗣，本族人及其亲属有无不认为同族，不与往来之习惯？

十三、异姓承继之子，如行为不正被族人驱逐，有无分给家产之惯例？

十四、抚养异姓幼子并以为嗣，此子成立后极有进步，倘悔继归宗，其继父母有无阻止之例？

十五、异姓承继人在嗣父母家娶妻生子，旋因悔继归宗，有无留承继人所生子为嗣之例？

十六、收买异姓子如归宗时，除偿还原价外，是否须另酬抚养费？

十七、异姓承继人不堪嗣父母之虐待，有无准其邀请公众会议悔继归宗之例？

十八、收养异时〔姓〕子向不知本生父母为谁何，后经其父母认明、欲求归宗时，其习惯办法若何？

十九、有无以奸生子为嗣之事？

家产

一、无子嗣者又无同居之亲属人，其家产应归何人承受？

二、所负债务过于承受之家产，有无由承产人请众公议或经官立案，尽家产减数摊还永远了结之例？

三、析产分配时，大宗之子与小宗之子及庶子或无子之寡媳，有无区别重轻之习惯？

四、析产分配时，被出复归之子与怀胎未生之子及未嫁之女，有无同分家产之例？

五、析产分配时，如有赘婿或奸生之子，是否亦有分受家产之习惯？

六、析产后，有无因分配不均另行要求族亲重分之惯例？

遗嘱

    一、病革时口头之遗嘱以何者为证据？

    二、平日笔载之遗嘱，如无公证人在场能否有效？

    三、笔载之遗嘱，如有子远出并未见闻，其在家之子或添注涂改，其遗嘱仍得有效否？

    四、未生之胎儿，如其父有遗嘱，此子既生后是否能同享权利？

    五、病革时遗嘱如系乱命（如出妻卖子之类），承嘱人有无必为遵守之习惯？

    六、病革时之遗嘱，如将财产仅与一子或二子，其他子不遵守时，习惯之办法如何？

    七、出嫁之女、出继之子，遗嘱与承继人同分家产，承继人如不遵守时，有无习惯之办法？

    八、无子承继，亦未立嗣，遗嘱以家产与亲生之女，同族中有无抗议不从之惯例？

    九、病革时之遗嘱托孤非人，或受托者不愿担此责任，有无由同族更变遗嘱之习惯？

    十、生前被出之子病革时遗嘱准其归宗，承继人不遵遗嘱，其习惯办理之法如何？

婚姻之成立

    一、父母为子女主婚，是否须得子女之同意？

    二、请婚之先，有无由主婚人互相子女之惯例？

    三、无父母之人或父母远适仅有远支或姻戚者，习惯上应由何人主婚？

    四、有无指腹为婚之俗，其效力若何？

    五、结婚所纳之财礼，如男与女或有死亡者，有无退还财礼之习惯？

    六、除亲友作伐外，有无专业媒妁之人？其谢礼通常若干，有无一定之例？

    七、纳聘礼者通常所用何物？用银钱者系何等人？其数目至多若干？至少若干？有无定例？

    八、嫁女之妆奁除衣服首饰外，有无以银钱田房作妆奁之习惯？

    九、同姓不同宗者，有无不相结婚之习惯？

    十、有无至戚不结婚之例？其不结亲者系为何等至戚？

    十一、虽系异姓实有血统之关系（如同族人出继异姓者类），有无禁止结婚之习惯？

十二、有无与外国人结婚者？其结婚者系为何国人？

婚姻之变例（如童养媳、再醮等类）

一、童养媳受其翁姑抚育，其父母有无补助养育费之例？

二、童养媳完娶时，是否由其翁姑向其父母商允始行完娶？

三、童养媳未经完娶而夫死另行择嫁时，是否由其抚养之翁姑主婚，抑由其父母主婚？习惯之办法如何？

四、有无因无子为女招婿，即以赘婿为嗣之习惯？

五、以养子为赘婿者，如行为不正，有无由其妇迫令归宗之习？所生之子女如何办理？

六、再醮之妇如无翁姑主持者，是否必须夫家亲属及母家亲属之许可？

七、妇再醮时有无收受财礼之例？其财礼是否专属夫家，抑母家亦可一例收受？

八、妇再醮后其夫又死且无子而贫，前夫之子欲迎养其母，同族对于此等事，其习惯之办法若何？

九、妇有遗腹子，是否须俟分娩后方许再醮？知遗腹子生于再醮后，究将谁属？有无日月之限制？

十、妻死后有无以妾为妻之惯例，抑或别有限制之法（如娼妓不准升正室之类）？

婚姻之离异

一、结婚之后有无因男子游荡失业或生事犯罪，由妇家悔亲改聘者？或女有丑行，由夫家悔亲改娶者？其办理之法如何？

二、订婚约后始知夫家已有配偶，女家得要求废婚约否？习惯之办法如何？

三、结婚时如有隐匿情事者（如年貌不符及残废痴呆未明言者）及成婚后始行发见，有无请求离婚之习惯？

四、妇初孕而遭离婚，夫初不知，及改嫁后生子，离婚之夫家与改嫁之夫家生出轇轕，则子将谁属？

五、立退婚字据是否须夫妇同意并两家亲属同意？有无与媒证同行签押之习惯？

财产类

邻界

一、田地、房屋相邻之界线，往往因此互起争端，其习惯究以何为证据？

二、建造房屋檐头，例不得与界线相齐，其应行缩进之界线至少以几尺为度？

三、甲与乙之田地均为水所经流之处，而利害迥别，如被害者变更水道时，是否须甲乙同意？

四、甲乙之地均被水害，然被害有轻重之分，如会同修浚时，其费是否均摊，抑按受害之轻重分摊？

五、乙住甲之后院，遇有重要事件（如婚丧之类），非通过甲之门户不可，是否须经乙之允许，抑可任意经过？其通行有无限制之例（如夭殇秽物不准出入之类）？

六、建造楼房所开之窗户，如能窥见他人室家，邻人有要求添设屏幛之惯例否？

七、甲乙接界之山林地，如有自生自长之树木剪伐时，应归何人所有？其惯例如何？

八、甲因修筑甲界内之墙与堤堰以致破坏乙之墙与堤堰，而乙之墙与堤堤〔堰〕已先有倾倚之势，甲代修葺时，是否乙亦须出贴补之费？

九、甲乙接界之墙共约二丈，内有一丈系甲之屋墙，遇有全行坍塌时，甲则急于修筑，乙因无款且可暂缓，其习惯办理之法如何？

共有

一、凡共有物而一人欲用其全部时，是否须经各共有者允许？如因使用而有损害，是否应担赔偿责任？

二、共有之不动产如有必须应纳之费（如房屋修葺、地亩纳租之类），倘内有不纳费者，先由何人代垫？日后如何索还？

三、甲乙共一出租之房屋，至修葺时，甲不纳费，乙代输纳，可否于收租日由乙扣留甲应摊之费？至代纳此项费用有无利息？

四、共有之房屋一人因婚丧事而修理之并自出修理费，日后可否向各共有者要求公摊修理费？

五、处分共有物时，如主张处分者居多数，间有一二人不承诺时，可强为处分否？

六、凡属共有物，主张处分者与不主张处分者各得其半，当孰去孰从？

七、共有物之分割，须共有者协议，设一人外出不能遽归，是否必俟本人主持，抑可由他人代为主持？

八、共有物未分割以前，设共有中之一人将一已应分之一份先抵押于他人，分割时将如何办理？

九、共有之财产向有不许分割之约，假使中有一人因困乏之故，必须以已应分之物易钱，前约能否作废，抑别有习惯办法？

十、共有物之必须保存者，如其物只有一件，是否须经共有者公推一人保存？若有损失时，是否须保存者赔偿？

抵押

一、抵押契据（如田房契约类）是否必须税契？如未税契，遇有纠葛时，此契是否可作凭证？

二、抵押田房，是否须由业主写立契据交押主收执方可作证？有无必须将原契一并交付押主方可作证之习惯？

三、抵押之物如押主转押他人，其价格逾于原额而押主死亡，倘业主回赎时如何办理？

四、以动物抵押于人，有无凭据及中证人？如无凭证，日后回赎或原物不符（如珠玉容易调换之类），其习惯之办法如何？

五、以不动物抵押于人，凡保存之费（如房屋修缮之费）押主已于价额内作扣，如日后回赎，押主并未保存，殊于原议不符，将如何计算？

六、质物必有期限，如限满无力回赎，由业主要求展限，有无将利尽数偿还、另易票据之习惯？

七、质物如有毁失时（如被水火之类），原主回赎无物交还原主，押主应负赔偿责任，其价格应如何计算？

八、以不动产先押于甲，复押于乙，甲虽在先，仅执有押契，乙虽在后，而执有原买契，遇此项纠葛，是否以先后为序，抑以原买契为定？

九、以地出押于人，原议以地之出产为利息，如未届出产时期（如麦禾未收获之类）将地卖于他人，有无由押主另索利息之惯例？

十、抵押之物原定利息较重（如四分、五分之类），届期回赎无力，纳此重利有无减少利息之习惯？

十一、抵押之不动物历有年所，嗣经押主转卖于人，虽已税契，如原业主回赎时，买者是否作为无效？

十二、甲以物抵押于乙丙二人，如甲不能回赎，须以变卖之价抵抵押之价，而卖价又不敷乙丙抵押之数，有无减数回赎之例？

十三、以他人物抵押者，届期不能回赎，以致丧失抵押物，抵押人例应赔偿，其赔偿之价格以何为定？

十四、物主央中人以动物押过当之价额（俗名为信当，以百元物押二百元是），如届期无力取赎，中人应负责任否？有无由中人补偿之例？

十五、以他人之契约或共有之契约抵押于人，如不通知他人及共有人，有无准其抵押之习惯？

十六、以曾经税契之约抵押于人，如押主有遗失时（如被水火之类），其补领官契之费是否押主担任，抑由两方面分担？

十七、以重要之证据（如部照文凭等类）抵押于人，如遇有遗失时无可赔偿，其习惯之办法如何？

债务

一、以放债为业者，每月收取利息有无过三分之习惯？

二、借债时约定偿还期限，如未届期而先还其利息，是否按月计算，抑仍照原定期限计算？

三、有期限之债务,如有债权者因不得已之事故预期索偿,负债者可拒绝其请求否?

四、约期偿债,如届期仅偿原本,未村〔付〕利息,原立之契据,负债者可否向债主索回其所欠利息?如何办理?

五、偿还债务时,如仅还原本未付利息,以致未能将契据索回,有无持原契重索本利之习惯?

六、负债者如无证据并无保证人,而身已死亡,子复幼少,有债权者如向幼子索偿时,以何为证?

七、负债者届期抗不还债而却有放贷之款,债权者可否迳向其放贷之户直接拨兑?

八、有债权者于保护自己权利可否有干涉负债者之行为(如负债者丧葬奁嫁从丰,债主从而阻止之类)?

九、负债者如定期以某货偿债,届期货价低落以致债数不敷甚巨,通常之办法如何?

十、如一人负数人之债,而债权中之一人或曾欠负债者之旧债,且为数甚巨,负债者可以此债抵数人之债否?

十一、负债者虽系己身借贷之债而家已破产,身已死亡,又无子嗣,其同居之兄弟是否担连带之责任?

十二、债务年久,利息远逾原本,偿还时应如何办理?有无减少利息之例?

十三、借主指定某项产业还债,经债主允许,如某产毁损(如房屋被火焚之类),债主可否责借主以他物补偿?

十四、有债权者托保证人索债,保证人例须通知借债人。如借债者出外年久,且不知其行踪,有无习惯办理之法?

十五、借债者以他人之物作押,如债主有毁损时,负债人对待物主将如何核算?有无由债主赔偿之法?

租赁

一、定期租物先纳租金为数甚巨,如半途退租时,所余租金是否由物主按月缴还?

二、约定租赁田宅先付定金若干,如租主忽欲废约不欲租赁时,此项定金有无退还之习惯？

三、租佃荒地每年定有租价若干，如历年垦辟荒地所得利益不敷租价以致不能付租或付不如数，此等事有无习惯办法？

四、以租地采取植物矿物，并立有年限者，如原定租价甚薄，其后利益甚厚，有无由地主另行增租之习惯？

五、租赁房屋，如租主将房屋毁损（如不慎以致被火等类），虽已勉强允为赔偿，其租金是否仍宜按月缴纳？

六、租主无力缴纳租金者，可将其附属于田宅之什物变卖充当租金否？

七、租赁田宅立有一定期限，如期内田房租价腾贵，有无要求增加租价之惯例？

八、租佃田宅立有定价，如由租佃者转租他人，价额较重原价，业主有无不允之习惯？

九、租主代业主出资修缮房屋，言明按年由租价内扣除，如业主半途将房屋典卖他人，租主所出之修缮费是否由业主如数偿还？

十、租主于房宅内添补工作物（如门窗之类），退租时是否由租主撤回，抑由业主备价收买？

十一、租佃田地，如将届收获时地主如欲退佃，遇此项事其习惯之办法如何？

十二、山林田园换租时，存于其上之利益（如成熟之瓜果、麦谷、菜蔬及山菌等类）应归何人所有？

雇佣（为人服劳受报酬者统称为雇佣，故分为劳力雇佣、劳务雇佣两项）

一、定有期间之雇佣，期间内因物价腾贵，不足供生活之资，可要求雇主增加佣金否？

二、佣者因服劳得他人馈赠，有无归入佣金计算之例？

三、佣者出资以助雇主营业者，有无于佣金外分取雇主所得利益之习惯？

四、商事雇佣有无于佣金外兼分红利者，农事雇佣有无不给佣金只予以谷物者？

五、商事雇佣之佣金有无不以时日计算，仅以经手售货之多寡为佣金之比例者？

六、雇主负欠佣金不能按期付给，迟至经年积成巨资，日后支取时，佣人有无向雇主索加利息之例？

七、雇主不经佣人承诺得使佣人为他人服劳否？佣人不经雇主承诺可服他人劳役而于原雇主处可请人代佣否？

八、约定服习劳务，如佣人届期爽约致雇主受捐〔损〕害时（如贻误割麦收获愆期等类），佣人是否负赔偿责任？

九、雇佣之约，定有长期，如佣人于期限内必须解约，适值劳务紧要之时（如农田收获之时），有无由一方迳行解约之习惯？

十、佣人因服劳致疾而死，雇主对于佣人之家属有无给养之事？佣人家属对于雇主有要求给养费之例否？

十一、聘请学术技艺之服劳者，如已订期限，在期限内聘请者能否无故辞退？就聘者能否任意告退？

十二、聘请学术技艺服劳者，如因不得已之事须请假多日，是否由本人请人代理？如有误职事及亏欠款项，是否仍由本人担承？

十三、聘请学术技艺服劳者，如未订期限，应聘人如半途告退，是否须待接手人任事后始退，抑可不顾而去？

包办

一、工作物有瑕疵时，托办人得向包办人要求修补否？如瑕疵甚属微细，而修补所费甚大，包办人有无拒绝要求之例？

二、包办之工作若定有保固年限，在年限内遇有毁损时，包办人有无赔修之例？其赔修之工作可由托办人指挥否？

三、包办之工作尚未告竣，忽遇天灾，前工尽弃，其损害由何人担任？

四、包办之工作约定期限，如逾期尚未完工，托办人得另觅他人包办否？若另觅人包办，原包办人之工资如何核算？

五、包办之工作一切费用虽已约定，嗣因物价腾贵，费用不足，包办人有无索加价额之例？

六、包办之工作尚未告竣，而托办人无力中止，包办人因中止所受之损害可向托办人要求赔偿否？

七、重大之工作原有保证人，设包办人中途要求增价或借端中止，保证人有无应担之责任？

委任

一、受委人处理委任事务，反乎委任者之意见致事务受损害时，受委人有无赔偿之例？

二、受委人处理委任事务，所获利益逾于原定价额（如以物委人代售原价百元，后售价二百元），受委人有无分余利之习惯？

三、凡关委任事所需费用，如未先行支付，由受委人代垫，日后委任人应偿还否？其偿还数以何为定？

四、受委人处理委任事务，因天灾事变致受损害时，受委人负赔偿之责否？

五、委任期限内委任人、受委人间有死亡者，或受委人之权力不能照原议办理，其委任人之契约是否可以作废？

寄托

一、寄托物不经寄托者之承诺，保管人可任意使用及租债，或转借于他人否？

二、寄托物因寄托之期间甚久，保管人不为之修理以致损毁时，是否由保管人负赔偿之责？

三、保管寄托物应需之费用，保管人可向寄托人先行支取否？

四、寄托物所生之利益（如畜物所生之子，款项所生之息等类）原约并未定明归于何人，此项利益是否两方面均分，抑全归保管人所有？

五、保管人因保管寄托物所需之费用，如寄托人久不付给，保管人可将保管物变价作抵否？

六、寄托物定有返还期限，如逾期已久，寄托人踪迹不明，无从返还，其物应如何处分？

契约

一、买卖之契约，如已议定价额，立约时有无另行增减价格之习惯？

二、以产业之一部分出卖于人,全部分之契约无概为交出之例,而于立约时有无详细批明之办法?

三、抵押产业有无将原契交于抵押人收执之习惯?

四、出卖田产者契约甫成,卖主亲属人出而阻止,其甫成之契约是否可以作废?

五、家产已经分析,如将所分之田产出卖或典押者,其田产与他人有连带之瓜葛,立约时连带人是否均须到场、列名于契约之内?

六、契约遗失时,以何法为保存物产之证据?

广告

一、失物者所贴之广告注有谢金若干,如寻获者将物送还,失主不付谢金或付不如数,寻获者有无不交失物之例?

二、失物者之广告注有附属物,如寻获者送还一物(如有马而无鞍器之类),是否仍照广告之谢金数酬给之?

三、广告中注有送信者谢金若干,寻获者谢金若干,设此一人先送信而后送物,其谢金是否可以兼得?

续拟调查商事习惯条目

营业

一、营各种商业者,约分若干类?现最发达者为何种商业?

二、出资营业有资主自行经理者(俗称带东),有请人经理者(俗称掌柜),此两项以何项居其多数?

三、营业之商号有无不遵商律用特别名称者(如一人营业不得用公司或会社等字)?

四、已停业之商号,其后本人再行营业,有无仍用前日之字号者?

五、组合营业中之一人退股后另营商业,可否仍用组合商号之名称?

六、大商(如日本以资本五百元以上为大商,五百元以下及沿户沿途买卖为小商之类)、卸卖商(如沙商之类,专以货物发卖商店者)、小商人(如零卖之类)等计各若干类?是否一例纳捐?

七、由总号分出之支号遇有亏累时,是否由总号一律担任?

八、凡作小本营业,有无同业组合相与订立规约(如公议行规,不准减价之类)以谋事业之发达者?

资本

一、资本之实数,于开业时有无向交易商家切实声明之惯例?

二、资本不足周转而称贷于人,有无以本号产业作押者?如无作押之产业,遇有镠镡时,习惯办法若何?

三、有无本号经理人自行加入资本以维持店务者?

四、商人有无呈报资本过于实额,迨营业后或暗将资本收还或减少者?此类之习惯若何?

五、有无小商毫无资本,专恃借债营业者?此等之债,其利息每月几分?

公司

一、招集股本,例应分期缴股,应惟第一期应缴四分之一,不得再为减少,商界招股惯例有无一定办法?

二、附股人如延不缴款或缴不按期,创办人可否令其退股另招他股?商界之惯例如何?

三、合股开设之公司,其代表(指无限股分之商人)或总理(指有限股分之商人)是否由众公举?有无用股东以外之人之例?

四、凡系公司例有查察人,该处公司有无举查察人之例?所举之查察人系由创办人公举,抑由本处商界公举?其惯例如何?

五、无限之股分,如遇该公司亏累时,有无由各股东于股本之外再以家产抵偿之惯例?

六、有限之股分,如遇该公司亏累时,是否以各股东所缴之股本为限,不足亦不得追及股东家产？其惯例如何？

七、股东收执之票据，有无准其转卖之例？转卖时是否须经各股东许可方能执行？

八、入公司之股分必占全部之几分方有会议公司之权，抑无论股本多寡均可会议？其惯例如何？

注册

一、商律未颁以前，各项商业有与注册相似之办法否？

二、向例禀官立案请示保护与必须领帖者，系为何种商业？

三、并不禀官立案自行开设行栈庄号者，每年有规费否？

四、领帖之家如在他处开设分店者，可否不另行领帖？其习惯之办法如何？

五、设有人领帖于先，准在该处专利，复有人领帖于后，亦在该处营同等之业，其惯例是否停止一家，抑可并行不悖？

六、初领帖之时本营数种品物之商业，嗣因资本不敷减营一二种，则初次之帖有无呈请更换之习惯？

用人

一、经理人是否有管理及进退各种使用人之权？

二、经理人有不得已之事（如疾病或远行之类）可否请人代理其职务？既有代理人，经理人是否仍负责任？

三、经理人例无薪金，有无约定支取银钱之数？如商号亏累，经理人不能分配红利，则约定支款是否作为借款？

四、经理人与人有成约之事，如于商号大有损害，有无由号东出面反悔之例？

五、商号遇有与人兴讼之事，通例用何人出首？

六、商号所用伙友，凡进退升转之权，是否由经理人主持，抑会同号东公议？

七、商号使用人有无订立契约之例（如日本商人有委任契约、雇佣契约之分）？

八、无保证之使用人因侵蚀亏欠出号，其偿还之法系如何办理？

九、使用人假本号之名向他人借贷，致他人向本号索追时，其处理之法若何？

十、使用人辞退后始发见其前日暗行在外之交易行为,该商号有无应负之责任?

十一、使用人有无一定办事期间(如每日某时起至某时止)及假期(如节庆年假之类)?

十二、离号之庄客(俗称外庄经理人为庄客)在异地买卖货物,是否须听本号经理人之指挥?

十三、庄客所买入之货物如遇有瑕疵时,应负担保退换之责任否?

十四、庄客卖价较市价或低,买价较市价或昂,其差入赢出之额,该号有无调查及处理之法?

十五、庄客有无不给薪资而于买卖货物时提取用钱者?其用钱之额系为几成?

十六、徒弟满师期限通常系为若干年?

十七、徒弟除学习贸易外,有无兼任杂务之例?

十八、徒弟除实地练习外,有无教授之法?其教授系由何人担任?

十九、徒弟通常不给薪资,必经若干年始有特别之津贴?

二十、徒弟未经满师有无不准遽入他号帮伙之习惯?

二十一、徒弟如系远方人,遇有意外事变(如疾病及被人坑拐之类),该号负何等责任?

出兑

一、以商号之全部出兑或以一部出兑者,其底货价格是否照原价计算,抑减价计算?通常之办法如何?

二、出兑之商号,如毫无货物、仅以牌号出兑(如远近驰名之号,或因无资本以致出兑者),其价值如何计算?

三、关于商业内存外欠之账目,是否概归出兑人经理?有无一律出兑之例?

四、商业出兑后遇有契约外之事实发生(如有人忽持折据索钱物之类),是否由出兑人担任,抑由承兑人担任?其习惯若何?

五、商业出兑之后有无定期赎还之例?

典业

一、典、当、质、押，以何为区别？除利息轻重显有区别外，更有何项之不同？宜就营业上内部外部各事详为查填。

二、开设典、当、质、押时，有无呈明资本之惯例？

三、典当之物有无年终减息之习惯？

四、典、当、质、押各铺，如设备不周以致将收进之货物灭失毁损时，其赔偿之法如何计算？

五、典当质押之货物，该铺有无可以随意使用之权？

六、各司事如有换易典当质押之物（如衣服以旧易新，首饰以轻易重之类），取赎时经本人察知，有无处令赔偿之法？

七、当票当簿是否照原来之形状记载？有无省笔或省字之方法，抑系普通文字？

八、典当票遗失或毁损时，可否向该铺声明请求补票？其补票之费如何计算？

九、如有人来挂失票，复有人持原票回赎，所持之票又系辗转买得者，该铺如何办理？

十、有无声明禁止典当物品之广告？其禁止者系何物品？

十一、被窃之家如开失单送该铺，托其代查，该铺日后遇有持失单内所开之物品前来典当者，有无扣留其物，即通知失主之例？

钱业

一、银行、官银号、票号、钱庄，其营业各分若干类？其营业之性质有何差异？

二、每日银钱市价由何人决定？是否由同业中公议？有无禀明官长请决定之例？

三、兑换货币除照市价兑换外，有无由该号额外收用之利益？其收用之数若干？

四、存款之利率与借款之利率相差异若干？

五、定期存款与不定期存款，其利率相差异若干？

六、同业借款之利息与不同业借款之利息，其利率有无轻减之例？

七、设立官银号，于商业上之影响若何？

八、约期存款并定有利息者，如先期取用（如定期十一月取用或于三月间取用），该号有无准其取用之例？是否一律认利？

九、贷出之利率至多者若干？至少者若干？

十、存放官款，其利率若干？较寻常存放之利率增减若何？

十一、以银钱贷出，通常皆有抵押物否？抵押物有无限制之法？

十二、开设银炉者多兼营钱业否？

十三、银炉倾铸银货，其征收工料有无一定之额？其额数若干？

十四、三六九腊之卯期是否由银炉主持？有无禀请官长主持之习惯？

牙行

一、凡该处之称为行者所营之业共有几种？宜分别填注。

二、牙行抽收买卖费用，其计算之法如何？买主、卖主是否两方面分担？

三、行中代客买货，如买客价值未清，是否由该行先为垫付，抑必由买主自行清付？

四、以货物或银钱交存该行代为买卖者，例由该行主持，如有亏累时，有无担任赔偿之习惯？

五、买卖已成之货物存放该行者，有无应纳保管费之例？

六、该行代客买卖货物，如该货遇有赚利甚厚时，有无格外酬劳之例？

运送

一、运送货物如有毁损灭失时，例应由运送人赔偿，有无不发给运送费之习惯？

二、运送人未经货主告知所运送者为贵重之品物，因不注意以致损坏时，是否应负赔偿之责？

三、运送品物已到，如无人领取，运送人又不能久待，其通常办理之法如何？如有损失，有无赔偿之例？

四、关于旅客附身之物，通常在若干容积以内例不交纳运费？

五、物品在既经起运以后，如半途因有他故不能运往者（如船或损坏、牛马倒毙之类），可以中止否？其运费如何计算？

六、运送物品如有损失例应赔偿者，必有何等情节始认赔偿？必有何等情节始可不认赔偿？

七、运送之货物甚多，卸货时亟切不能点验，异日查知货有损失，运送人是否尚负赔偿之责？

八、货物极多，不能悉行装载，如运送人以客货交他人代为分运，倘有损失时，由何人担任赔偿之责？

买卖

一、所买之货物如有瑕疵或数量不足时，有无要求退换或减轻价值之例？

二、所买之货物如由他人代为购得者，日后见有瑕疵时，可否直接要求退换，抑必由代购人办理？

三、买主已交付物价而物品尚未经领取，此项货物之保管费由何人担任？

四、预约买入或卖出之货，至期不能履行，有无处罚之习惯？

五、有无预约某种货物专归一人承买之事？

六、有无买开期货物之事（如冬月买物来年交价之类）？如届期不能交价，有无展缓期限之例？

七、买开期货物有无因此起缪辕者（如卖者因价提涨交货不出，买者因价跌落交价不齐之类）？其通常办法如何？

八、经同业议定价额之货如有减价出售者，有无处罚之惯例？

九、买主不能如期付价，请求卖主缓期，如展期太久，有无加利之习惯？

十、有无商家叫庄拍卖之事？其规则若何？

保险

一、保险事业有若干种类（如保穴险及人寿险之类）？其结约之方法如何？

二、保险者有如何之权利与义务及其效力？

三、被保险者当守如何之章程？得如何之利益？

四、凡各种保险之金额有无过于物价之事？其价之多寡以何为准？人寿保险金额是否由请保者随意约定？

五、保险公司之赔补，例必遇何等事应任赔补，何等事不任赔补？有无一定章程？

六、各种保险公司当被保者遇损害而实行赔偿时，能否照约赔偿？有无纠葛情事？

票据

一、票据共有几种（如票据辗转流通与现银相同，或票据注定须由本号取银，不能转让于人等类）？试分类填注。

二、票据之辗转流通与真实货币是否有同一之功用？

三、凡票据有定期者，有无过期票即作废之惯例？

四、汇兑款项之票据，如将票据失落而亟切需款时，有无通融办理之法？

五、汇兑款项之票据，如未注明付款日期，能否即时付款？有无一定之例？

六、凡汇票照验后满期多日或未取款，或仅取一半，有无由存款人要求加利之例？

七、定期付款之票据，如届期该号不能付款，或不能如数全付，有无认利息之习惯？

八、收得伪造、变造之票据（伪造者，全乎假造也；变造者，于票据上改造额数），如经号中察觉时，该收票人有无应担之责任？

九、遗失之票据被人拾取到本号取银钱，而失票人旋即查知，该号应将银钱付给何人？

变产

一、商家因贸易亏折以致倒闭时，有无据《破产律》呈报地方官宣告破产之法？

二、商家倒闭后是否将所有财产分配于各债权者？通常由何人分配？其分配之法若何？

三、定期偿还之债，如值负债者将商号倒闭，可否先期受财产之分配？

四、倒闭之商分配财产时，是否照各债户之额数平均摊配？有无特别债权先他债主受完全偿还之例（如官债、公债之类）？

五、商家倒闭后，凡所有之财产是否均须变卖偿债？商人家属之赡养费是否亦在变卖之例？

六、商人买入货物未经付价，或尚在运送际，适值该商倒闭，卖主有无取还其货物之权？

七、倒闭者在他人商业中附有之资本,有无一例提出以为分配偿债之惯例?

八、商人倒闭时,私以财产赠与他人,或以之偿还于一二有债权者,各债主有无要求将赠与及偿还之额返还于财团?

九、商人倒闭,除以所有财产分配各债主外,其未能偿清之欠款尚负如何之责任?

十、因使用人之行为(如侵蚀营利之类)以致商号倒闭者,商人有无减轻责任之例?

十一、商人席卷巨资倒骗潜逃者,有无预防以及追究之法?

[辽宁省档案馆藏。 影印本见《中国近代社会生活档案(东北卷一)7》,广西师范大学出版社,2005年,第385—481页。 本篇标题为编者所加。]

海城县现行礼俗调查

呈送卑县现行礼俗请核咨表册由

　　署海城县知县为呈送事。案查，前奉宪台札发礼俗表式，饬即调查现行礼俗填送。等因。奉此，当经分饬绅董遵照表内各项逐一详细调查去后，兹据该绅董等查覆前来，复经卑职手自删订，逐项填列。惟冠礼、乡俗礼久已废缺，无从查填，余均详细登载。除分送报本府督抚宪备查核咨外，理合具文呈送宪台查核备案汇咨。须至呈者。

　　计呈送礼俗表一份

　　右呈奉天行省公署本府宪

光绪三十四年五月　日

婚

　　一夫多妻，固为陋俗，然自由结婚，亦不免有荡检逾闲之处。自东西洋学子莘莘稍得皮毛者，于求学目的，尚未专注，即于婚姻一节，首倡自由，南方各处，颇受影响。虽海邑受箕子遗化，男女有别，尚为厉禁，而习俗相沿，恐亦有随风转移之日。盖婚姻为人道之始，圣人制礼，发乎情，止乎义。纳采亲迎，层层节制，具有精意，正不必以西人末俗，溃我大防。若采欧人一夫一妻之制，明定婚礼，使成人以上，不致有败度纵欲情事，而于自由结婚，仍为厉禁，似亦舍断〔短〕用长，于伦理学可算研究。

丧祭

丧祭以哀痛为本,礼书所载,无非为哀痛代表,乃相沿已久,竞尚虚文,踵事增华,靡所底止,乡村闭陋,固不能为礼。衣冠右族,每遇丧葬,哀痛之心,未尝流露,徒以形式壮观。每罄中人之产,由表面言之,不如是不足尽孝,而奢侈过度,陷亲不义,殊非制礼之道。若家有余命,为人后者,无可酬报,何妨以老亲遗产,传遗命,捐助学堂,或公益之用,庶老亲名誉,永垂社会,而人子亦有显扬之谊。

祀事

海界染辽金旧俗,迷信神权,相沿已久,然宗教思想,为欧俗振兴根据,天、耶两教,横被五州,即摩罕默德,崇拜尚有数国。日人因我国藩属,佛说颇炽,亦欲以僧教仁爱,扩张国力,使海界四民,能将迷信神权,交换宗孔思想,不独保教保种,大有关系,而淫祀厉傩,亦扫除尽净。于行政机关、学人阶级所益良非浅鲜。

宾礼

境内丧葬,缙绅家行宾礼,其余均不甚讲求,实则宾礼于培养风俗激荡人心,大有效用。方今政治日新,学堂议会,多请来宾,能规定礼仪,使有遵循,庶涵濡日久,亦可为敬教劝学之助。至宗法为个人自治团体,准古制,一族设大宗,又设小宗若干。大宗主全族自治,小宗主本族自治,互相联合。小为家族主义,大则为地方自治,固兴宾礼宗祠家庭教育,同为模范国民之具。有心世道者,能勿讲欤。

乡约

海界分十九乡,每乡设乡正副一人,统辖一乡公益之事。每屯设村长一人,专司排难解氛,及催收地饷;甲长一人,专司堡防;会首数名,专办学堂。每五屯设一联会,有会长,专司联合学堂堡防之事。乡官秩序,尚有亭候亭长遗意,其乡望素孚、洁身自好者,固属不少,而假公济私、因缘为奸者,亦比比皆是焉,使教育普及,公民众多,亦可为宪政根据。

城市婚礼

初议婚,诸媒妁道达两家男女性格品貌,主婚者认可,将男女年命,求日者按干支推算,相生则成,相克则否。议成后,女家具红柬卜吉,请男家主婚同媒妁诣女家行聘,设席招待男家主婚者,男家主婚者酌酒酬之,俗名换盅,又名下媒。宴毕,女之戚眷导女出见,立少顷,退出,主婚者用红色纸裹银元十枚或二十枚给女,谓之看妇钱。另备金银首饰暨长头布等物为媒证,嗣后男家复具红柬请女家主婚偕媒妁前往款待,与女家同。席间导男出见,女家主婚者给银元之数与男家埒,谓之看婿钱。当年或隔年议娶,先遣媒诣女家商榷,女家诺,男家求日者按男女年命,选择亲迎之期。届时纳吉,俗谓通信,蒸馒首六十枚,束脩四挺,并年命帖送女家,并同时纳彩,俗谓过礼。男家主婚者同媒妁备聘礼旭旦亲诣女家,女家邀集亲友开筵款待。聘礼用酒双罈,豚两只,簪环条脱、衣料棉帛、枣栗桂元茶叶等物皆陈设婚前。娶时男家先出帖,知会宾朋,请文武秀才各四,届期陪新郎诣女家亲迎,下马时饮酒三巡,谓之下马杯,即奠雁礼。饮毕,导新郎诣女家宗祠,行三叩礼,次拜女之父母,亦行三叩礼,然后新妇上轿。陪宾导新郎先行,送妇者陪新妇后行。至男家,新郎先入室,新妇按吉时下轿,陪宾唱礼,引新郎就位,新妇同就位。北面天地牌,同拜跪,献酒上香,行九叩礼。礼毕,新郎复先行,新妇随之。及中门,新郎将新妇蒙首红绫揭开,自己退出别室。新妇登床,按日前所言方向坐,嗣盥洗,选二女童年命相当者,用金簪代新妇理发,俗谓挑头,即古之笄礼。凡旗人,当日借男家庖厨治馔款婿,民人则翼日约女之姑姨姊妹到男家,再行置备酒筵款婿。花烛之夕,男女合卺,俗名和喜面。翼辰妆毕,男女同跪祖先堂前,中亘四足短几,男东女西,衣襟相接拂几上,二女童各持银瓶,中实玉米,向男女衣襟倾而数之,祝吉祥语,谓之倒宝瓶。礼毕,新妇拜见翁姑,又拜灶户各神,以次见诸亲友,序长幼尊卑之节。三日后,有宗祠者庙见,无宗祠者,诣先茔行礼。

舆服

新郎新妇着棉衣,虽盛暑亦然。乘四人肩舆,用彩帛装饰之。陪宾陪妇,均着棉服,乘两马及轻车,前后拥导。

器用

娶妇家,扎席棚高五丈许,上起层楼,以五色布缠绕之。亲迎仪仗则刻金瓜月斧形,夹导护持,官衔牌多寡不等,随官职科名而定。清道旗二,须鸣锣先驱,新郎轿前引导,著皂靴,跨腰刀,系红战裙。乐工用八名或十六名,穿号衣而鼓吹。女家所送妆奁柜箱帷幕衣服瓶镜等物,均按家之布足具备。

馔具

寻常筵宴,碟碗之数各六,特别则用三套碗,八中碗或九龙头碗。所贮皆珍味,而尤以燕菜为最。酒果则有四干、四鲜、四甜、四蜜。

乡村婚礼

衣冠之家一应婚礼及舆服、器用、馔具均与城市相同,惟田舍贫民仪文简略。议婚后,男家主婚者偕冰人诣女家,女家草草治馔,送看妇钱六元、四元不等,长头布两疋,银环一对,俗名挂钩。近来风气顿改,女家议婚时,分外要挟,将婚礼折数,有数十元至百元者。贫者定亲不易,往往屈意迁就,聘礼亦按数折钱。娶时不亲迎,请要亲客二或四,乘马前导。新妇乘轻车，送妇者乘大车随行。鼓乐或有或无，仪节与富者无甚差别，惟品物有备有不备。

驻防婚礼

花烛之夕，以布为庐，支户外，夫妇同宿，相沿日久，仪节亦渐如汉俗，惟揖让之礼较汉人为雅。

备考：按本境婚礼，犹有古义，但富者计厚奁，贫者索聘礼，斯为陋俗。且男女十四五岁往往即行婚嫁，于体育、德育均有妨害，是亦民智不开所致。

附：女学职工及操作

二三年来，民智渐开，女子亦知向学。城中设女学校一。四乡间有创立者，不过千百中之一二。职工惟娴针黹。仕宦家妇女，弄针黹而不学，颐指气使，妪婢满前，但知温饱。贫苦妇人则井臼亲操，尚耐黄天。

城市丧祭

初易簀，停床一日，择吉含殓，置柩中庭。凡五服内亲，以次成服，哭泣尽哀，焚香楮，延僧礼忏。越三日，用纸造舆马夫役，鼓乐导引，捧灵牌，诣城隍庙或土地祠，亲友齐集焚奠，谓之送行。越七日，夜分，用竹篾制梯，树烟哭旁，主丧者率家人环跪哭，谓上望乡台。停灵五七或七七，再蠲吉安葬。先讣。

舆服

棺用赤柏杏木或果松，厚五寸，高四尺，前阔后狭，椁以柞木为之，间有用石椁者。贫者有棺无椁,棺用柳木。驾灵輀,以木杆缚杠,作纵横式,以三十二人或十六人界之。灵贡用纸制金童玉女,排列左右。主丧者执幡前引。丧服以生布为之,腰束麻带。死者冠服如生前。

器用

宫室亭榭纸为之,谓之阴宅。制方弼方相,以护门前。有谒台,备宾客祭奠之所。亲友赙仪,有祭豚各戚友。扎席棚,上起崇楼,高十丈许,以白蓝布缠绕之,有费工至一两月者。作佛事,建道场,刍灵纸马,陈设满前。用文官木制神主,请年高有德者题之,糜题者四。祭分初、亚、三献,先凝神,后盥洗,启帘秉烛,酹爵上香,均照文公家礼。发引时,柩以布帷罩之,杠夫二十四或三十二。主丧者倚灵,以白布为绳,负荷于肩,谓之驾灵。旧茔则顺序掩埋,新茔则请武宾用告文祭后土。葬百日,虞祭于墓,易素服,遇有鲜品随时荐之寝室,一、二、三周忌日皆按年致祭。有设道场者,墓祭分清明、中元、小阳春,均焚化纸钱及加盖土帽。

祭烛与挽联者,联以布或绢为之,祭品有香楮、馒首、水果、花供等项。祭器有奠池、茶盘、食盒、盥洗盆、纸寮几桌之类。

馔具

寻常为四碟四碗,上宾则用景德磁,盛珍品。杯盘匕箸,罗列满前。祭馔比宴客尤丰腆。

乡村

衣冠望族,一切丧祭及舆服、器用、馔具与城市同,惟田舍贫户死一日即棺殓,三日诣土地祠送行,翼日安葬,安葬后虞祭行荐礼。忌日墓祭皆简略,惟备香楮。

驻防

相沿日久,丧祭与汉俗同。

备考:按丧祭为人子慎终大礼,固不可稍有疏忽,但衣冠家竞尚仪文,罔知讲求实际,殊非圣人制礼本意。至于作佛事,设道场,沿袭成风,稍不如是,便非笑之,亦习惯使然。有富户丧礼所用至一二万金及五六千金者,殊非宁戚之道。

祀事

祈祷

遇灾难疾病或别有所求,每诣神前,焚香祈祷,谓之许愿。偿所求则备豚羊酒醴祀之,谓之还愿。祭肉邀邻里分食,不出三日,出三日埋之。城乡皆然。

厉傩

傩久废,遇时疫流行。各户悬灯彩,燃爆竹,谓之送瘟神。每年正月,集二三十人,作俳优状,以朱黄黑绿涂抹面目,挨门户唱太平歌,向主人索犒赏,名秋歌,实则无赖,藉端索钱。现已严谕禁止,此风少息。

赛神

或求雨,或许愿,开场演戏,辄三四日不等,亦有无端赛神,沿为惯例者。二月十九日为老母会,三月初三日为王母会,四月初八日为释迦会、十八日为娘娘会,五月十三日为关公会,七月十五日为盂兰会,不特城镇,然荒村僻处,节衣缩食,为演剧糜费亦不惜。每遇会场,男女混杂,车马拥挤,偷赌因缘为奸。现已严行禁止,凡以前陋俗,革除殆尽。

淫祀

迷信之说深入人心,狐黄豆柳,比传为神,筑庙建祠祀之。虽穷家小户,必有狐仙堂,以奉香火。城隅狐仙堂,挂匾额,许香供,尤络绎不绝。甚有祀蛇为神者而崇拜之,即城西北里许之白衣寺也。

巫觋

女巫男觋,仿自古昔,近来此风益炽。青天白日,蓬头跣足,腰系铃鼓,呻吟作态,为人疗病,而人顾信之,以死生寄其手。城乡均有之。现已一律禁绝。

斋醮

斋事向不多见,间有怪僧妖道,假符箓愚人,城乡皆是。现士绅摈绝,经荐绅长者破之,则其术立穷矣。

宾礼

衣冠之族遇丧事,请绅耆有德望者题主,谓之大宾。题者,谓之礼宾。丧者具大红柬帖延聘,注明某日敬迓台旌祗聆,届期备仪仗舆马,迎至家,主人易素衣,侯门外,行四叩礼,宾固辞,相者代致意,行一叩礼,宾鞠躬答拜,入室。主人再四叩,宾固辞,仍行一叩礼,宾鞠躬答拜。主人退,宾易便服坐。届时鼓乐作于庭,更衣,主人复出,四叩礼,退。众宾拥大宾鱼贯至棚门外,鼓三通,大宾升座,座西乡。礼相引主丧者出帏,拜大宾,用青旗遮面，行三叩礼。宾离座鞠躬答拜。丧主退入帏，礼相请盥洗，复位苫座，丧主捧神主绕柩三匝，置座几，行三叩礼，俯伏于地，求题主。礼相启椟，去魂帕，出木主，分置左右。礼相蘸朱笔，授大宾，就炉受香烟，以向东南，口嘘之，受生气，以朱笔通神，点主，礼相更授墨笔，点主与朱笔同，大宾用墨笔复神复主。复毕圈毕合而立之，加椟，加魂帕。丧主行三叩礼，大宾捧神主，安于寝室，与众宾退。丧主诣宾馆行礼，开宴款待。毕，备仪仗舆马送之。宾礼之俗，斯为最寻常庆贺，宾主相见请安，或一揖而已。

宗法

大宗小宗事务，皆归法裁，此家族主义所以补官府政治所不逮，意美法良。本境宗法未立，仅设户长、族长，有名无实。本家事件由家长主断，各自为谋，不能互相维系。

宗祠

有宗祠者绝少，间有之，惟春秋两祭，一饮而散，无甚仪节。惟平南敬亲王有饬建专祠，年节由世袭佐领主祭如仪。

谱系

有三年一修者，有五年一修者，全族支派，注载分明。族人辈行，按字编排，以为命名标准，犹有重血统之古意。

家庭教育

家庭教育惟尚严肃，穉兄幼女，教之打跪，娴习此成绩。

出继财产

为人后者,本生父母财产不得沾丐毫分。继子者,所有财产只准继子承受,他人不许干涉。如不继近宗而继远族,名为爱继,须亲友评议,或将财产分与近宗,不过十之一二。

尊长卑幼及族党相见

以辈行为重。辈行大者,虽幼亦以尊长礼待之;辈行小者,虽长亦视为卑幼。遇婚丧筵宴及寻常聚会,席间坐位,均以辈行为序。道途相见亦然。

乡约

乡约,即古时长年三老,非德齿益尊,不能胜任,相沿已久。充彼者,供官府奔走使令,为胥吏爪牙之助,遇乡间爪牙,又擅作威福,侵失古意。现已裁撤乡约,改设村长,恶风少息。凡三节两寿出帖敛饮,一概禁止。

乡饮酒礼久废。

[稿本,辽宁省档案馆藏。 另见《中国近代社会生活档案(东北卷一)7》,广西师范大学出版社,2005年,第221—234页。]

兴京协领衙门造送旗人礼俗调查表及论说

东三省总督兼署巡抚徐、奉天巡抚唐批，呈表均悉。此项礼俗表，该协领应将旗礼俗详加调查填注，并应附以详明论说。来表殊太笼统，论说亦极简略，且格式未符。随批发去表纸、论说纸各十张，仰即迅速另行调查填注，并撰详明论说，分别照缮三分〔份〕，克日呈送，勿延。缴。表发还，纸随批发。二十七日等因。奉批，职遵将旗人礼俗详加调查填注，礼俗表三分〔份〕，详明论说三纸，具文一并呈送督、抚宪鉴核施行。

奉天兴京城乡旗人礼俗一览表

冠	古者冠礼，责以成人，今通俗不行冠礼，惟于成婚礼时即曰成人，是冠义尚存，而冠礼废焉。
婚	议婚，同姓则避之，亲友作伐，通言于两姓。成议后，男家择吉通问，过订礼，女出行装烟礼，此后两家永无改婚。迨诹吉迎娶，先一月男家行过聘礼，女家邀请戚党，均有贺仪。至日彩轿舆马，婿亲迎娶，设席作贺三日，亲友亦有贺仪之礼。夫妇三日后行回门礼，即捐吉拜祖，以为庙见之礼。女学惟重针缝，而桑蚕之业因素无讲求，亦不事纺织，然井臼之事必作妇者所操任焉。
丧祭	丧，始死敛衣，停尸于床，子女衰服举哀，讣通戚党，吊仪纸箔，于次日晚间送三，至三日棺殓而葬。七日一奠，七期为度。富绅亦有停柩在家一二月，必择吉送葬者发送。葬时大斋三，修僧、道经，备用明器，戚友素服集吊，葬后三日致祭圆坟，至百日即除服，除服后仍不着锦衣。每年届死辰忌日，子男临墓哭祭，烧周年，届三周年为止。再常年之祭，清明奠祭插由头，七月望日奠祭化纸，除夕奠祭烧包袱、冥衣，此通俗葬祭之礼，城市同之。

续表

祀事	祈祷。每于灾祥,祷于所司之神,有验则以猪酒致祭,或送匾额、演戏以酬神。 厉傩。各家于除夕门粘红纸对联,上书吉言。元旦昧爽,接神放爆竹。上元前几日,城市办演杂剧,挨门喧唱,金鼓之声不绝于耳,各家须有赏赐。至上元前后三夜,城市彻夜灯彩并放火树。端阳节日,各家门中以彩丝悬兵符,又系艾人、艾虎焉。 赛神。有祀典之至圣文昌、关圣帝君、龙神、火神诸神,地方官谨遵祀典,春秋致祭。旗属惟祭关圣帝君,乡间则祭龙神,又祭蚕神,或于秋后报赛天地,并荐新黍以祭宗祖。 淫祀。每年三霄奶奶神会,男女均赴庙焚香。仲秋三五夜焚香供月。腊月二十三日各家以春饧祀皂神。再,城乡中设庙塑诸神像,并建各仙家庙,常年于月之朔、望日各家庙前焚香。 巫祝。有男、女巫,每于灾疫医药不效,辄请巫祝。因偶有验,多惑于此习。 斋醮。如祈雨、丧事、日月蚀救护则有此俗礼。
宾	宾主谒见,寻常以请安为礼,庆贺亦如之,惟祝寿则行拜礼,元旦贺于官长及尊长亦行拜礼。端午、仲秋各节,士绅彼此通贺,相见请安。凡庆贺,戚友均有贺仪,生男育女往贺均妇女至门。城市无异。
宗法	宗法,各家均设祖龛于右室,不立宗祠。谱系所载,远代无考,惟追述于始驻防兴京者为开起之祖。家庭中男教以认字,女教以针工,并知长幼之节。出继之事,先宗后支,异姓不许乱宗,或有一支双祧。凡晰财产于祖业,按支均分,有别立财产,则公议计分。家庭之礼,卑幼见尊长,则请安旁立致敬,命之坐而后坐,非拜年、祝寿不行拜礼。此俗尚如是,城市如一。
乡约	乡党每于岁晚时或正月间,设宴互请,以敦和睦。乡长于正月亦约集各家长者以议公益、公利之事,备酒酌饮,此俗犹存,乡饮礼焉。

附说

兴京为我国发祥之地,环山为城,天然形势,而八旗分属八界,地尽旗产,民乃业佃。然考驻防旗人,更有满洲、蒙古、锡伯、汉军之分,其始礼尚或有不同,迄今俗化,无不如一,试附说而详言之。

冠者，礼之始也。古者冠礼，筮日筮宾，所以敬冠事，已冠而字之，重以成人之礼也。今俗不行冠礼，惟于十岁以上即为论婚，成礼时即谓成人，乡党中由此不呼名而呼字，是冠礼若与婚礼并行，虽废而犹存其义焉。

婚必两姓，同是旗人，亲友作伐以通言，女家先开一红纸单，为女要首饰、衣服、布疋。其首饰多寡不一，而金钳、银钏在所必有。衣服或帛或布，少者亦许四件。布疋六对、四对不等。又有财礼钱，俗称曰养钱，先时其数不过六十吊及八十吊，近时竟有多至二三佰圆者，此多系贫寒之家矣，若富者婚女，尚不计此。然男家纳装烟礼钱，或四十圆或六十圆，亦较先前财礼钱犹多。婚议成后，择吉会亲。男家或父母或伯叔兄弟，会同媒妁往至女家，备以酒、果、米、肉四色礼物，名之曰下小茶，又俗称换盅，即过订礼也。女家款留一饭，使女席前装烟，男家纳以装烟钱，不计多寡。有纳首饰者，即金银钗钏等物。会亲后，再择以男女相当之年，诹吉迎娶。先一月前，男家会同冰人至女家，告以婚迎之期，此曰通信，仅备果点、茶叶一二礼物，无他礼焉。又有大茶之礼，即行聘礼也。于迎娶先一月内，择吉日送衣饰、聘礼以及猪酒。其猪称曰折他哈猪。婿冠服，同尊长、冰人至岳家拜祖。岳家设酒席相款，并约请乡族戚友，往贺者或钱或绣工巾饰，以助妆奁，俗曰帮嫁，是亦纳彩之义焉。迎娶设席三日，先一日曰安柜箱，女家即送嫁妆。男家先于随路近处择一寓所，俗曰采下处。次日即迎娶之日，于吉时鼓乐彩舆，婿亲迎女于所采之下处，有送亲婆与女之叔或兄扶上彩舆。至男家则有娶亲婆由彩舆扶下院中，先设香案，上安香斗，内插秤一杆、去囊箭三支、横挂弓一张，使幼女二各执锡酒壶，蒙以红纸，系一红绳，置于香案上，俗曰递保平壶。女首蒙红巾左立，男冠服右拜，俗曰拜天地。窗前设一布帐，男引妇入帐，至帐前男用手去妇首上巾，俗曰揭盖头。妇入帐内坐福梳发，越一时，男至帐中，与妇同吃糖馅子孙饺子，俗曰馆饭。临进屋时，男女又同食汤面，俗曰宽心面。男引妇入室，即拜宗祖，次及皂神。晚入洞房，男、妇各以酒杯酌酒，更叠而饮，此亦合卺义焉。往贺以资酬，惟一宴。至三日，送女者始返，名曰吃拉拉。再越三日，岳家若居近者，男与妇同至，岳家款留宴饮。若隔远者，必于男家近邻有女家亲属者，预备酒席，接男、妇到家一饭，俗称曰回酒，又曰回门。不出十日，姑率妇往拜祖墓，此亦略同庙见之礼。女学针缝浆洗，因蚕桑之业未兴，不事纺织，惟入厨操井臼焉。

丧。始迁尸于床，加新衣，含殓，停于中寝，就尸而哭。男为父母衰服而不经，庶人戴以白毡帽，仕者于官帽去缨。妇为舅姑衰服而不髽，惟发编双垂，以白布折叠象带围首，曰戴包头，出丧戴包头而发不垂焉。男傍尸亲伏地而左，妇傍尸亲伏地而右。报丧于戚党，往吊以纸箔奠仪，主人见宾则拜稽头，不请安。至三日前夜，用素纸糊褡子，实以楮锭，子孙负往里社之庙前，乡邻戚友群集，随焚楮锭，趋灵等哀泣而返，哭于尸前，名曰送三，俗称之曰送褡连。三日即棺殓送葬。富绅之家于三日棺殓，停柩正室，院扬红布幡。七日一奠，或修僧、道经，谓之烧阴，七期为度。送葬时必诹吉日，大概总在三期、四期之间，院起席棚，修僧、道各经，又备用明器，俗曰纸扎活。设醮三日，先一日曰家奠，次日曰领吊。凡吊者多素服，以仪帛或素帐。主人设席，子孙辈于席前挨次叩拜。至三日发引，即出丧，子孙引以白纸幡，于路撒纸钱，曰买路钱，惟长子扶柩而行，戚党亦临穴致祭，焚纸扎活，子孙哭祭而返。或有因卜吉地，浮厝郊野，不安窀穸，此由惑于风鉴者然也。已葬者烧期亦如之。葬三日，子、妇往坟致祭，再覆土以安亲灵，俗曰圆坟，此即虞祭之义焉。除服原为当兵减从三月，然三年内不得衣锦，亦与三年服阕无异。每年届死辰忌日，俗曰周年，子、妇临墓哭奠，戚友均备仪奠，满三周止。常年之祭，清明坟头插五色纸杆，俗曰插由头。七月望日，则奠坟化纸。又于除夕用素纸糊包袋，实以楮锭、冥衣，外书先人名讳，焚于路旁致祭，俗曰烧包袱，有送寒衣之义焉。

祈祷。惟于灾、祥祷于所在之庙神或宗祖、皂神，并于灾天、亢旱，官兵、士绅齐集龙神庙前，赤足，首戴柳条围圈，神前跪香，亦有轿抬龙神牌遍行街市，挨门首用缸盛水，内插柳枝，供龙神牌，曰祈雨。有验，或演戏酬神，或送扁额，杀猪、奠酒致祭。凡自祈灾祥者有验亦如之。

厉傩。古礼，今俗犹行焉。每岁除夕，各家门粘红纸对联，上书吉言，烛明彻夜。元旦昧爽，设香案于院中，长幼盛服焚香，放爆竹，曰接神。上元前几日，城市办演杂剧，挨门喧唱，音乐振耳，俗曰唱秧歌，又名太平歌，各家均有赏赐。上元前后三夜，市镇悬挂灯彩，放火树花炮，乡间仅有灯彩。端午节各家门中檐前悬兵符，以五色丝系之，又有艾人、艾虎等物，此亦古厉傩之遗风焉。

赛神之礼。有祀典之至圣文昌、关圣帝君、龙神、火神诸神，惟地方官谨遵祀典，春、秋两季致祭。旗人仅随乡礼，于六月十三日杀猪，办龙王神会。又于六月二十四日，八旗各官率兵等宰猪、羊祭关圣帝君。六月集办虫王会，亦杀猪供献，此俗居乡者有之。再，旗人分满洲、蒙古、锡伯、汉军，满洲人于每年新秋新苏叶裹黍面祭祖，曰烧素香，又名换锁。禾稼登场后，又以新黍祭祖，并报赛天地，曰烧香，其礼院中树有塞壁，右立红柱，中空如匣，内藏神衣，此名蒙衣伯神，俗惟以鸭祭之。壁前树一红杆，上安锡盘，名曰索龙杆，俗称为赛乌鸦用也。于烧香，必邀乡邻同食祭肉，烧香须三日夜，专用一祝祖者，概系同族人，此名曰伯役。有男伯衣，亦有女伯衣，击鼓舞蹈，形同巫者。蒙古、锡伯、汉军等亦烧香杀猪，荐黍祭祖，并祭天地，无祝祖之伯役，与满洲人稍异焉。

淫祀。城乡均有此俗。每年四月十八日三霄娘娘神会，男女盛服交杂赴庙焚香。仲秋，俗呼曰八月节，三五夜间院设香案，供瓜果、月饼，焚香望月致拜，俗称供月。腊月二十三日，俗曰灶神上天日，各家以春饧祀灶神，并焚灶神牌。再，城乡庙宇最多，均塑泥像，龙神、火神、财神、瘟神、五道山神、牛王、马王、药王、虫王、土地诸神具焉。又建立各仙家庙，常年于月之朔、望日，各家庙前焚香，此俗城乡同焉。

巫祝。俗称曰婆魔，有男巫、女巫，代人祝祷。每于灾病医治不效，辄请巫祝、巫者于夜间焚香，腰系串铜铃，左手执半面圆鼓，右手执竹鞭，缓急击之，作舞状，装神语，非病者之先祖见谴，即得罪仙神及鬼作祟，或焚香，或化纸。有时偶验，常人因惑此习，病愈谢巫以香资供品，即曰谢神。此俗城市少而乡间多焉。

斋醮。如祈雨，则延僧道，设醮市，不宰杀。亲丧停柩正室，择日出殡。延僧道设醮三日，俗曰大斋。又日、月蚀，旗署各官冠服齐集署中，斋敬致拜，并延僧道在署击钟鼓，名曰救护。此礼乡间无之。

宾主相见。于寻常造谒，宾至门，则先通姓名，主人出迎宾，相向请安，肃宾入室，延首座，进烟、茶，彼此谈候。如世交亲戚，无论宾主，均须卑幼先向尊长请安，尊长答以半礼，眷小亦接见问候，此惟仕宦者然也。若乡民于宾至门，亦出迎请安，但入屋谈事，坐次让茶多不讲求。汉人与满人接见，近亦多有请安，其礼亦如之。贺元旦，彼此相见请安称贺。有关亲戚者家有尊长，入室先向宗祖叩首，次及尊长，曰拜年，主人在旁还礼。祝寿。先一日遣人送祝仪，至日盛服往贺，有寿帐则向寿帐倒拜，无则向人行礼，然必系实在亲戚，或卑幼则受拜，余须答礼。男婚，宾盛服往贺，至门宾先向主人请安称贺，主人答如礼。端午、仲秋两节，仕绅彼此通贺，乡间无此举。生男育女，戚友或备送面、肉，或金银锁印，均系妇女至门称贺。城乡无异。女受聘礼，戚党均有贺仪，主宾相见，亦如贺婚礼同焉。

旗人宗法亦遵五服之制，宗祠之设，从来所未有焉，惟同宗书立一宗谱，供于嫡长之家，亦有按支派各书一宗谱者，亦均供于家庭。谱系所载，概由驻防于兴京之始祖为追述之原。家庭最讲规礼。士庶家幼童先教以识字，并知长幼之节，稍长即与讲武。农家子弟虽习耕种，亦解当兵。幼女则教以针工之事。出继者虽有择贤择爱之说，亦必先于支派近者承祧，如无，再祧远支。惟长不出继，更严禁异姓乱宗，亦有因独丁不能出继，则权以一支承祧两房，与娶二妻，各妻生子归继各支，俗谓一支两不绝，此事诚不多有也。晰产事。凡系祖产，按支均分，书立分券。如兄弟独立或伯叔别创门墙，此等事业，惟在众评公道议分。尊长卑幼之礼。在家庭中卑幼见尊长，惟存肃敬，遇于途者，旁立致敬，问则答，不问则去。相隔三五日不见，辄即请安。问答时非命之坐不敢坐。过年、祝寿，概行拜礼。见族党之尊长者亦若此。但乡居者礼仪或疏，然亦不失父事、兄事之本焉。

乡党中素敦和睦，每于岁晚时，或于正月间，互请宴会，名曰会年茶，同族中亦如之。又有会饮，每年正月，乡长约集同乡之家长宴会叙酌以议公益、公利之事，亦曰会茶，此有古乡饮之风焉。

[稿本，辽宁省档案馆藏。 另见《中国近代社会生活档案（东北卷一）7》，广西师范大学出版社，2005年，第235—238页。]

凤凰直隶厅调查民情风俗习惯条目

钦差大臣东三省总督兼管东三省将军奉天巡抚事锡为札饬事。宣统二年四月初三日，案准修订法律馆咨开，为咨行事。查本馆于光绪三十三年《奏定办事章程》第十二条内开，馆中修订各律，凡各省习惯有应实地调查者，得随时派员前往详查。又三十四年《奏定谘议官章程》第四条内开，各省提法使、按察使兼充法律馆谘议官于各项法律事件，应札饬各州县详查报告；第六条内开，谘议官于法律馆所派调查员有当协助调查之件，应随时接洽办理。又《调查员章程》第二条内开，调查员分为二项：一由法律馆馆员内派充，一就各处通晓法律之员，由法律馆派充；第六条内开，调查员于应行调查之件如为力所不及者，得随时商请谘议官协助办理各等因在案。所有本馆编订民商各律，遵照筹备立宪期限，本年须一律告成，而民事习惯视商事尤为复杂，非派员分省调查，无以悉俗尚而资考证。现派奉天代理兴京府知府金衍海前往奉天、吉林、黑龙江，按照馆中所发问题详细调查，随时报告，需费由馆发给。业于本年正月二十一日具奏，奉旨，著依议，钦此。除抄奏另咨外，相应将调查民事习惯问题一百册，咨行贵督查照，即请行司并调查局实力协助俾免扞格。此项问题，即请札发调查局分交各州县，据实详查，从速具报。事关筹备宪政，未容逾限，务望饬属切实奉行，足纫公谊。须至者。等因。准此，查民事习惯于法律上之关系极为密切，调如稍有缺遗，法律即难臻完备。特民事之繁赜较他项尤为复杂，举一切性情之异宜，俗尚之不同，其变幻不穷之状态，殊非理想所能知。于此欲限制而齐一之，俾民咸隶于范围之内，似非广搜博采，巨细靡遗，将何以有所凭依，斯民定普之法，此府厅州县之民事习惯不得不切实调查，以为修订法律之助。为此合亟札发。札到，该厅即便遵照颁发民事习惯问题详悉调查,从速迳报调查局,以便汇呈转咨。案关筹备宪政,毋得迟延,致干未便。切切。此札。

计发调查民事习惯问题册一本

右札凤凰厅准此

宣统二年四月　日

调查民情风俗习惯条目

(甲)生计之习惯

一、农工商贾,某项偏多?

二、农事　土质之美恶?水利之有无?物产以何项为多?农事之工拙若何?耕获之法若何?盖藏屯积之法若何?

此外蚕桑女工各习惯,附此条分类调查。

三、工艺　趋重某项?某项最精?销路广狭?有无机器制造?

四、商贾　某项营业为多?远贾至于何地?销于本境者何项最多?贩运出境者品类若干?

五、佣工　力役之佣价几何?(多至若干?少至若干?)有无赴他省外国者?作何种力役?

六、沿海沿河之营业　凡江干河隈与沿海各居民,其营业若何?宜分类详述。

七、游手失业　此种人数多寡,述其失业之由。

此外如医卜星相、堪舆杂技,下至娼优贱业之流,本境何者为多,何者之生计较盛,皆宜详查,藉以觇民情之嗜好,风俗之纯漓。至盗风之盛,边僻为多,其入盗之原与难遽净绝之故,亦言其概略。胡匪蔓延是否由外界窜入,抑由地方游民失业所致?本地居民如何思患预防?邻居闻警有无救助情事?今昔情形相较若何?

右甲项问题二十九。

(乙)学校之习惯

　　一、就学之年龄　　就通常之习俗,约计在何年岁者为多?

　　二、城乡学堂之多寡　　有无私塾?旧日之情形若何?改良后之情形若何?

　　三、男女识字之折算　　统合境人口计算,每百人中约略若干人?

　　四、各项学堂毕业人数　　凡在省城及京师各学堂与留学外洋者,始自何年?入何学堂?人数各若干?所学系何种科学?附此类调查。

　　五、有无研究旧学者　　如理学、考据、词章之类。

　　右乙项问题十二。

(丙)家族习惯

　　一、数世同居　　此最有关于风化,宜详述其家法。

　　二、异居析产　　此项理由烦杂,详征其习惯之办法。

　　三、宗祠祭田　　管理规则若何?岁时祭祀主祭者与助祭者,其事实之习惯若何?

　　四、出继承产　　宜详征其办法。

　　五、养子赘婿　　有无此等习俗。

　　右丙项问题六。

(丁)社会习惯

　　一、慈善事业　　如以财力相扶助之类。

　　　　凡庆吊之礼,时节馈遗之习俗、品物,附此条调查。

　　二、兴建公益　　如防水火盗贼,修桥梁渡口,联合本村屯或数村屯协同办理之类。

　　　　有无要挟官长,破坏公益各陋俗,亦附此条调查。

　　三、春秋报赛　　祈雨祷晴,演剧酬神之类,分类详述。

　　四、宗教习惯　　寺庙若干?是何名目?僧道喇嘛各项何者为多?

　　此外如回教、耶苏、天主及各项杂教,入教者多寡?教会之情形若何?

　　五、宴乐游戏　　醵饮赌博等事附列此类,各详述其品类状态。

　　右丁类问题十二。

(戊)迷信宜忌习惯

一、不在祀典之祠祀　凡迎神酬愿、诵经祈福、祝说盟誓、茹素持斋等项,皆附入此条,各详其事实状态。

二、巫觋符咒　此等习俗流弊甚多,宜各详其情事。

此外各种教会,如秘密教等类,有无此项？如何引诱？徒从多少？迷信之情形若何？亦附此条调查。

三、各项宜忌　婚丧之宜忌,节序时日之宜忌,构造迁徙方向之宜忌,各分类言之。

右戊项问题十

(己)婚姻之习惯

一、婚嫁之年龄　有无早婚之俗？

二、婚姻之契约　如庚帖、婚书、礼束之类,其式若何？

三、自议婚至庙见之礼节　其款式、物品、舆马、衣饰之属,通常之习俗若何？

四、聘币奁妆之丰俭　此虽因贫富而殊,然豪华俭啬亦往往因地而异,所谓习俗移人也,宜调查其习惯之情形。

五、满汉通婚　以前有无联姻？奉谕后若何情形？

六、再醮再娶　与初婚之礼有无别异？

七、离异休弃　有无此种习俗？其离婚之契状若何？

八、纳妾嫁婢　其习惯之办法若何？

丧娶

停娶

娶同姓

悔婚

逼醮

娶殇

以上六条皆悖礼违例之端,有无此等习俗？情事若何？宜分类调查。

右巳项问题十六

（庚）丧葬祭各项礼俗之习惯

一、丧事之习惯

丧事称家之有无，然尚奢尚俭亦有因习俗移易者，略举其大凡。

棺椁衣衾及一切殓具习惯若何？

服制　有无短丧之习惯？

吊唁奠赙，其礼节若何？所需品物以何者为通行？

二、葬事之习惯

自初丧以至葬期为日若干？圹兆有穴土、茔圹之分，何者为多？

聚族共葬，北方多沿此例，其觅地别葬者是何原因？举其大凡而言。

世俗自初丧以迄葬期，每延僧尼道流诵经作七，虽糜费而不恤，此风是否盛行？其款式若何？

停柩不葬，有治丧无力者，有迷信吉地者，有无此风？

三、祭礼之习惯

品物之丰俭，祭事之疏数，其礼节款式若何？

古礼　如祥祭、禫祭、祔食之类，有无遵行之者？

时祭　如嘉辰令节、四时祠祀、荐新之类。

墓祭　每岁几次？

扫墓　是何时日？

右庚项问题十七。

（辛）居处饮食服用之各项习惯

一、居处　草屋、瓦屋何者为多？野处、里处习惯若何？单居、杂居孰居多数？

二、饮食　通用是何品类？是否皆系土产？自外输入者某项为多？

有无嗜酒之俗？吸食阿片已戒者若干？未戒者者若干？

有无私售吗啡者？纸烟之糜费不减于阿片，本境之销路若何？

三、服用　奢俭之习惯若干？所需丝布各项是否产自本境？自外输入者何项为多？土货、洋货其价值贵贱比较若何？男女衣饰有无奇衺不衷者？

右辛项问题十六

[稿本，辽宁省档案馆藏。另见《中国近代社会生活档案（东北卷一）7》，广西师范大学出版社，2005年，第239—260页。]

凤凰直隶厅调查民事习惯条目报告册

署凤凰直隶厅同知为呈送事。宣统二年六月二十蒙督宪札开,为札催事。宣统二年四月初三日,案准修订法律馆咨开,馆中修订各律,凡各省习惯均应切实调查云云,此札等因。蒙此,卑应遵即督同统计员按照颁发民事习惯问题,逐条详晰查明,编订成册,理合具文,呈送宪台查核转呈,实为公便,为此备由具呈,伏乞照呈施行。须至呈者,计呈送民事习惯条目报告册一本,右呈调查局宪前衔。呈送卑厅遵即将颁发民事习惯问题条目报告册请查核。

凤凰直隶厅调查民事习惯条目报告册

(甲)调查关于田宅财物之民事习惯

一、凡土地非从邻地经过不能至公路者,其于经过之邻地是否应有所赔偿,抑别有习惯办法?

查凤属土地,如从邻地经过方能至公路者,其于经过之邻地,如系久有通行之捷径,无须赔偿。倘于所有地内建筑房屋或开辟通行车马人行之路于邻地内,必须先行议明,偿清价值,乃许通行。

二、凡数人共有之地因分割之故而不通公路者,是否以后通行于他分割者之所有地?

凡数人共有之地因分割而不通公路者,于分割之前商允,仍得通行于他分割者之所有地,亦有于分割时即将通行地画清,使均无阻碍。其分割法,譬如有原田十亩,惟三人共分之地,查此地前通公路,其他三面均属邻地,则须由左及右分定三分之界线,而以地前为分割线之起点,地后为终点,使各通所有地前面之公路。

三、其因通行之故而有所损害,是否应有所赔偿?

如路侧地界处建筑堤闸沟渠等因通行而有所损害,必须赔偿。损伤田苗禾稼亦同。

四、凡水从邻地自然流来者,对于此事习惯如何?

凡水从邻地自然流来者,不得于下流所有地界内设坝阻其宣泄水。邻地为沟壑者,设法预防,先组合各地邻,或开通沟渠,或建牐修堰,各相度地之形势上为之。

五、若邻地故行设法使水流来者,对于此事习惯如何?

如邻地若故行设法使水流来者,则必于所有地内设牐,以防之不受将来水流之侵害。

六、凡因蓄水、泄水、引水等事所设之工作物,或破坏或沮塞而损害邻地时,如何办法?

如因蓄水、泄水、引水所设之工作物,或破坏或沮塞,是因天灾流行而损害邻地,则组合地邻重事修补。如蓄水、引水等公共建设之堤私行破坏而损害邻地者,则须按照所损之数目赔偿。

七、前项之工作物虽未至破坏沮塞而情形可虞时,邻人为预防损害计,是否得要求其设法防备?

如邻人为预防损害计欲修补工作物,必先事要求设法防备,或同力合作,或前后循环代筑。

八、凡邻地之竹木等,其枝干越过界线如何办法?

查凤属全境,无种竹之家,惟有栽植树木,须彼此商允,权作界线。倘或枝叶越过,则可剪伐,于枝干处则公认保存。

九、凡相邻之地通常以何为标识?

于相邻之地分定界线,通常或栽植树木,或立石标,或筑土堰,统以此三项为标识。

十、若相邻者越过界线且收获不止一次,通常用何法了结?是否应有所赔偿?赔偿之法若何?

如相邻者越界线多次收获,事后发觉,须按照所被损之全数多少赔偿,倘不认可,则与诉讼。

十一、凡房屋之界线通常用何标识?

如房屋之界线,通常用编篱围障,或石筑墙垣为标识。

十二、凡筑造建屋,于公共界线通常应距离若干?

如筑垣墙,则切公共之界线;修造房屋,则距离公共界线三尺,以檐溜滴水不逾界线为准则。

十三、若逾应距离尺寸时,是否可令其停工,或别行改作?

如逾应距离尺寸时,先令停工,续行改作。或已筑成,须认赔偿价值。

十四、若建筑已成,或自动工时起已经若干时,势难于停止改作者,用何法了结?

如于建筑已成,或经已一年,势难停止改作,如于全体无甚阻碍,建筑者须认赔偿价值。倘阻通行之出路,必须改作。

十五、凡穿井开沟凿池等事,通常应距离界线若干?

如穿井开沟凿池等事,通常于无妨碍相邻者之处应距离五尺。

十六、若于公共界线越过应距离之尺寸时,用何法了结?

如越过公共界线应距离之尺寸时,其了结之法,有经事后商允作为公共使用,或另行改作。

十七、凡于界线近旁有所建筑造,非使用邻地不能工作者,是否须经邻人许诺始得使用,抑别有习惯办法?

如于界线近旁有所建筑造,非使用邻地不能工作者,须经邻人许诺,始得使用,别无习惯办法。

十八、若邻地因之有所损害时,是否须有所赔偿?赔偿之法若何?

如邻地有所损害时,必须赔偿。赔偿之法必先度被损者为何项,然后或修补,或按价值赔偿,或另行购买原式标识物品赔偿。

十九、凡典质土地以若干年为限?逾限不赎作何办法?

通常典质土地计有二种：有典质土地不具年限，钱到回赎；有立限三年、五年至十年不等。倘逾三、十年限外不赎者，即声明照章税契，作为永业。

廿、凡典质房屋限若干年？若于期限内其房屋有必需修缮者，其费归何人承担？

典质房屋之年限与典质土地方法同。若于期内必需修缮，其费归典户承担，与业主无涉。

廿一、凡典质衣物通常以若干月为期？利息几何？

如典质衣物，在日本质物商以四十五日为限，利息按资本月收十分之一。在中国公济当以二年为限，利息每月定为百分之二。寻常居民无营谋典质衣物之利者。

廿二、凡租赁田地者，是否先行缴价若干，余则限期缴清？倘逾限不缴时，有何办法？

如租赁田地，先行缴价若干，余者限期缴清。倘若逾限不缴，则有中保人代为借垫。

廿三、凡租赁房屋，是否先行缴价若干，余者限期缴清？

如租赁房屋居住一年，先行按半年缴价若干，余者则限期缴清。

廿四、凡地主与佃户因田事之费用如何摊派？收获之利如何分割？承种之地有无期限？

查凤属佃户对于地主有租种、分种二项。一，凡籽种、肥料、牲畜等均归佃户置备，届收获新粮时按原议之数或三分之一分割归于地主，余二分归于佃户，承种以三年或五年不等，此谓租种。又各一切费用佃户自备，所有收获多寡与地主均分，各得二分之一，承种不具年限，此谓分种。但租种多有保押租金，如收获后不交纳分割租粮，则由保押租金内扣留所应得之数。分种则无此项。

廿五、凡以物产抵押债物者，其物产必需之费向例归何人承担？

如以物产抵押债务者，其物产如田地之粮差，房屋之修缮，向例抵押一年者，由债务者自理，限外则归债权者承担。

廿六、凡抵押之田产，债主虽转押于他人，是否应俟业主允许？

如抵押之田产债主虽转押于他人，不俟业主允许，必须立有兑契，业主可迳行赎回。

廿七、凡以田产抵押债务，其价比原价低减若干？

如以田产抵押债务,其价比原价有相等者,有低减十分之一或三分之一,总以量物之场合为之。

廿八、凡不知为他人之物,如家畜及他种动物死亡之后,物主不来追寻,则拾得者是否即为所有?

如家畜及他种动物死亡之后物主不来追寻,则拾得者必须向邻佑声明,方为所有。

廿九、若物主来寻,自应归还,其索还时是否应有所赔偿?

如鸡犬羊豕死亡,与拾得之日无多,物主索还时,不需赔偿。如牛马驴骡,于索还时,则按日所用费、饲养料数目议定价值赔偿。

卅、凡明知为他人之物,如故买盗品,与明知为某人遗失物而故购买之或拾取之,其于失主索取时,及归还此物时,用何种方法?

如故买盗品,于失主索取归还时,殁其价值;购买遗失物或拾取者,当失主索取归还时,各按物之价格评定价值补还,或有拾得某人房产地契账簿暨报捐执照等于归还失主时,谢以酬报金,多寡不等。

卅一、凡数人共营一业时,其财产即为数人所共有,此共有之契约习惯如何?

如数人共营一业时,所共有之财产,此项契约各以应得享有之数预定立约保存,并书记账簿。倘有增加减损,各按分数共认。

卅二、共有之费用摊派时习惯如何?

如共有之费用摊派时,则按应得额数内抽出,亦有于共有之费用由共有款内抽出,无须摊派者。

卅三、共有之财产分割时习惯如何?

如分割财产时,则邀集众友,将财产先行分配清楚,于共有之人各无异词,即行分割。

卅四、遇有不易分割之物产,通常如何办法?

于不易分割之物产,则公同作定价值。于共有者,或留或卖,照价按股均分。

卅五、凡无主之物,首先寻获者是否即为其所有?

如寻获无主之物,即为寻获者所有。

卅六、若经数人寻获,如何分割?

若经数人寻获,则按人均分。如不易分割,则作价变卖均分。

卅七、凡埋藏之物,首先发见者是否即为其所有?或俟公告后经若干时,所有者不得主名,始为其所有?

如埋藏之物首先发见于本人所有田宅以内,非系亲友邻人窃埋者,即为其所有。倘发见于租赁田宅,或典押田宅及山林附属以内者,必须公告后,得其人则与之均分,经三旬内不得其人,则与发见地之业主议定均分,惟发见公告者,必得多数。

卅八、若从他人所有物中发见时如何办法?

若从他人所有物中发见者,公告后,得其人则与之议定均分,不得其人则与所有之业主分之。

(乙)调查关于钱债之民事习惯

一、凡债主与负债者相去甚远,非汇兑不能偿还者,其汇费归何人承担?

如债主与负债者相去甚远,倘由汇兑偿还,则须议定,汇费多归负债者承担,亦有因他事归债主承担汇费者,惟不多见。

二、凡债主因负债者届期不还之故所生之损害,是否应有所赔偿?

如负债者届期不还,债主因生此项之损害,先期预先议明者,则必归负债者赔偿。否则概不承认。

三、凡负债者应付之利息未能归还,有经若干时即可作为元本之习惯否?

如负债者届期未能归还利息,遂加此项之利作为元本。查凤属此种习惯惟放赌债者行之,凡正当营业者,无此习惯。

四、凡债主虽将债务转让于人,是否可任意为之,抑必须经负债者允许后始可转让?

如债主虽将债务转让于人,不能任意为之,必须经负债者允许后,始可转让。

五、凡债主于负债者是否有经过若干年不行追索,即作为消灭之习惯?

如债主于负债者经过若干年不行追索,负债者或因病故,后嗣乏人,即行作为消灭。他如无力偿还、有子嗣者,不能作为消灭。

六、凡负债者未至偿还期限不幸而有破产倒闭之情事,斯时债主是否不俟期限,即可追索?

如负债者未至偿还期限不幸而有破产倒闭之情事,斯时为债主者不俟期限追索,必须让利方可追本,否则必俟限满。

七、凡于应偿之债先付若干,债主是否与以收据,抑注明于借券中?

如应偿之债先付若干,债主必注明于借券中,并与收据。

八、凡负债者将欠债悉数偿还,债主或遗失借券不能归还,其习惯之办法若何?

如负债者将欠债悉数偿还,债主倘遗失借券,则须同原有保证人另立欠债付清字据,声明将遗失借券作废,付负债者收执,并将偿还之利息原数内退让二成或三成,此寻常习惯办法。

九、凡人家子弟因游荡浪费所生之债务,债主可否向其父兄追索?

如人家子弟因游荡浪费所生之债务,若系酒食正当债务,债主可向其父兄追索,赌博妓寮之债务,则不能向其父兄追索,索亦无效。

十、凡数人共负之债,其中一二人已将其本身应还之数清偿,其余之负债者设有因事变不能偿还时,债主可否仍向此一二人追索其余欠?

如数人共负之债,其中已有一二人将其本身应还之数清偿,其余之负债者有因事变不能偿还时,债主可向此一二人恳烦代为追索其余欠,此一二人亦必须负担追索,以偿清为止。

十一、凡数人共借一人之债,其中一人并有保证之责,设此人逃走、死亡或破产,则债主于其余各负债者是否可要其偿还此债之全数?

如数人共借一人之债,其中一人并有保证之责,设此人逃走、死亡或破产,则债主于其余各负债者可要其偿还此债原本之全数,由数人代付清楚,将此人应偿之利息免还。

十二、凡数人共借一债,其中一人并有保证之责,设各负债者不能偿还,则债主可否向此保证之一人索其将债之全数悉行偿还?

如数人共借一债,其中一人并有保证之责,各负债均未偿还,则债主可向此保证之一人索债之全数,悉责其偿还。

十三、凡债主数人共有之一债务,原约偿还时可付债中之一人,此一人所收得之数又仅足自己应得之数,此时负债者无力再偿,其所收得者是否应归各债主均分,抑归此一人独有?

如债主数人共有之一债务于偿还时仅足债主一人应得之数,负债者又无力再偿,其所收得之数,如同时共有之债务,则归各债主均分偿还债中之一人;事同而时不同者,则归此一人独有。

以下关于债务之担保习惯

十四、凡可充当保证人者,应具有何等资格?

如充当债务之保证人,应具有代付债主全数之资格;或取信于人,有追偿索还之能力,亦得充当。

十五、凡届偿还之期限,债主是否直向负债者追索,抑须请求保证人代为追索?

如届偿还之期限,债主可直向负债者追索。倘或不即偿还,可请求保证人代为追索。

十六、凡借债者所延请之保证人应负何等责任?是否有代偿之责,抑仅有督促之责?

如借债者所延请之保证人,应负代债主追索及代偿之责任,亦有专保负债者死绝逃亡之后乃负担代偿之责,是必预先声明议定,平时仅有督促之责。

十七、凡家有父兄,其子弟所担保之债务负担者届时不偿,债主可否向担保之父兄追问?

如家有父兄,其子弟所担保之债务负债者届时不偿,债主可向担保者追问,与其父兄无涉。

十八、凡保证人所保之债未至期限而因事破产,无代偿之资力,则债主可否要求负债者使其另觅人担保?

如保证人所保之债未至期限而因事破产,无代偿之力,乃若单独之保证,则债主可要求负债者另觅他人担保,惟共同之保证不止一人,则无须使其另觅他保。

十九、凡债未偿清或未至期限而保证人身先死亡,其承继人是否尚有保证之责任?

如债未偿清或未至期限而保证人身先死亡,其承继人虽有保证之责,有代为追索之责任,无代偿还之惯例。

廿、凡数人所保之债务届期不还,债主是否应向各保证人追索,抑向数人中之一人请求偿还?其习惯若何?

如数人所保之债务届期不还,债主应向各保证人追索。倘各保证人因事他往,公同预有成议者,则向数人中指定之一人请求偿还。

廿一、凡为人担保债务,有无由自己另立字据与债主收执者,其字据之式若何?

如为人担保债务,即将自己姓名填于债券保证人之内,并签字付与债主收执,无须另立字据,故无从列式。

廿二、凡借债者,除保证人外,有无指自己田宅作保之习惯?

如借债者除保证人外,多有指自己之田宅并将原契作保之习惯。

廿三、凡以田宅担保之债务,设届期不还,债主有先他债主抵押之惯例否?

如以田宅担保之债务,设届期不还,债主有先他债主抵押之权。

廿四、凡担保债务之田宅,其价应比原价低减若干?

担保债务之田宅,其价无定,总视田宅现在应得之价值作为比例,低减十分之一或五分之一。

廿五、凡既有田宅担保之债务,是否尚须保证人?

虽有田宅担保之债务,仍须有保证人之见证。

廿六、凡指明以何种田宅担保借债者,设其物有损坏,债主有要求其另以他物作抵之惯例否?

如指明以此种田宅作保,设有各房屋倾倒损坏等类,债主有要求其另以他物作抵。如先已归债主承管,物有损坏,则有赔偿之惯例。

以下关于钱债之契约习惯

廿七、凡契约成立之时,应行到场签押者,除中证人外尚有何人?

如契约成立之时,到场签押者除中证人外,尚有代字人,如乡约、地保等,于乡村间必其到场签押,城市则无。

廿八、凡请人写立契约者,归何人延请?

如请人写立契约,归当事者延请。乃若买卖田宅,归买者延请;借贷钱债,归负债者延请。

廿九、凡买卖租借等,其契约成立之费何人承担?

如买卖租借等契约成立之费,向归买者、租者、借者承担,与原有者无涉。

卅、凡面订契约、不另觅中证者,其效力如何?

如面订契约、不另觅中证者,其效力最著,亦间有失信用之人,不尽如约。

卅一、凡契约有遗失时,通常另设何法以为证据?

如遗失契约,通常则由遗失者仍邀原有中证人等另立证据。倘或遗失所买田宅之契约,因年代久远□□及中证人他往,则须声明地方官立案。

卅二、凡孀居无子或子未成丁,其立契时是否须自己出名?

如立契约时孀居无子者,由夫之伯叔兄弟或同胞之弟兄代为出名,将原因于契约内叙明。又如子未成丁者,凡及就学之年即可出名,必须有亲族人到场,方能有效。

卅三、凡财产镠轕,经中证清算立约不再争执,此等契约除彼此各执一份外,是否中证人亦须收执一份?

如因财产镠轕,经中证人清算立约不再争执,除彼此各执一份外,中证人亦须收执一份。惟中证收执之契约,现时尚未通行。

卅四、凡以各种契约转押于人者,其价比原价有无低减?低减之率若干?

如以各种契约,如质票、典契等转押于人者,其价比原价低减,低减之率必视此等财物现时之价格为比例低减一二成。

卅五、凡以各种契{约}转押于人者,如届期不偿,债主可即管理其业否?

如以各种契约转押于人者,如届期不偿,债主即可管理其业。

卅六、凡以自己财物赠与人者,有无契约?其契约注重之点有几?

如以自己财物赠人者,多无契约,惟以田宅赠人者,其注重之点只书有"不许他人争执",此项习惯凤属虽有无几。

卅七、凡以财物相交换者,其契约之习惯如何?

如以财物相交换者,出立况帖,一经将财物作价,书明各执一份,与买者无异,此当地之习惯。

卅八、凡佣雇之契约习惯如何?

查当地雇佣,全无契约,只有佣者收入、雇主支出两方面之账簿,其他习惯无。

卅九、若佣者有非法行为致佣雇主受损害时,引荐人有无责任?

如佣者有非法行为致雇主受损害时,引荐人并作保证人即有责任,另有保证则不负责任。

四十、凡承办工程之契约习惯如何?

如承办工程之契约,名曰合同,两家公立,各执一份,以工程完竣、逾担保年限作废。

四十一、若违犯契约中所指各款者,有无罚则?

如违犯契约中所指各款,则须议相当之罚金。

四十二、凡以财物寄存他人处所者,其契约之习惯如何?

如以财物寄存他人处所者,惟开列名目、件数各誊记账簿,并书收条一份,付寄存者收执,无他种之契约。

四十三、其寄存之物若未经原主允许,可否转借与他人?

如有寄存之物未经原主允许,可迳行转借于他人者,视寻常器皿,他种物件不得转借。

四十四、凡代人输运货物者,其契约之习惯如何?

如代人输运货物者,只以货物单为证,由原主照单将货物发交输运者,限输运指定所在地之收到回条并函件为结果,无他项另立之契约。

四十五、若货主已给运费若干,其余不能清付,是否得扣留该货以作抵偿?

如货主已给运费若干,其余不能清付,必须货主先请保证人议明,不得扣留货物以作抵偿。

四十六、若代运之货中途遇有事变非人力所能防御者,代运者尚负责任否?

如代运之货中途遇有事变,如水火盗贼,非人力所能防御者,代运者即不负责任。

四十七、凡联合数人共营一业,此种契约之习惯如何?

如联合数人共营一业,惟于资本金账簿内书写甲入资本若干,乙入资本若干,丙入资本若干,共积若干,倘获利益,按股均分,如有损伤,各宜共认。每岁春正计算一次,除支使杂项费用外,共盈几何,三年复总计一次,以定方针。此外并无契约。

四十八、各种契约之式如何?

今将买卖典押田宅暨借贷钱债兑帖等,分式列下:

卖契式

立卖契人某,兹因需用手乏,经中保人说允,情愿将祖遗房产若干间,某种熟地若干亩出卖于某人永远为业。言明共作凤平银若干两,其银当下交清,并无短欠。自卖之后,永归买主管领,于原卖主无涉。此系两家甘愿,各无返悔。倘如返悔,有中保人承管。预后有凭,立此存证。

计阁

房间坐落四至丈尺数目　　田地坐落四至亩数弓数垅数

以下即将族中人某、中保人某、代字人某并年月日、立卖契人某均书押签字。

典契式

立典契人某,兹有急需,烦人说允,情愿将自己买到之房产几间,门窗户壁俱全,熟地几亩,出典与某人名下为业。言明共作凤市银若干两,其银当下交足,并无短欠。自典之后,以若干年为限,钱到归赎。如限内修补等项均由典户,不与原业主相干。此系两家情愿,各无返悔。倘如返悔,有中保承管。恐口无凭,立字为证。

租契式

立租契人某,今有房产田地各若干,同中人商允,出租与某人居住耕种为业。言明押租钱共东钱若干,其银当下交清,并无短欠,以租五年为满,限满另议,限内原业主不得另行租佃。每年房租金若干元,春秋两季交纳;所有租粮应行每年秋后交纳青豆若干,高粱若干,共若干石。倘或逾限不交,即由押租金坐扣。至于修补房间,归原业管理,与租户无干。此系两家甘愿,各无返悔。倘如返悔,有中保人一面承管。恐口无凭,立字为证。

兑契式

立兑契人某,情因急需,将原典某人房几间、田几亩,同中人商允,转行兑典与某人居住耕种为业。其钱照原典减价若干,作东钱若干。其钱当下交足,并无短欠。自出兑之后,准原业主备原价抽赎,于原典限期以外自不与出兑人相干。倘如缪辘不清,有中保人一面承管,并将原典契纸一并兑出,恐口无凭,立字为证。

借契式

立借帖人某,适因乏钱使用,同人说允,借到某人名下洋银若干元,年利几分行息。其钱当下交清,并无短欠。自借之后,以一年为限,本利交齐。倘有亏欠,逾期不交,则有中保人一面承管。或将指定某处房宅田产作抵,以俟钱到归赎。恐口无凭,立字存证。

(丙)调查属于户族之民事习惯

一、凡民户户主是否皆以尊长充当?

如民户户主,皆以尊长男子充当。

二、凡兄弟析居者,其户籍是否即行分别登记?

如兄弟析居,其户籍即行分别登记。

三、若遵父母命析居者,其户籍是否仍旧,抑另行分别登记?

如遵父母命析居者,若同居析产,其户籍仍旧;析产移居,则另行分别登记。

四、凡合族订立规约,是否由族众公议?

如合族订立规约,必须由族众公议。

五、若有违犯规约者,是否由族长处分,抑合族公同议罚?其处罚之法若何?

如有违犯规约,由族长处分,须同合族协议。其处罚之法分为二项:一则呈报官府究办,如系满蒙户籍,则请销除册档;二则罚修茔垣,亲族不齿。

六、凡经理族中公产者,是否由合族公举,抑由族长经理?

经理族中公产,有合族公举者,有族长经理者,有本族户主轮流充当者,殊无一定,而以合族公举者为多。

七、若此项经理人有侵吞情事，是否有赔偿之责？

此项经理人有侵吞情事，必须加倍赔偿。

八、凡族中有争讼情事，是否先由族长处理？

如族中有争讼情事，必须先由族长处理。

九、凡族中有与外族争讼，是否由族长出名，抑另行公举？

如本族争讼不已，则由族长出名，与外族争讼则由当事者出名，合族襄助。

十、凡族中有承继析产等事，是否应经族长到场，其所立契约族长是否出名签押？

如族中有承继析产等事，必须族长到场。所立契约惟承继则出名签押，析产则否。

十一、凡承继析产，当事者有不公情事，族长不认可，能否改议？

如承继析产，当事者有不公情事，族长不认可，必须族众不赞成方能改议。

十二、凡承继时，除亲长主持外，是否仍须承继人允许？

如承继时除亲长主持外，仍须承继人允许。

十三、凡承继之证人，除亲族姻戚外，有无以外人充当之惯例？

如承继之证人，除亲族姻戚外，则有外人充当之惯例。

十四、凡不按亲疏次序择爱为嗣者，是否须俟亲族公同承认？

如不按亲疏次序择爱为嗣者，必须亲族公同承认。

十五、凡长子与承重孙得继与他人为嗣否？

长子与承重孙不得继与他人为嗣。无己，则有承并祧之事。

十六、凡一子并祧两房者，设其后仅生一子，当承继何房，抑仍系并祧两房？

如一子并祧两房，设其后仅生一子，则仍并祧两房。

十七、凡并祧者订约之后，其本生父生子，或其所承继者生子，其并祧之约有无变更？

如并祧者订约之后，其本生父生子，则永远出嗣。若所承继者生子，则令归宗，或于承祧之后二房均生子嗣，去留则听承祧者之便，于契约亦即变更。

十八、凡近支应行承继之人，因所继者家产贫薄，是否有带产出继之习惯？

如近支应行承继之人，因所继者家产贫薄，带产出继者绝少，闻有赡恤迎养之习惯。

十九、凡立嗣者若近支无承继之人，远族之人又无爱子，有以姻戚为嗣之习惯否？

如立嗣者若近支无承继之人，远族之人又无爱子，间有以夫之姊妹所生之子为嗣者。

廿、凡抚养或收买异姓之子为嗣者，是否必经同族承认？

查凤属有抚养异姓之女，暨认义子之习惯，均不得于承继宗祧，亦无须同族承认。

廿一、若族中有不承认者，是否即可阻止，抑另有习惯办法？

养女招赘，族中或可承认，义子承继，则有族人阻止，别无习惯办法。

廿二、若经族中承认后，是否公同订立契约以后永无争执？

多不承认收买异姓之子为嗣，于公同订立契约以后永无争执一项阙。

［稿本，辽宁省档案馆藏。 另见《中国近代社会生活档案（东北卷一）7》，广西师范大学出版社，2005年，第349—384页。］

凤凰直隶厅调查民事习惯问题报告册

第一编　总则

第一章　与人及团体有关系之习惯

一、僧尼得置买产业否？

查厅属僧尼道士置买产业向不书自己之名义，如为寺庵置产，必须书明庙宇名称，次书主持某名。

二、僧尼财产归何人承受？

僧尼道士之财产向归本派近支弟子或徒孙承受，亦有于未成年以前令师兄或师弟代为经理者。

三、未经父母允许，未成年者径自与人交涉事件时，可生效力否？

如未成年者与人交涉事件时，非经父母允许，不生效力。

四、未成年者之财产如何办理？

未成年者之财产多系伯叔或外祖、舅父代为经理，然必受遗言之托，方能照办。

五、未成年者达几岁时可为成年？

查凤属成年之习惯多以十八岁为断。

六、妻得于夫之财产外私有财产否？其使用此等财产应经其夫许可否？

如妻使用于夫之财产，必经其夫许可。惟于嫁资一项，除衣服钗环准其自行馈赠戚族外，其余则须其夫之许可。

七、疯癫人之生计及财产如何办理？

如疯癫之生计则专倚托宗族亲谊并代为经理，财产必须经家族协议，方有效力。

八、聋者、盲者、哑者之生计及财产如何办理？

聋、盲、哑三者之生计、财产办理方法与第七条疯癫之人生计、财产办法同。

九、有管束浪费者之财产方法否？

浪费财产者有尊属亲则有管束，并于交接之处预为声明限制。仅有卑属亲者无管束浪费之方法。

十、有区别住所及居所之制度否？

以其地为生计上之根据地者为住所，否则为居所。查此项制度，凤属尚无。

十一、外出之人久失踪迹，又无父母妻子，其家产得由其亲族或戚族代为管理否？

如外出之人久失踪迹又无父母妻子者，其家产则归信用原托之亲族管理，以卅年为限，届期则为本族内祭祀公产。其管理受托之人则公议酬金，于金数内提出。

十二、管理久失踪迹人之家产者，有如何权限？

管理久失踪迹人之财产，如有亲族，则限制许其保管，不准变卖。即无亲属近族，卅年内亦不准变卖。

十三、有失踪迹后经若干年即作为死亡之制度否？

如失踪迹后必须推算年龄已达百岁者，即作为死亡，附主于祖。

十四、失踪迹后，计其年龄当已死亡，又无父母妻子，其家产得由其亲族或戚族处置否？

失踪迹后，计其年龄当已死亡，又无父母妻子者，有亲族者则归族中公产，只有戚族者方可处置。

十五、家产处置后，万一失踪人复归，得向处置人索偿原家产之值否？

家产处置后，万一失踪人复归，或其子孙执有失踪人宗谱契约各种之确据，得向处置人索偿原产之价值。

十六、失踪迹人有定而未娶之妇，其妇须经若干年始得别嫁？

失踪迹人有定而未娶之妇,须经两家亲族商允,历若干年始得别嫁,其年限由随时临事协议而定,无先事预定之年限。

十七、因临战阵与行船遭难及他之灾变而生死不明者,有经若干年即作为死亡之制度否?

因临战阵与行船遭难及他之灾变而生死不明者,必经卅年即行作为死亡,计算尤以年龄为度。

十八、如有以公益为目的之团体,详述其名目与组织及管理之情形。

详查厅属境内如由多数人设立讲学会,或由多数财产设立义仓、积谷会、育婴堂等各项公益善举者悉无。

十九、如有以营利为目的之团体,请详述其名目与组织及管理之情形。

查厅以营利为目的之结合团体者无。

第二章　与物有关系之习惯

一、所谓不动产者,是否以土地、房屋为限?此外尚有所谓不动产者否?

如土地、房屋向称所谓不动产,附属于不动产之内者,俗称有□□矿产森林数项。

二、土地与房屋是否有主物、从物之别?如土地出卖,则建筑于此土地上之房屋亦应归买主所有,是谓以土地为主物,房屋为从物;如房屋出卖,则建筑此房屋之土地亦统归买主,是谓以房为主物,土地为从物。抑别有土地与房屋两者均得为主物之习惯否?试详按城镇乡现行习惯而缕述之。

查厅属城镇乡习惯,如土地出卖,则所建筑于此土地上之房屋是否一同出售,均须彼此议明。惟房屋出售,于土地则统归买主所有,亦有买土地并树井垣墙在内者,暨并有房屋出售,任凭买主拆毁、迁移、建筑,而土地不在内者。至于别有土地与房屋两者均得为主物者,向无此种习惯。

第三章　与代理有关系之习惯

一、未成年者，其处理事务是否由父母为之代理？

如未成年者，处理事务必由父母为之代理。

二、少孤而无父母者，其处理事务系由何人为之代理？

如少孤而无父母者，其处理事务必由本族之伯叔宗兄暨外祖舅父为之代理。

三、癫狂盲哑之人如无父母，其处理事务应由何人为之代理？

如癫狂盲哑而无父母，其处理事务亦同由本族之伯叔宗兄或外祖舅父为之代理。

四、代理人之权限有无限制？

代理人之权限只有保存，不得变卖，如田内之未稼米粟，则变价保存，即山场产出之燃料亦同。

五、未成年者达于成年时，其代理人之代理权是否从而消灭？

如未成年者已达于成年时，其代理人之代理权于成年者受取管领时即行消灭。

六、未成年者及癫狂盲哑人并未商允代理人，径自与人交涉事件时，代理人得出而撤销之否？

如未成年者及癫狂盲哑人并未商允代理人，径自与人交涉事时，或系正当行为，或不正当行为，必须经代理人赞成或撤销，不能专取信用于未成年及癫狂盲哑者之一方。

七、代理人如因事烦不能一一亲任，或因故不能任事，得另觅人代理否？

代理人如因事烦不能一一亲任，或因故不能任事，得另觅人代理，必须先事声明，经亲族许可。

第二编　物权

第一章　所有权关系

一、盖筑房屋、修理墙壁时，得使用邻地或走入邻宅否？

凡盖筑房屋、修理墙壁时,如使用暂借邻地或走入邻宅,均系临时使用者,彼此皆得通融。

二、四面均被他人之土地环绕,欲通至大道,得通邻境否?又,须通过费用否?

如四面均被他人之土地环绕,欲通至大道,必须从邻境通过者,倘为久有通行之捷径,则无用通过费;若于所有地内建筑房屋,或开辟通行车马人行之路于邻地内,必须先行议明,偿清价值,方可通行。

三、因低地沮塞致使高地之水不能畅行下流,高地所有者得疏通此沮塞否?

如因低地沮塞致使高地之水不能畅行下流,高地所有者得向低地之原业议明,疏通此沮塞,惟于疏通应需低地若干之亩数及应用疏通人工之多少,须先组合各地邻,或开通沟渠,或建牎修堰,各相度地上之形势为之。此水如自然流来经过邻地者,则由公共担任疏通宣泄,即沟洫先修者担任亦同。

四、邻地蓄水之陂塘,其堤防有渗漏崩溃之虞,得商请其预为修筑否?

如邻地蓄水之陂塘,其堤防有渗漏崩溃之虞,得商请预为修筑。其修筑费用,向系公共蓄水引用,则由公众担任;或系个人引用,则自行担任。

五、盖筑房屋时为防檐水注滴邻地,则于墙根外应留出几尺隙地?

如盖筑房屋时为防檐水注滴邻地,则于墙根外留出三尺隙地。

六、水流两岸,一岸属于己,对岸属于人,如变更水路及幅员时,须两面妥商否?

水流两岸,左右各属于人,如变更水路及幅员时,必须两面协议妥商。

七、水流两岸均属一人,于变更水路及幅员时,其水流之下口应复原水路否?

水流两岸均属一人,如变更水路及幅员时,其水流之下口仍以原水路为排泄之处。

八、欲将余水向下排泄,高地所有者得不商诸底地所有者径行排泄否?又,排泄时有须留心不害底地所有者之义务否?

如将余水向下排泻,高地所有者并不商诸底地所有者,即不得径行排泄,倘或留心从他处隙地通过,不害底地所有者,则不得过问。

九、欲引甲地之水至乙地,中间须经过他人土地时,应如何办理?

如引甲地之水至乙地，中间经过他人土地时，应先商允赔偿以相当价值，然后引水经过通行。

十、土地、山林、房屋四至界线以何为凭？

于土地、山林、房屋四至界线，通常或立石标，或植树株，或筑垣墙及土堰等，即茔围墓标亦同。

十一、年久两造契据遗失，界标湮没，其疆界凭何为据？

如年久两造契据遗失，宜先赴本管官厅呈明，然后清查四邻界址所致确实，即以此项为据，并须两造各中保人作为确证。

十二、设立界标之费用是否分担？

于设立界标之费用，原系分担，亦有归买主自行承担者。

十三、房屋两所分属于甲乙二人，中有空地，甲欲设立屏障以别界限，而乙不愿意时，甲仍得设立否？

如房屋两所分属于甲乙二人，中有空地，甲欲设立屏障或竹篱木栅等以别界限，倘或因设立之后多有障碍，或于通行出路不便，或于光线遮影，而乙不愿意时，必须彼此协商，不能任甲之一人。

十四、共有墙壁，相邻之一人得自由增高改筑否？

共有墙壁，相邻之一人如因两面隙地空敞，无碍光线，得自由增高改筑。

十五、邻地竹木之枝横过疆界时，得如何办理？

查厅属全境无种竹之家，惟栽植树株，须彼此商允，权作界线，倘或枝叶横过，则可剪伐，于枝干处，则公认保存。

十六、邻地竹木之根抽过疆界时，得如何办理？

如邻地竹木之根抽过疆界，倘于房屋基址无碍，则须保存；若根枝横生窜出，各以界内所有者为断，不得互相争执。

十七、凿井、设厕，应距离疆界线若干尺？

如凿井、设厕，距离界线通常须限五尺。

十八、穿池浚沟,应距离疆线若干尺?

穿池浚沟,通常应距离界线均须五尺。

十九、附海岸而涨出新地者,此地是否归沿岸地主所有?

如附海岸而涨出新地者,此地归沿岸地主所有,必须赴官厅报明亩数。

廿、附江岸、河岸、溪岸而涨出新地者,此地应归何人所有? 若因对岸被冲滩而此岸涨出新地,如何办理?

如沿江、河、溪水各岸涨出新地者,归沿岸地主所有;如无业主报领,则归官有;若因对岸被冲滩而此岸涨出新地者,此新涨地则归于新地相近之地主报领,与被冲损失之地主无涉。此项惯例如按公理解释,仍归被冲损失之地主所有,恒为合宜。

第二章　共有权关系

一、数人共有一物,其共有之一人欲使用此物,有何限制?

凡数人共有一物,其共有之一人欲使用此物,必须公同商允,方能使用。

二、共有者之一人不经他共有者同意,得变更共有物否?

共有者之一人不经他共有者同意,不得变更共有之物。

三、共有物之管理是否由众公举,抑轮流管理?

共有物之管理,或由众公举,专任其事,或轮流管理,向有此种习惯。

四、共有物归一人管理时,其费用如何分担?

如共有物归一人管理时,其费用则公认分担。

五、共有者之一人死亡而无承继人时,其所应得之一部分是否分配于各共有者?

如共有者之一人死亡而无承继人时,其所应得之一部分,其生前所管理之项则归公存,以备彼之亲族承领;其事后所应得之项,则按各共有者分配。

六、共有者之一人得随时分割其应得共有物之一部分否? 如他共有者不愿分割时,则如何办理?

如共有者之一人，其应得共有物之一部分遇因他故得随时分割，于他共有者不愿分割时，必须说明滞碍之事实，商允延缓限期分割。

七、以共有物抵押于人时，得由共有者之一人取赎否？

如以共有物抵押于人时，得由共有者之一人取赎，此为当地通行惯例。

第三章 地上权关系

一、有使用他人土地以盖筑房屋或培植竹木者否？

如借基造屋、租山种树等，凡关于当地实行所有者，分述如左：

一、地租是否每年交付一次，或统行先交？

凡系地租，必须每年交付一次。如用租地保押金者，须统行先交，然后分年仍交租金。若迟延逾期，则由保押金内分年坐扣。

二、订有一定年限者，至长以若干年为限？至年限既满，地主不允展续时，系如何办理？

订有一定年限者，至长以十五年为限，亦有三、五年者不等。至年限既满，地主不允展续时，则收房屋，土地一并交出他移。如有保押金，地主亦须退还。

三、未订有一定年限者，地主欲取还土地，及使用土地者欲退还土地时，系如何办理？

未订有一定年限者，地主欲取还土地，及使用土地者欲退还土地时，则将土地交出他移，别无他项办法。

四、因年限满而退还土地时，须仍复土地之原状否？

因年限满而退还土地时，仍复土地之原状，此限租地置厂而不建房屋者。

五、退还土地时，地上之房屋竹木地主愿照时价买收，使用土地者得拒绝否？

如退还土地时，地上之竹木地主愿照时价买收，使用土地者不得拒绝。至于租地所建之房屋，限内地主必须按时价买收，限外则土地与房屋一并归地主所有，勿用备价。

第四章 抵押权关系

一、凡借人之财，以物为质者，为抵押。抵押物有过手管理、不过手管理之别。是否以动产为抵押时，均须过手管理？以不动产为抵押时，无须过手管理？或不动产抵押，亦有须过手管理否？

凡借人之财，以物为质者，如衣服、首饰，凡属动产，必须过手管理；如田地、房屋等，凡属不动产者，有因抵押限期内不得过手管理，限外无力偿还方能过手管理，亦有于抵押立契约后即交押主过手管理。

二、质、当、典、押，其名目既异，其规则有无异同？

质、当、典、押其名目既异，规则亦不同。如典押衣物，在日本质物商以六十日为限，利息按资本月收千分之五。在海城公济当，以二年为限，利息每月定为百分之二。至于寻常居民，于厅属境内无营谋典押衣物之利者。

三、抵押物有无限制？

如军装、爆发物、动物、植物等均有限制，不得抵押。

四、抵押是否以票据为凭？

如抵押物件，悉以票据为凭。票式列左，并粘原式二纸。

质当票式

凤凰城公济当

元字　某　号　某姓，今收旧物　件，当本银　圆，言明按月利二分行息，准二十四个月为满。过期不赎，即时变卖作本。倘鼠咬虫伤，各由天命，认票不认人。

宣统　年　月　日　票

押当票式

日丰日公司

字　号　姓票

洋钱

定则

本质商开设凤凰城南街,支旧物　件,借钱　,每元壹个月利息五角。言明两个月为限,钱到取回。倘至期不取者,以本商变卖作本。如有鼠咬虫伤,各由天命,以及来历不明,与质当无干。洋服军器不质。认票不认人。

宣统　年　月　日

明治　年　月　日　盖印

五、以票据为凭者,若票据遗失时,业主得如何办理?

以票据为凭而偶有遗失者,业主则先向质当声明,并指明物品及典当价值后,觅保证人立出遗失当票字据,则允其备价赎回。

六、若不用票据者,凭何为据?

如不用票据者,须以保证人之字据为凭。

七、押主得将抵押之物品使用或借给于人否?

押主于抵押限内不得将抵押之物品使用,并不得借给于人。

八、修理与保管抵押物之费用,是否由押主任之?

修理与保管抵押物之费用,悉由押主自任,与他人无涉。

九、押主得以抵押物转抵押于他人否?如得转抵押于他人,则因转抵押之故而抵押物被毁损时,押主向于业主是否应负责任?

押主于有他故时,得以抵押物转抵押于他人。如欲抵押,可先出广告通报。若因转抵押之故而抵押物被毁损者,押主向于业主应负赔偿责任,按应得价值之多少,否则退让作抵。

十、抵押物有毁损灭失时,押主是否折价偿还?其价以何时之率为准?

如抵押物有毁损灭失时,押主必须折价偿还。其方法按照所当原本之价值几何为凭赔偿一份,将从前所当原本之价值利息一概免交,不论抵押时之价或偿还时之价,悉以原抵押之价值为准。

十一、因天灾时变致抵押物有灭失毁损时,押主得免赔偿之责任否?

如因天灾时变致抵押物有灭失毁损时，押主得免赔偿责任。

十二、抵押物是否本利还清始得取赎，抑专将本钱还清即可取赎？

如取赎抵押物，必须本利还清，始得取偿。若专还本钱，即不得取赎。

十三、抵押年期至长以若干年为度？

查当地通行习惯，多以二年为度。如日本开设之质物商则以六十日为度，已列本章前项第二条。

十四、期限将满时，物主得将利息付清请再展期否？

如期限将满时，物主不能全力取赎，得将利息付清，可以请再展期。

十五、业主至期限无力取赎，如何办理？

业主至期限无力取赎，则任押主变卖作本，逐项列下：

 一、抵押物是否即归押主所有？

  抵押物品至期满不赎，即归押主所有。

 二、满期限后，押主得不通知业主即行变卖否？如得变卖，其卖价不敷抵价时如何办理？或卖价扣除抵价及利息尚有余时，又如何办理？

  如满期限后，押主得不通知业主即行任意变卖。如变卖不敷抵价或扣除抵价及利息尚有盈余，悉由押主自行处置分配办理。其办理方法，即以物品之新旧贵贱分别配置，拟定价值出售，无论盈亏，总以卖出所得之价值计算为断。

十六、抵押利息每年至少若干？至多若干？平准若干？

抵押物品利息均以月计，按原本生息至少须百分之二，至多须十分之五，平准百分之二六〔五十五分之三五〕。他如债权利息则有按年计算者，至少二分，至多三分，平准一分五厘。

十七、不动产抵押是否以契据为凭？

 契据抄粘，原文列左：

 立典契人某，兹有急需，无钱使用，烦人说允，甘愿将祖遗瓦房若干间，地若干亩出典于某人名下居住并耕种为业，以三年为限，言明凤市小银洋若干元（如系指定不动产作为抵押者,则书借到某人银若干元,言明年息二分,以三年为限,并将房几处、地几亩作为保证。倘逾期不能归还资本利息,即以此项归某人管理此业,俟原业主本利还清时,即为赎还之日)。其钱当下交足,并无短欠,此系两家情愿,各无返悔。倘有狡展,有中保人两面承担。恐口无凭,立字存证。

  以下书房产及地亩、坐落并中见、保人若干名,某年某月某日立典契,契某名并签押字。

十八、过手保管之不动产抵押是否即以该产所得之利息充利息,抑须别给利?

  如过手保管之不动产抵押,即以该产所得之利息,如田地收获、住宅租银之类充利息,不得另给一份。

十九、过手保管之不动产抵押,其不动产每年应交纳之丁粮、捐税,是否由业主完纳,抑由押主完纳?

  如过手保管之不动产抵押,每年应交纳之丁粮由业主完纳,至捐税则由押主完纳。

廿、抵押取赎年限有最长至若干年者?

  抵押取赎年限有最长至卅年以上者,至短必须在一年以外。

廿一、过手保管之不动产抵押,其抵押物之修理及保管费用,是否全归押主任之?

  过手保管之不动产抵押,如房屋之修理及保管费用全归押主任之。

廿二、过手保管之不动产抵押,于抵押期限中业主将其业出卖时,系如何办理?

  过手保管之不动产,于抵押期限中业主将其原业出卖时,必须将抵押之价并将应得未满之期限折价商允全数还清,然后买主方能管理此产。

廿三、不过手保管之不动产抵押,其利息每年若干?至业主到期不交利息,押主得如何办理?

  不过手管押之不动产抵押,寻常利息每年二分至三分不等,至业主到期不交利息,押主得管理其所抵押之不动产。

廿四、以一不动产抵押于数人,则押主与押主间之权利有先后区别否?

  以一不动产抵押于数人,则押主与押主间之权利有先后之区别,占优先权者归最先押主之一人。

廿五、不过手保管之不动产抵押，若业主将不动产出卖于他人时，押主得向买主索还抵押价否？

不过手保管之不动产抵押，若业主将此产出卖于他人时，押主得向原业主索还抵价，不得向买主索还；如业主将从前抵押之价通知押主，议明由买主归付，则可向买主索还。

廿六、业主变卖其抵押物摊还债务时，押主较他借主有尽先摊还之权利否？

如业主变卖其抵押物摊还债务时，押主得较他借主有尽先摊还之权利。

廿七、买得不过手管理有抵押之不动产者，得代业主备价向押主取赎抵押否？

如买得不过手管理有抵押之不动产者，买主得代业主备价向押主取赎抵押之不动产。

第五章　物权之消灭

一、各国法律，凡权利者经过若干年后不行使权利，则其权利归于消灭。吾国关于物之权利亦有此习惯否？如有此习惯，其年限若何？且关于各种物权之消灭年限有无区别？

凤属无此项物权消灭之习惯。

第三编　债权

第一章　契约

一、订立契约时是否必以证书为据？又，在证书外更须用别种之方法否？其办法如何？试详述之。

凡订立契约时必以证书为据，又须于证书外用切实担保，如中证人等必在三人以上，查当地习惯是此种方法。

二、未成年之人能否与人订约，抑或须由其家长父母出名？

如未成年之人与人订约或承祖母及孀母之命,经中证人认可,方能有效。

三、为人妻者及奴婢与人订约,应否得家长及夫之许可,抑或一切契约均须家长及夫出名代订?

凡为人妻者及奴婢不能自由出名与人订约,一切契约均须家长及夫出名代订。

四、托人代订契约时,关于左揭各项情形试详述之:

一、代理人与人订约能自行出名否,抑须用本人名义?

代理人与人订约不能自行出名,须用本人名义,惟另呈代理人某之字样签押为凭。

二、代理人之有无代理权限,及其权限如何?应以何法证明?

凡请人代订契约者,非远出即抱病,其契约一切内容早经本人双方之议定,代理人对于代订之契约只有签字画诺之权,于契约内一切事实不得任意更换。

三、代理人所订契约若出其权限之外,本人可不承认否?如可不承认,代理人对于彼造应否照所订契约自负履行之责?若彼造更有损害,是否并须赔偿?

代理人所订契约若出其权限之外,本人可不承认,代理人应自负履行及赔偿之责。

四、代理人受托后得转托他人代订契约否?如得转托他人,则其所托之人苟办理不善,本人因之受损,代理人并其所托之人对本人应负赔偿之责否?

代理人受托后不得转托他人代订契约。

五、契约若定有期限,在期限未满以前,债主得以索偿否?

若契约订有期限,在期限未满以前债主不得索偿,倘债主有意外之事故必须索偿者,须与债户协商执行,不得施以强迫之手段。

六、契约若无定期限,债主须俟何时方得索偿?

契约若未定期限,如债户于所订利息依期缴纳,不少延欠,须俟债户钞便,债主方能索偿。倘债主有意外之事故必须索偿者,照前条办理。

七、履行契约应在何地?若未约定,债主应否至债户家索偿,抑或由债户送还债主家,又或另定一地以为履行之地？试分别言之。

履行契约处在中证之家。若未约定地点,则债主至债户家索还者有之,由债户送还债主家者有之,或双方均由中证过付者亦有之,无一定之规定。

八、债户若逾限尚不履行契约,债主因以受损,债主得使债户赔偿否？

债户若逾限不履行契约,债主因之受损,如当议明者,债主可使债户赔偿,否则债户可不承认。

九、契约若约定应为某事而债户不为时,债主得以债户之钱请人代为,以副原约否？

若契约约定应为某事而债户不为时,债主得以债户之钱请人代为,或取消契约,而要使必为以副原约。

十、契约若约定不准为某事而债户竟为时,债主得以债户之钱请人除其所为,以副原约否？

照前条办理。

十一、债户依限履行契约,债主若不领受,债户得以该物托人保管,以免其责否？

如债户依限履行契约时,债主不受,债户得以该物立明字据,交中证人保管,以免其责;或请同中证人要求债主领受。

十二、债户依限履行契约,债主若不领受,债户因以受损,债户得使债主赔偿否？

如债户依限履行契约,债主不受,债户因之受损,债户得请凭中证人要求债主减免利息若干,以资赔偿。

十三、交付银钱时,或用银圆,或用外国货币,有一定之办法否？

如应付钱,或付银而以银圆或外国货币代付者,均照当地市价折算交纳。

十四、契约约明有利,若其利率若干未经明定,则依本地习惯,每月或每年应付若干方得免责？

契约未经明定利率者,依当地习惯,每月应付利三分,方得免责。

十五、债户若逾限不付利息,债主因以受损,债主得使债户赔偿否？

债户逾限不付利息,债主因以受损,若当经议明者,债主可使债户赔偿,否则债户概不承认。

十六、债户若逾限不付利息,债主得以所欠利息作为元本重征利息否?若许重征,其所欠利息应积若干,并所误期限应迟至何时债主方得如此办理?

凤属利息作为元本重征利息之习惯,只放赌债者行之,凡正当债务,无此习惯。

十七、一契约债主数人,债户亦有数人时,其各债主、各债户之权利义务是否平等均分,抑或另有办法?试详言之。

一契约债主、债户均各数人,其出资受资均者,权利义务亦平等均分,如出资受资各有多少,则权利义务亦各分轻重,别无他项办法。

十八、债主数人同一债权,债户所负债务若仅一物,不能分偿各债主时,则债主中一人可否代各债主而对债户索偿,抑或须会同各债主方得索偿?又,债户若以其物交还一债主时,对他债主能免其责否,抑或须约齐各债主当面交还,方得免责?试分析言之。

债主数人共一债权,债户若仅一物不能分偿各债主,如系同时共有之债务,则债主中一人可代各债主而对债户索偿,否则须会同各债主方得索偿。若债户以其物交还一债主时,须约齐各债主当面交还,则对于他债主方能免责。

十九、债户数人同负一债,各债户若与债主约明连带负责,则债主或对债户一人索偿全部之债,或同时对于各债户索偿全部之债,又或顺次对各债户索偿全部之债,是否属其自由?

如债户数人同负一债,既与债主约明各债户连带负责,则此项索偿之权属其自由。

二十、前条债户中一人若有特别事故,其所应负之债额归于消灭时,则他债户按其所消灭之数,是否得以援免?

前条债户中一人若因特别事故,其所应负之债务归于消灭时,他债户不得援免。

二十一、前条债户中一人若清偿债务,则对他债户按其所应免之债额是否得以索偿?

前条他债户既不得援免,此条应阙。

二十二、契约若有保证之人,则关于左揭各项情形,试分别言之:

一、保证人资格能力有何限制?

如充当债务之保证人应具有代偿债主全数之资格,及取信于人,有追偿索还之能力。

二、保证人对债主负何责任?

保证人对于债主应负代债主追偿及代偿之责任,亦有专保债户死绝逃亡之后乃负担代偿之责任者,是必预先声明。

三、保证人在保证债务外,对于利息违约罚款并赔偿损害之事等,亦负保证之责否?

保证人于保证债务外,对于利息违约罚款并赔偿损害等事,均负责任。

四、保证人所负之责得较重于本契约所定者否?

凡重于本契约所规定之责任,保证人概不担负。

五、债户若尚有资力,吝不还债,债主不与交涉,直向保证人索偿时,保证人对债主应用何法抵制?

保证人遇此种问题发生,对于债主即允为代索,或邀同债主向债户追索,甚有因此起诉讼者,别无抵制之法。

六、债主至期不即索偿,至债户擅自消费,资力有缺,其后不能清偿时,与保证人责任有何关系?

债主至期不即索偿,若保证人当时声明,则至债户擅自消费不能清偿之时可以不任代偿之责,否则仍须担负完全之责任。

七、保证人若有数人,其保证之法如何?

如数人所保之债务即由数人共担责任,倘各保证人因事他往,公同预有成议者,债主可向数人中指定之一人责问追偿。

八、保证人代债户偿债后,对债户有何权利?

保证人代债户偿债后,对于债户得享有纯全债主之权利。

二十三、债主、债户间若各有欠债,可否互相抵销? 又,两债务期限若有不同,或依契约所定,其债务各不相同不能抵销,是否各应偿债,不得援抵销之例办理?

债主、债户互有欠债，如权利义务相同者，可以互相抵销；若两债务期限各异，或契约所定之权利义务各不相同，则须各还各债，不得援抵销之例办理。

二十四、前后有二契约，以后契约废弃前契约时，前契约是否归于消灭？如归消灭，则前契约如有保证人，或以物件作担保，后契约得以援用否？

以后契约废弃前契约时，前契约即归消灭，所有前契约之保证人及担保物后契约援用与否，须双方临时公议，无一定之办法。

二十五、各国法律，债主若经过若干年不对债户索债，其债权有归销灭、不能再行索偿之例，吾国亦有此惯例否？如有此例，则其年限以若干年为限？又，因各债务之不相同，其年限亦有不同否？

凤属无此项消灭之惯例，惟负债者病故后嗣续无人，则其债务可以作为消灭。

十二、左揭各契约之情形如何？试分别言之：

一 赠与契约

甲 以物与人，虽已约明，若未立有书据，与者得自反悔，将该约撤销否？

以物与人，若未立书据，其物未交付之前，与者得自反悔；既交付之后，即不得反悔。

乙 以物与人，其物若有瑕疵或欠缺，与者应否换给以完足之物？

以物与人，其物若有瑕疵、欠缺，与者概不换给。

丙 约定每月或每年与物若干，若未订明以若干年月为限，其契约以何时为完毕之期？

此项契约以其人死亡之日为完毕之期。

二 买卖契约

甲 彼此约定买卖一物，物、价均未交割，中途有一人违约不买或不卖时，其处理之方法如何？

彼此约定买卖一物，物、价均未交割，如中途有一人违约不买或不卖时，由违约之一人略备酒食，请人调说了事。

乙　约定买卖并付有定钱,中途有一人违约时,其定钱作何处理?

约定买卖并付有定钱,中途如买主违约,须审卖主有无损害,有损害则将买主定钞全数没入,以作赔偿;若无损害,则以定钞之半缴还买主了事。至如卖主违约,除将定钱全数缴还买主外,另备酒食赔服买主。

丙　买卖时应有一切用费由买主、卖主何人任之?

买卖时应有一切费用,由买主任之。

丁　买卖用费是否照实费计算,抑有特定标准?

买卖用费均照实费计算,无特定之标准。

戊　买卖经过一定期限,如未付价,或付价未清,卖主可向买主索加利息,或撤销买卖之约否?

买卖经过一定期限,如未付价,或付价未清,卖主可撤销买卖之约,另卖他主,不得向买主索加利息。

己　买卖已成交后,买主如不合意,有无退换之事? 其退换之方法如何?

买卖已成交后,即无退换之事,间或有之,亦只能换以价值相当之他物,不能退还原价。

庚　买卖已成交后,如买主因该物有缺损差异与原约不符时,其退换之方法如何?

买卖已成交后,如该物有缺损差异与原约不符时,买主可向卖主调换与原约相符之物;若卖主无与原约相符之物,买主可将原价退回。

辛　退换货物有无一定期限?

凡退换货物,至迟以三天为限,逾期即不退换。

壬　故将左揭各物出卖,买主不知,致买卖无效时,卖主对于买主有何责任?

一、抵押租借之物

二、官有或公有之物

三、寄存或遗失之物

四、盗窃之物

如卖主故将上列各物出卖，买主不知，致买卖无效时，除将原价退还买主外，所有一切应受之惩罚，概由卖主担负责任。

癸　定买之物，如卖主已先抵押于人，应由何人取赎？

定买之物如卖主已先抵押于人，应由卖主取赎。

子　定卖之物，卖主再以卖人时，对于前后买主有何责任？

如卖主以定卖之物再卖于人，对于前后买主有调和、礼服及赔偿损失之责任。

丑　买卖已成定约，买主或卖主一人死亡，其承继人得撤销其约否？

买卖一经定约，若买主或卖主有一人死亡，其承继人不得撤销其约；若有非不得已之事故须撤销者，亦必请凭中证人声明理由，两各情愿，方能撤销。

寅　已定买之物因天灾事变致有毁损灭失时，其处理之法如何？

如已买定之物因天灾事变致有毁损灭失时，由买主、卖主公请中证人估计损失多寡，由买主、卖主各认其半。

卯　买卖时卖主如预约买回，其价值如何预定？

买卖时如卖主预约买回，必须约定期限，其价值即照限期之时价定之。

辰　预定买回期限最长以若干年为限？

预定买回期限，如房屋田产，凤属内无专项办法，其余货物，最长不得过三个月。

巳　预约买回之物，买主可于期未到时转卖于他人否？如转卖后，原买主于期到时得向后买主买回否？

如预约买回之物期未到时，买主不得转卖他人；若转卖他人，须与后买主约明到期时方能买回。

午　买回之物，其未买回以前所有修理、保管一切用费应算入买价中否？

如货物等类未买回以前，所有保管一切费用，均应算入买价。

三　借贷契约

一　消费借贷

甲　消费借贷之预约若未交清，适遇借主或贷主破产时，其契约效力是否即归消灭？

消费借贷未交清之时,若遇借主或贷主破产时,其契约之效力即归消灭。

乙　消费借贷之约若订有利息,则贷主所贷与之物苟有瑕疵,应否换给以完全之物?

如有利息之消费借贷,贷与之物苟有瑕疵,贷主应即换给与完全之物。

丙　不定期之消费借贷,贷主得随时向借主索偿否?

借贷如未订明偿还之期,贷主得随时向借主索偿。

丁　定期之消费借贷,在期限中借主破产,贷主得即向之索偿否?

如借主未至偿还之期限不幸而有破产之情事,贷主可不俟期满向之索偿,然必让去利息,否则必俟限满。

二　使用借贷

甲　使用借贷契约若定明使用之法而借主不照约使用时,贷主得将该约即行解除否?又,有损害时,更得向索赔偿否?

如契约已经定明使用之法者,借主不照约使用时,贷主可即将该约解除;有损害时,亦得向借主索以相当之赔偿。

乙　借主若欲以所借之物转借他人,应否经贷主之允许?苟不经允许擅行转借时,贷主对之有何办法?

如借主欲将所借之物转借他人,应先商明贷主,若不俟贷主允许而擅行转借,贷主可将贷与之物即时向借主索还。

丙　所借之物如有灭失毁损,借主得以同样之物,或折价偿还否?其计算以何时之率为准?

如所借之物有灭失毁损时,借主可以同样之物,或折价偿还贷主。其计算以毁灭时之率为准。

丁　所借之物,其必须修理、保管、培养一切用费由贷主、借主何人任之?

凡所借之物所有一切修理、保管、培养等用费,概归借主担任。

戊　由借贷物所生之果实,原约未定归何人所有,贷主得向借主索还其果实之一部或全部否？

凡由借贷物所生之果实，无论原约是否规定归于何人，贷主均得向借主索还其全部。

己　不定期之使用借贷，贷主得随时向借主索偿否？

凡使用借贷未订明期限者，贷主可随时向借主索还。

三　租赁

第一　不动产租赁

甲　租主所纳保证金多少？以何为准？

凡租主所纳保证金，当地通例以十分之三为率。

乙　住宅租金，其交纳期限共分几种？有无先期交纳者？如逾限不交，宅主可向租主索加利息否？

凤属租户多系按年起租，其租金通例照两期交纳，上期以正月为限，下期以七月为限。如永租居住者，先纳房金，多以十年为限。至逾限不交租金，宅主可令租主出屋，无索加利息之习惯。

丙　租宅期限中遇房价腾贵，宅主可向租主索加租金否？

租金议定立约后，如期限中遇房价腾贵，宅主不得向租主索加租金。

丁　租佃田土耕种者，其认租之法如何？

凤属租佃田土耕种者有租种、分种二项。租种多计亩认租，无论收获多寡，每亩预定纳租若干；分种则于收获时业主、佃户平均分之。惟租种须定年限并纳保证金，分种则否。

戊　田土认租是否仅于秋收时交纳一次，抑有无按照所出各种谷物分季交纳者？

田土认租，租种者仅于秋收时照预定数目交纳一次，分种则须按照所出谷物随时均分。

己　田土认租是否皆以谷物交纳，抑系以金钱折算？其折算之法是否皆照时价,抑有预定之率?

田土认租皆以谷物交纳,无以金钱折算者。

庚　荒年歉收,佃户可向田主请求免租或缓租否? 其缓租期限如何预定? 补纳时有无加认利息之事?

如遇荒年歉收,佃户可以分别受灾轻重向田主请求免租或灭租,至缓租一事,当地向无此项习惯。

辛　租佃空地修造房屋或为牧畜种植之用者,其租金如何计算?

当地无租地建造之习惯。如租佃空地为牧畜种植之用者,其租金概照地幅之大小计算。

壬　租佃山林专为采取柴木果物用者,其租金如何计算? 有无以所出之物纳租者?

租佃山林专为采取柴木果物用者,其租金照每年出产预作计算,亦有以所出之物分成交纳者。

癸　租佃田宅、山林,其预定期限有最长至若干年者? 有无不定期限,约定永归一人承租者?

租佃田宅、山林,最长以十年为限,限满再议,无不定期限永归一人承租者。

子　定期租佃期限中物主将租物出卖,租主得仍继续承租满限否?

如期限中物主将租物出卖时,租主能否继续承租满限,须临时与买主商办,无一定之办法。

丑　租佃之物遇有必须修理之时,其用费是否概由物主担任?

如租佃之物有必须修理者,其用费概由物主担任。

寅　租主将租物加工以求坚美,其用费可向物主索偿否?

如租主欲将租物加工以求坚美,须先商明物主,则一切用费可向物主索偿。若不先行商明物主擅自加工者,其用费物主可不承认。

卯　租主或物主若欲解租,在解租前须互相先期通知否? 其通知期限若何?

凡物主、租主若欲解租,均须先期互相通知。通知之期在每年大雪节之前一月。

辰　租主自行添置之物,解租时得概行撤去否? 物主如愿接受,其价值如何计算?

凡租主自行添置之物,解租时可以概行撤去。如物主情愿接受,其值照原价计算,或察夺情形,照原价减成计算。

巳　田方播种或田稼将熟,田主得遽解租以田改佃他人否?

凤属习惯,改佃均在每年大雪节。若田方播种或田稼将熟时,田主不得将田遽行改佃他人。

午　租主破产,物主是否即得解除原约?

遇租主破产时,如在期限以内,物主不得即行解除原约;若有欠缴,租物者得即行解除原约,亦必须让去租物若干。

未　租主若经物主允许以物转租他人,转租主对物主间关系如何处理?

租主若以物转租他人,无论经物主允许与否,所有此物应出之租物,物主应向原租主索偿,对于转租主无甚关系。

第二　动物〔产〕租赁

甲　赁用之物,其必须修理、保管、培养一切用费是否由物主自任,抑有由赁用之人分任者否?

凡动物〔产〕租赁,其保管、培养一切用费,概由赁用之人担任,与物主无涉。

乙　赁用之物如因天灾事变毁损灭失时,赁用之人得免赔偿之责否?

如赁用之物因天灾事变有毁损灭失时,赁用人不担赔偿之责。

丙　赁用之物如有毁损灭失时,赁用人得以同样之物或折价偿还否? 其价以何为准？

如赁用之物有毁损灭失时，赁用人可以因样之物或折价赔偿物主，其价以损失时该物之时价为准。

丁 因赁用物所生果实是否概归物主，抑有归赁用之人者否？

凡赁用物所生之果实，全归物主，与赁用人无涉。

戊 不定期赁用之物，物主可随时向赁用人索还否？

凡不定期赁用之物，物主可以随时向赁用人索还。

四 雇佣契约

甲 佣人有无缴纳保证金之事？其处理之方法如何？

凤属雇用佣人，无缴纳保证金之习惯。

乙 雇佣期限有最长至若干年者？又，有无定终身为佣之约者？

凤属雇佣，通俗以一年为期限，无定终身为佣之约者。

丙 给付佣金有定期者，雇主如过期不给，佣人可向雇主索加利息否？

雇主如逾期不给佣金，佣人无向雇主索加利息之习惯。

丁 有期限之雇佣，在期限内因物价腾贵，可求雇主增给佣金否？

有期雇佣，如期限内物价腾贵，无要求雇主增给佣金之习惯。

戊 雇主不经佣人承诺得使佣人为他人服劳否？又，佣人不经雇主承诺得使他人自代否？

雇主可以不经佣人承诺，使佣人为他人服劳；佣人如不经雇主承诺，不得使他人自代。

己 雇佣于期限内雇主无故解佣，有须别给佣金者否？又，佣人无故解佣，有须缴还佣金者否？

雇主于期限内无故解佣，无须别给佣金。佣人于期限内无故解佣，其佣金适与至解佣之日止者，无须缴还；若有预支，则须照数缴还。

庚 有期限之雇佣，在期限内雇主若破产，佣人得自行解佣否？

如雇主在雇佣期限内破产,佣人可以自行解佣。

辛　佣人因服劳致疾或死亡而解佣时,雇主对于佣人或其家族有无给养之事?

如佣人因服劳致疾或死亡而解佣时,雇主对该佣人或其家属无有给养之事,第皆出自雇主之愿意,无必要之规定。

五　承揽契约

甲　承揽人于事工未完时死亡,其承揽之责须由其承继人负之否?

如承揽人于工事未完时死亡,其所承揽之责即由其承继人负之。

乙　承揽事工逾限尚未完成,出揽人得另觅人承办否?

如承揽事工逾限尚未完竣,出揽人得另觅人承办,或议以相当之罚金。

丙　因物价腾贵或事变发生,致原约承揽用费不足而事工不能完成时,承揽人得向出揽人索加用费或解除承揽之约否?

承揽工事如因物价腾贵或事变发生,致原约承揽用费不足事工不能完竣,承揽人无向出揽人索加用费之习惯,亦不得解除承揽之约。

丁　承揽工作中途遇天灾事变致前工尽弃,承揽人得向出揽人索取赔偿否?

如承揽工作中途遇天灾事变,非人力所可挽回,致前功尽弃者,承揽人可以向出揽人索取赔偿。

戊　承揽工作,其保固年限有最长至若干年者?

凡保固年限,最长以十年为度。

己　承揽工作由出揽人自出材料或示以一定办法,而其材料恶劣、定法不良,致于保固年限中工作毁损时,承揽人得免赔修之责否?

凡出揽人自备材料之工作,承揽人概不具保固年限,亦不任赔修之责。

庚　于保固年限内工作毁损,有于赔修之外别议处罚者否?

如工作毁损于保固年限内者,承揽人有赔修之责,无处罚之事。

辛　保固年限中承揽人死亡,其承继人须继续负保固之责否?

如承揽人在保固年限中死亡,其承继人无继续保固之责任。

壬　承揽人有甲乙二人，于保固年限中因甲修之一部不固致乙修之一部毁损，其赔修之责，由甲乙何人负之？

　　如因甲修之一部不固致乙修之一部牵连毁损者，其赔修之责由甲乙二人同负之。

癸　出揽人若遇破产，承揽人得即解除原约否？又，解除原约时，承揽人得对已完之事工请求报酬否？

　　承揽工作如遇出揽人中途破产，承揽人得即解除原约，并得对于已完之工事请求相当之报酬。

六　委托契约

甲　委托人如要求报告委托事务情形，受托人是否须即报告？又，委办事毕，受托人应否即将其颠末报告？

　　凡受托人经委托要求，即须将委托事务情形报告。如委办事毕，并须将所办事务颠末报告于委托人。

乙　委托之事若须用费，委托人应否先行支付？

　　凡委托人须先将委托所需之用费支付于受托人。

丙　受托人因处理委托事务得有财物或权利，应否移归于委托人？

　　如受托人因处理委托事务得有财物、权利，应全数移归委托人。

丁　受托人若将应归委托人之银钱自行消费，应否算还利息？

　　如受托人将应归委托人之银钱自行消费时，只还原本，不加利息。

戊　受托人因处理委托事务代委托人支付用费或负债时，委托人须认偿否？又，受托人得向索保证人及财物以为保证否？

　　如受托人因处理委托事务代委托人支付用费或负债时，须由委托人认偿，受托人无向委托人索保证人及财物以为保证之习惯。

己　受托人得向委托人索报酬否？

受托人无向委托人索取报酬之习惯。

　　庚　受托人因处理委托事务，如自己并无过失竟至受损，得向委托人索偿否？

　　　　凡此种之损害，受托人得向委托人索偿。

七　寄托契约

　　甲　保管物件如须用费，受寄人可否请寄托人先行支付？

　　　　如保管物所需用费，受寄人可请寄托人先行支付。

　　乙　受寄人因保管物件得有财物，应否移归于寄托人？

　　　　凡此项财物受寄人应照数移归寄托人。

　　丙　受寄人未经寄托人承诺得以寄托物自行使用否？或以寄托物转托他人代为经管否？

　　　　凡寻常器皿受寄人可不俟寄托人之承诺自行使用，或转托他人代为经管，其他重要物件则不能。

　　丁　受寄人因保管物件代寄托人支付用费或负债时，寄托人须认偿否？又，受寄人得向索保证人及财物以为保证否？

　　　　如受寄人因保管物件代寄托人支付用费或负债时，寄托人均须认偿，惟无向寄托人索保证人及财物以为保证之习惯。

　　戊　因寄托物有瑕疵致使受寄人受损时，寄托人应负赔偿之责否？

　　　　寄托物如有瑕疵，受寄人于受寄时曾经声明者，受寄人受有损失时，寄托人应负赔偿之责；若受寄时受寄人未经声明，则寄托人不负赔偿之责。

　　己　有期寄托契约，寄托人得随时向之索还否？

　　　　凡寄托物件，无论有期、无期，寄托人均得随时向受寄人索还。

　　庚　受寄人得向寄托人索报酬否？

　　　　受寄人无向寄托人索报酬之习惯。

八　合伙契约

甲　依合伙契约，各股东所认之股本及经营事业所得之利益，是否作为各股东共有之财产？

凡此项股本利益均作为各股东共有之财产。

乙　认股之法是否专用银钱，抑或劳力、信用等亦许作为股本？

股东认股之法专用银钱，至劳力、信用亦可以作为股本。

丙　经营事业时，其处理事务之人若有数人，其事项应以何法决行？

凡经营事业时，处理事务有数人者，其事项应从多数之议决行。

丁　依合伙契约，若专委股东数人以当处理事务之任，则闲散之股东得随时检查其事业及财产之情形否？

如合伙营业专任数股东以当事者，所有其余闲散股东得随时检查其事业及财产之情形。

戊　经营事业如有得利及亏本之事，各股东间以何标准而决其分担之法？

如合伙营业有得利及亏本时，以各股东股分之多少定其分担之法。

己　各股东在结算以前得请收回股本并分割财产以脱合伙之关系否？

各股东在结算以前得以收回股本并应得之财产以脱合伙之关系。

庚　合伙契约若定有期限，各股东得随时自行脱退否？

如未至契约年限，各股东可以随时退脱。

辛　股东如遇死亡、破产，是否作为脱退合伙关系？

如股东遇死亡、破产时，即可作为脱退合伙关系。

壬　股东如有不合之处，经各股东全体商定后，可否即行除名？

如股东有不合之处，若经全体股东商定，即可令其除名。

癸　脱退合伙关系之股东与各股东结算账目，其估定财产价值以何时市价为准？此时若尚有未了事件，是否俟清了之后再行结算？

凡脱退合伙关系之股东，与各股东结算账目，所有财产价值均照结算时之时价减成估计。若尚有未了事件，不能预决其结果者，则俟清了后再行结算。

子　合伙事业苟经解散，其结算账目应否会同各股东面行清算，抑有无选任数人委令清算之事？

凡合伙事业解散时，其结算账目应会同各股东面行清算，亦有选任数人委令清算后，再由各股东覆阅了事者。

丑　结算账目之人若有数人，其事项应以何法决行？

如结算账目有数人时，一切事项应从多数之议决行。

第二章　无委任之事务管理

一、无受他人委托而管理其事务时，其两人间对于左列各项之关系如何？试详述之。

一、管理人应用何法管理事务？

凡管理人管理未受委托之事务，对于所管事务，以假托之法管理之。

二、因管理事务致使本人受损，管理人应负赔偿之责否？

凡管理未受委托之事务，曾经通知本人者，致本人受损时，管理人不负赔偿之责；否则应负赔偿之责。

三、管理人既管理事务后，应否通知本人？

应通知本人。

四、管理人既管理事务后，在本人未能接管间，应否继续负管理之责？

凡管理事务后，本人未能接管者，管理人应负继续管理之责。

五、管理人既管理事务，代本人支出用费并负债，得向本人索偿否？又，得向索保证人及财物以为保证否？

凡此项用费及负债，管理人可向本人索偿，而无向索保证人及财物以为保证之习惯。

六、本人如有要求报告管理事务情形，管理人是否即须报告？又，本人接管时，管理人应否即将其颠末报告？

如本人要求报告管理事务情形，管理人应即报告。至本人接管事务时，管理人应将所管事务之颠末报告本人。

七、管理人因管理事务得有财物或权利，应否移归于本人？

凡此项财物、权利均应归本人。

八、管理人若将应归本人之银钱自行消费，应否算还利息？

凡管理人将应归本人之银钱自行消费者，只将应归本人之银钱照数归还，不必算还利息。

第三章　无因得利

一、借人之财产、劳力私自得利，致使他人受损，而其利益又系非所应得者，则两人间之关系如何？

凡借人之财产、劳力私自得利，致使他人受损，而其利益又非其所应得者，出财产、劳力之人可向之索还其利益，并处以相当之罚。

第四章　不法行为

一、因故意或过失毁人名誉、损人财产、伤人身体、杀人生命者，对于被害人及其遗族，加害人应赔偿损害之责否？若应赔偿，试详述其办法如何。

凡因故意或过失毁人名誉、损人财产、伤人身体、杀人生命者，加害人对于被害人及其遗族均应分别故意、过失负赔偿损害之责。如毁人名誉，故意者，处以相当之罚；过失者，礼服了事。损人财产，故意者，除照数赔偿外，并处以罚则；过失者，只有赔偿，而无罚则。伤人身体,故意者,除代被害者医治外,并惩罚之;过失者,赔偿医药费了事。杀人生命,故意者,抵命;过失者,则罚出资若干,以抚养其遗族。

二、未成年人若因不法行为对人加以损害,应负赔偿之责否? 又,其父母及其监督之人亦应负责否?

凡未成年之人因不法行为对人加以损害,其已及就孛之年者,即应负赔偿之责,其父母及其监督之人,亦均应负责;如未及就学之年,则不负赔偿之责,只其父母及其监督之人负责。

三、为人妻者若因不法行为对人加以损害,其夫应负赔偿之责否?

凡为人妻者,因不法行为对人加以损害,赔偿之责妻自负之,与其夫无涉。

四、狂人及愚痴之人若因不法行为对人加以损害,其监督之人应负赔偿之责否?

凡此种之损害,赔偿之责皆其监督之人负之。

五、被役使人若因不法行为对人加以损害,其主人应负赔偿之责否?

若被役人因不法行为对人加以损害者,其主人有交出役使人之责,无负赔偿之责。

六、妻子被人加害,其夫及其父母得索赔偿否?

凡妻子无故被人加害者,其夫及其父母均有索赔偿之权。

七、狂人、愚痴之人、被役使人被人加害,其监督之人得索赔偿否?

凡此三种人无故被人加害者,其监督之人得索赔偿。

八、加害人如系二人以上而有左揭各项情形者,其赔偿损害之责任有分轻重与否? 试详述之。

  一 共谋 主谋者重,从谋者轻。

  二 并无共谋,系适与共同加害者 先下手者重,后下手者轻。

  三 一造教唆他造者 听教者重,教唆者轻。

  四 一造帮助他造者 主动者重,助动者轻。

  五 一造利用不知情之他造者 利用者重,不知情者轻。

第四编　亲属关系

第一章　总则

一、依本地习惯，亲属二字包括何人？

凡父族五服以内之人及母族、妻族之血统，均为亲属。

二、为人后者对于所后者之亲属，其亲属关系是否与亲生者同？

凡为人后者对于所后者之亲属，其亲属关系与亲生同。

三、凡由婚姻而生之亲属关系，离婚后尚承认否？

凡由婚姻而生之亲属关系，离婚后即不承认。

四、凡由承继而生之亲属关系，归宗后尚承认否？

凡由承继而生之亲属关系，归宗后即不承认。

第二章　家制

一、家长是否必以一家中之最尊长者为之？

凡家长均以一家中之最尊长者当之。

二、一家中最尊长者遇老病不能理家政时，或志在静修不愿理家政时，次尊长者是否即居家长之位，抑仅代理家长之事？

凡家中最尊长者遇老病或志在静修不理家政时，所有家事即归次尊长者代理，而不居家长之位。

三、一家中辈最尊者尚未及岁，是否先以次尊长者为家长？

凡一家中辈最尊者尚未及岁，即以次尊长者为家长管理家事。

四、家中无男丁，或有男丁而未及岁者，妇女得为家长否？

凡家中无男丁，或有男丁而未及岁时，其家长即最尊长之妇女为之。

五、依本地之习惯，何者为一家之公产？何者为家属之私产？

凡祖遗及公置者为一家之公产，个人工艺之所入为家属之私产。

第三章　婚姻

一、男子定婚寻常在若干年岁左右？女子在若干年岁左右？

男女均在十五岁左右，亦有幼年定婚者。

二、外姻亲属中不得互相结婚者有几？

凡外姻亲属中不得互相结婚者，只姑表姊妹一项。

三、父母主婚有先询其子女之意见者否？

凡寻常父母主婚均不先询其子女之意见，若子女年过二十，则先询其子女之意见者有之。

四、定婚请书、允书之式若何？

今将定婚请书、允书之式列后。

请书式（文无定义，随意撰述）

伏以云云，今以云云先通媒妁，已奉金诺云云，曷胜感往之至，谨备聘物，以修六礼。

右启

大硕德某老亲翁大人阁下

眷姻弟某率长/次子某顿首拜
冰人某、某

允书式（文无定义，随意撰述）

伏以云云，今以寒门弱质，上配云云，先通媒妁，已奉金诺云云，曷胜荣幸，感爱之至。

右启

大硕德某老亲翁大人阁下

眷姻弟某顿首拜
冰人某、某

五、定婚后，未婚之男死亡，女得别嫁否？

凡定婚后未婚之男死亡时，女得别嫁。

六、定婚时未订婚期，逾多年无故不嫁或无故不娶者，各得别娶别嫁否？

凡定婚后逾多年无故不嫁、不娶者，非经退婚，不得别娶别嫁。

七、定婚后、成婚前，男女之一造有犯奸盗者，彼造得退婚否？

凡定婚后、成婚前，男或犯盗，女或犯奸，均得请凭原媒要求退婚。

八、定婚后、成婚前，男女之一造有婴残废癫狂疾者，彼造得退婚否？

凡定婚后、成婚前，男女之一造如有婴残废癫狂疾者，彼造均得退婚。

九、夫死再嫁是否须经夫之父母允许，或须经妇之父母允许？夫死后约若许时期方得再嫁？

凡夫死再嫁，必须经夫之父母允许，至妇之父母允许与否，可以不计。又，夫死后须满三年方得再嫁。

十、须有如何情形，夫得呈诉离婚？

女不孝顺翁姑，或有不名誉之事者，夫得呈诉离婚。

十一、须有如何情形，妇得呈诉离婚？

男事不正当之营业，妇得呈诉离婚。

十二、离婚之妇得携其子女同去否？

凡离婚之妇不得携其子女同去。

十三、夫妇财产是否皆为共有？妻之嫁资及妻以自己之名所得之财产是否归妻私有？妻私有之财产，夫得管理之否？

夫妇财产均为共有，即妻之嫁资及妻以自己之名所得之财产，亦不得归妻私有。

十四、离婚及妇再嫁者，妇得携其私有之财产以去否？

凡属习惯，妻无私有之财产，凡离婚及妇再嫁者，均不得携夫家之财产以去。

十五、赘婿招夫有无于定婚时订明夫须永远在妻家居住者？

凡赘婿招夫，有于定婚时订明夫须永住妻家之习惯。

十六、关于夫妇财产之事,有无于定婚时订明契约者?

凡关于夫妇财产之事,无于定婚时订明契约之习惯。

第四章　亲子

一、继母或嫡母遇有虐待其子之事,近支亲族可出而保护否?父死之时,有无预嘱近支亲族保护其子以免继母或嫡母之虐待者?

凡继母或嫡母有无理虐待其子者,近支亲族可以出而保护,亦有父死之时预嘱近支亲族保护其子以免继母或嫡母之虐待者。

二、父母虐待子女,近支亲族或官府得干预阻止否?

凡父母对于子女有不近情之虐待,近支亲族可以劝阻,官府无干预之者。

三、小儿在胎时期寻常以若干日为最多?若干日为最少?

小儿在胎时期,寻常以三百六十日为最多,二百一十日为最少。

四、寻常受胎时期之中父与母实不同居而生子者,父得不认其子否?

寻常受胎时期之中父与母实未同居而生子者,父可不认其子。

五、奸生子为父所收留,与其生母尚有母子关系否?

凡奸生子为其父所收留者,与其生母无母子之关系。

六、奸生子已成立,如其父母欲认明为己子,须先经其允诺否?

如奸生子已成立,其父母欲认明为子时,须先经其子之允诺。

第五章　监护

一、凡未及岁之子女,上无父母,应由何人管教?其应行管教之人何人居先?何人居后?

凡未及岁之子女无父母时,有祖父母,祖父母管教;无祖父母,则胞伯叔父母管教;无胞伯叔父母,则胞兄嫂管教;至祖父母、胞伯叔父母、胞兄嫂均无者,则由外祖父母、舅父母管教,此本地大同之习惯也。

二、父母临终时有无指定某人管教其子女者?

凡父母临终时无指定某人管教其子女者,【无直系尊属亲者受托之人管教】。

三、管教他人之子女者是否兼为经理该子女之财产?其经理财产向用何种方法使免侵蚀?

凡管教他人之子女者,即得管理该子女之财产。其管理方法,除订立收付清账外,得由该子女之近支亲族随时查察,以免侵蚀。

四、他人之子女及岁后,经理财产之人是否即将财产交还该子女,听其自行经理?其交还时是否须交出历年清帐,由近支亲族公同阅看?

凡他人之子女及岁后,经理财产之人即将财产交还该子女自行经理,并将历年清帐交出,由该子女之近支亲族阅看。该子女即出立"接收清楚,毫无侵蚀"之字约,交经理人收执存据。

五、凡管教他人子女并经理其财产者,如有侵蚀情事,该子女之近支亲族得出而干预,另选管教经理之人否?

如管教他人之子女并经理其财产者有侵蚀时,该子女之近支亲族得出而干预,并另选管教经理之人。

六、管教他人子女、经理其财产,得收受酬劳之资否?

凡管教他人子女、经理其财产者,无收受酬劳资之习惯。

七、经理他人子女之财产者,于该子女之财产是否禁其自行买受或承租?如有自行买受或承租之事,该子女及岁后是否可索还不认?

凡该子女之财产,经理人照时价立约,承租则可,买受则不可。如有自行买受之事,该子女及岁后可以索还不认。

八、成年之人患癫狂、酗酒、流荡之习者,其财产是否可由家中尊长管理?其应行管理之人何人居先?何人居后?

凡成年之人患癫狂、酗酒、流荡之习者，其财产可由家中尊长管理。其管理之人，祖父母居先，父母次之，胞伯叔又次之。

第六章　亲属会

凡亲族会议由何人招集？集议时何人主席？如何决事？决定后如何施行？

凡亲族会议由族长招集，集议时族长主席，决事从多数决定，后由族长遴选公正数人执行，而族长监理之。

第七章　扶养之义务

一、亲属中互负扶养之义务者为何人？

凡亲属中有年老分尊而无依靠者，均应担互相扶养之义务。

二、负扶养义务者有数人时，何人应先担任？何人为次？

凡负扶养义务者有数人时，最亲者先担任，次亲者次之。

三、负扶养义务者有数人，而此数人居于同一应先担任之地位者，是否平均分担其义务？

凡负扶养义务之数人均处于同一应先担任之地位者，所有扶养之义务即数人平均分担。

四、受扶养权利者有数人时，何人应先享受？何人为次？

凡受扶养权利者有数人时，以分属之尊卑、年齿之高下、亲谊之远近定享受之先后。

五、受扶养权利者有数人，而此数人又居于同一应先享受之地位，则如何办理？

凡受扶养权利之数人而又居于同一应先享受之地位者，则担扶养义务之人同时轮流扶养之，无别项办理之习惯。

六、凡负扶养之义务者，是否以其财力为准？无此财力者，是否可免其扶养？

凡负扶养之义务者,均以财力为准,无此财力,即可免其扶养,而有血统关系者则在例外。

七、凡受扶养权利者,是否以不能自存者为限?如有因怠惰流荡以致不能自存,其负扶养义务者是否可因此拒不扶养?如果可因此拒不扶养,何人当在例外?

凡受扶养权利者,均以不能自存者为限。至因怠情流荡以致不能自存,其负扶养义务者可以拒不扶养,而同胞伯叔兄弟则在例外。

第五编　承继关系

第一章　总则

一、依本地习惯,承继种类有几?

本地习惯,承继宗祧即承继遗产。

二、承继以何时为始?

承继以订立契约之日为始。

三、胎儿有承继之权否?

胎儿亦有承继之权。

四、承继人有不承认承继,自由抛弃者否?

凡承继人如不愿承继时,可以自由抛弃。

五、因承继之事,若有一切用款,是否由遗产中支付?

凡因承继之事,一切用款均由遗产中支付。

第二章　宗祧之承继

一、有子之人得再抚他人之子为嗣否?

本地习惯,有子之人亦有再抚他人之子为嗣者,然不多见。

二、大宗无后，小宗得先立嗣否？

凡大宗无子，小宗不得先立嗣。

三、承重之人及大宗之子孙，得承继他人为嗣否？

凡承重之人及大宗之子孙，不得承继他人为嗣，无已则有承兼祧之事。

四、以族人为嗣，其先后之序以何为定？

凡以族人为嗣者，准亲疏之等定先后之序。

五、如不依承继先后之序择爱择贤为嗣，须经亲族之公允否？

凡不依承继先后之序择爱择贤为嗣者，必须经亲族公同承认。

六、可继之人如系独子，是否准其兼祧两房？

凡可继之人若系独子，应准其兼祧两房。

七、以外姻之人为嗣有无限制？

如以外姻之人为嗣者，只姑舅之子可以为嗣，余均不得为嗣。

八、承继长房宗祧时，授继人之直系卑属有数人，若其间亲等有远近，年岁有多少，并有嫡庶之分，应以何者居先为应继之人？何者居后次俟递补？试详晰言之。

凡承继长房宗祧时，如授继人之卑属有数人者，以亲等之近、年岁之多而嫡出者为居先应继之人；递补之人以亲等近、年岁少而嫡出者居先，亲等近、年岁多而庶出者次之，亲等近、年岁少而庶出者又次之，亲等远、年岁多而嫡出者又次之，亲等远、年岁少而嫡出者又次之，亲等远、年岁多而庶出者又次之，亲等远、年岁少而庶出者又次之。

九、有无既已成继即不许悔继归宗之例？

本地习惯，既已成继之后，即无悔继归宗之事。

十、本宗承继之人许其悔继否？

凡本宗已经承继之人，即不许其悔继。

十一、由少抚育成立之承继人，尚准其悔继否？

凡由少抚育成立之承继人，无准其悔继者。

十二、如有左揭各事,得由承继人悔继归宗?

　　甲　不堪嗣父母之苛待

　　凡嗣父母有不近情之苛待,承继人得悔继归宗。

　　乙　所后之亲生子

　　凡所后之亲生子者,承继人得悔继归宗。

　　丙　所生父母无子

　　有兼祧之习惯,无悔继之事例。

十三、悔继之人,其已受嗣家之财产,应否全部返还?

凡悔继人所受嗣家之财产,应全部返还嗣家。

第三章　遗产之承继

一、未分析之家产是否归家长管理承继?

凡未分析之家产即归家长管理承继。

二、无子嗣及同居亲属之人,其遗产应由何人承继?

凡无子嗣及同居亲属之人,其遗产归承继宗祧之人承继。

三、无亲属之人,其遗产得由外姻承继否?

凡无近支亲属之人,其遗产应由远支宗族承继宗祧之人承继;若并远支宗祧而无者,则由其姑旧〔舅〕之子承继宗祧之人承继;如远支近族亲属无人,本生女可承其遗产,无因之外姻不得承继。

四、负债多于遗产,袭产人得将其遗产经众或经官尽数摊还,不复承继否?

凡袭产人无论负债多于遗产与否,袭产人均应负偿还债务之责,无将遗产经众或经官尽数摊还,不复承继之习惯。

五、析产分配之法是否皆以房计?

本地习惯,凡析产分配之法皆以房计。

六、左揭各项之人,其分受遗产有无轻重之别?

  甲 大宗之子及嫡子

  乙 小宗之子及庶子

  丙 嗣子或兼祧之子

  丁 赘婿

  戊 奸生子

  己 无子寡妇

上列各项之人,除赘婿及奸生子较轻外,余均同等平分,无轻重之别。

七、左揭各项之人亦得分受家产否?

  甲 被出复归之子

可以分受家产。

  乙 出子之子孙

可以分受家产。

  丙 未嫁女

可以分受,较诸子而少。

  丁 收养或买继之子

不得分受家产。

  戊 配偶者

可以分受家产。

  己 直系尊属

可以分受家产。

  庚 亲兄弟

可以分受家产。

  辛 家长

可以分受家产。

八、不可分割之产以何法分析？

凡不可分割之产均公同作价归一人承受，出偿与各人分之。

九、授继人在生前或以遗书对某承继人有特与以财产时，受与之人仍得与他承继人共分遗产否？又，其所受之物应否缴还？

凡授继人在生前或以遗书有特与以某承继人财产时，受与之人即不得与他承继人共分遗产，其所受之物亦可不缴还。

十、某承继人以其应继之分出卖或抵押时，他承继人得行赎还否？

如承继人有以其应继之分出卖或抵押时，凡抵押者他承继人可以备价赎还，出卖者则不能赎还。

十一、授继人遗书若言在一定年限内不准分产，其承继人得随时共议分析否？

如授继人有遗言在一定年限内不准分产者，其承继人即应遵守遗言限内不得共议分析。

十二、遗产中如有债权，各承继人间应如何分析？如分归一人，后日债权倘不能索偿，各承继人应否分垫损失？又，其分垫之法如何？试详言之。

凡遗产中有债权者，各承继人或将此项债权存公，俟债权索偿时再行分析；或即分归一人。若分归一人，后日此项债权不能索偿时，各承继人应即分垫损失，分垫之法多就各承继人生计之丰啬定分垫之多寡。

第四章 遗书

一、无字据之遗言以何为证？

凡无字据之遗言，以各承继人及亲属年长分尊者共同为证。

二、立遗书须用一定之方式否？其方式如何？试录其式样以对。

凡立遗书均无一定方式，今将其通常式样录左：

立遗书 某今有（以下书明事实）务即照此遗书执行，无得各相争执，致伤同气。恐口无凭,立此遗书存据。

              见证人某签押

                某签押

           某　年　月　日　某立签押

三、遇有变故,请人代立遗书,如别无证人,亦为有效否?

凡遇有变故,请人代立之遗书别无证人者,必经本人签有字据方为有效,否则均归无效。

四、关于立遗书能力有何限制?

凡立遗书之能力,本地无一定之限制。

五、未成年人立遗书应否经其法定代理人允许?

凡未成年人非经法定代理人允许不能立遗书。

六、撤销遗书之法如何?

凡撤销遗书,须由承继人并家长请凭亲族公议撤销。

七、遗书若未指定执行之人,应以何人为执行遗书人?

凡遗书未指定执行之人者,应以家长为执行遗书之人。

八、因执行遗书若须各种用费,是否由遗产中支付?

凡因执行遗书之各种用费,均由遗产中支付。

九、遗书所嘱之事如属不法,其子女亲族得为之撤销否?

如遗书所嘱有不法之事,其子女亲属可以为之撤销。

十、立遗书时应否用保证人?又,保证人之资格有何限制?

凡立遗书应用保证人,保证人均须用同姓之尊属或外姻之尊属充当。

第五章　遗留财产

一、授继人应否以遗产若干留给后人,抑可以全部财产随意赠与他人?

凡授继人之遗产均应留给后人，亦有于遗产中酌剖若干赠与他人者，不得以遗产全部随意赠与他人。

二、左揭各项之人，其应得遗留财产有无轻重之别？

甲　直系卑数

乙　配偶者

丙　直系尊属

上列三项之人，其应得遗产直系尊属与配偶者均较直系卑属而轻，以足赡养为度。

第六章　无人承认之承继

一、承继起始时，若应继之人踪迹不明，无人承认，其承继财产应如何办理？

凡承继起始，应继人踪迹不明无人承认时，则其承继之财产即公举一人代为管理。

二、承继财产若命人管理，其管理人之职务如何？

凡掌管保存收入支出各事，皆管理承继财产人之职务。

三、寻觅承继人时应用何法探索？

凡寻觅承继人之法，或派人四出查寻，或登报探访。

四、承继人若经探索历久无踪，其承继财产应归何人所有？

若承继人经三十年探索无踪，则其承继之财产或分给近支亲属，或捐赠公益事业，无归国库者。

第七章　债权者及受遗人之权利

一、承继债权者及受遗人在承继起始后，可否请将承继财产与承继人固有财产分离，以充偿还之用？

凡承继债权者及受遗人在承继起始后，可请将承继财产与承继人固有财产分离，以充偿还之用。

二、承继债权者及受遗人如有前条权利,应向何处请求?

应向承继人请求。若承继人不允时,可声明理由,再向官厅请求审判。

三、承继债权者及受遗人请求分离财产后,应否定以一定期限通知各债权者、各受遗人会同核算,公同索偿?如应若此办理,其通知期限最短以若干月日为限?

如承继债权者及受遗人请求分离财产后,应即定以一定期限通知各债权者、各受遗人会同核算,公同索偿。其通知期限至短以两月为限。

四、承继人若供出担保,可否不许承继债权者及受遗人分离财产?

若承继人供出担保,即可不许承继债权者及受遗人分离财产。

[稿本,辽宁省档案馆藏。 另见《中国近代社会生活档案(东北卷一)7》,广西师范大学出版社,2005年,第261—348页。]

调查郭尔罗斯公前旗事项一览

民情风俗　民情浑朴,性不喜修饰,惟崇尚佛教,多为喇嘛。无论官民人家,凡遇婚丧及疾病等事,均延僧唪经,代为禳祷,并于村屯山巅作坟冢式,瘗佛于内,名曰奥保,每年六月初八日,致祭一次。其不充喇嘛者,最喜驰马游猎。至吸烟好赌之风,近今尚少,缘禁令甚严,彼族性质,向系服从故也。

官吏政治　齐公现充十旗盟长,有管辖一切蒙政之权。以下则有协理两员,秩二品;正副印军各两员,三四品官为之,专司文事。吉革式一员,秩二品;梅伦两员,即协领;扎兰八员,每员名下应预备兵四名;章京二十四员,即佐领;坤都二十四员,即骁骑校;达官十二员,台吉充之,应预备兵八十名。以上各员,专司武备。包衣达两员,司公府庶务;屯达三百名,专司村屯事务。诉讼事件,盗案居多,归协理、印军以下各员会审。民事分别情节,随时判断。刑事凡关蒙汉交涉者,送归民衙门审理。至军政,统计马队一千三百四十四名,然系按月轮流更换,每月在府应差者,只有一百一十二名。枪械均系六米里,操法以围猎代之,无讲新者,既由民间抽丁当差,并无薪饷,其火食马干,则由旗下筹给。此外有团练三处,共五十名,归台吉管理。所用枪枝,毛瑟、火枪各半,亦按户抽丁轮换。

疆域村区　南至伊通边门,北至塔胡城,计五百九十里。东至松花江,西至达尔罕旗,计三百六十里。现在南由伊通边门起,至农安迤北之八十里张家店止,均已设有民官,归地方管辖。其张家店迤北属界,系蒙民居住,归公府自理。统计大村九十余处,其余零星小户不成村落者,共二百十三处。庙宇六处,以阿拉噶庙为最大。尚无教堂。现在私塾四十七处,习汉文者六处,余均习蒙文。全境地皆平坦,无山川之险,惟公府后有小土山,前有松花江。向无森林矿产。至道路,公府前有由宽城子至新城大道一条,车数虽不甚多,然南北尚可通行。惟迤西由伏龙泉至安广县界,中间二百里,人迹罕到,最为僻塞,盗贼多出没其间,宜即开通安设驿站,俾与洮南直接,则西北之陆路,可以通行矣。再由洮南界内疏通水路,经该旗之北境,俾入松江,以达新城,则蒙地货物,可以流通,而航路可以无阻矣。其长春之日俄铁道,南至奉天,北通哈埠,虽距该旗较远,如由张家湾站上车,往还尚称便利。此路线之大概也。

户口生计　男女老幼一万六千三百名中,有台吉六百四十五名。去岁军政,添报及年台吉八十八名,为番僧者一千三百余人,学龄儿童四百八十余人,余则按月轮流为公府充差。生计以畜牧为要点,统计马、牛、羊三种,约有三万余匹,羊占多数。近数年来,亦颇重农,然人多懒惰,不事耕作,皆遣汉人为之,名曰招青,秋获后即遣归,不得携眷在彼居住。盖蒙汉界限素严,犹是无滋他族,实偪处此意也。其自制品,以乳油、乳干、乳皮为最精。至各项工艺,则向无为之者。

土地气候　生荒居全境十分之七,除距村屯较近之区留为牧养外,其色克基、塔胡城、七家子等处,尚有膏腴大段生荒,约在二十余万垧,均未出放。熟地,讯据该旗租务处声称,长春共四十二万垧有奇,农安二十余万垧,已放由汉人开垦成熟。长岭子原拟勘放一百七十二井,仅卖出七十三井,尚未垦熟。其蒙境熟地,均系养赡本旗壮丁,随便雇用汉人耕种,因无租赋,从未勘丈,并无细数可稽。就此次足迹周历之区,核以方里,约有三四万垧,其间肥瘠参半,加以沙漠、碱卤,而肥者不如瘠者之多。土性偏冷,农产物类,以高粱、谷子为大宗,元豆及黑红糜子、胡麻等类次之,他如粳子、麦子、棉花等类,蒙人素不讲求,故无种之者。气候,蒙境以土旷人稀,寒度高而热度恒减,每至冬令则雪大酷寒,春末冰雪方融。雨则六七月较多,方四月初夏之候,而春色未阑,余寒料峭。农田播种之期,多在四月下旬,或五月上旬,收获则在八月。惟霜来较早,晚田均不相宜。

[《东方杂志》1908年第5卷第11期。　同时以《调查郭尔罗斯公前旗事项简明一览表》收录《东三省蒙务总局调查郭尔罗斯公前旗情形卷宗》(戊蒙字38号,宣统元年三月初十日重立),张霆威:《调查包公旗情形卷宗不分卷》。　上海图书馆藏。]

调查郭尔罗斯公前旗吉林候补路道槐禀及报告清折

照会

　　钦差大臣陆军部尚书衔都察院都御史东三省总督监管三省将军事务徐、钦命副都统衔兼陆军部侍郎衔都察院副都御史奉天巡抚部院唐为照会事。案据吉林候补路道槐卿禀称，前奉宪檄赴蒙调查，业将启程暨驰抵公府各情形，先后肃丹禀陈，亮邀钧鉴。计在蒙小住半月，应商事件如兴学、练兵、开垦各大端，当经公府协理、印军以下各员会议声覆，亦谓当此时艰，五洲环视，非竞争自立不足以图生存。此次仰蒙朝廷眷顾东陲，与宪台关怀蒙政，代为筹画，感激同深。本应逐件实行，以副咸与维新之望，惟年来财政势力日见消极，同时举办未逮良多。再四筹维，祗应先设初级学堂两处，挑选本旗子弟年龄合格者，课以蒙汉普通各科学，以资试办。俟效果渐臻，再行推广。至练兵必先筹饷，现值经济困难，应从缓办。而开垦一节，统计属境地段，除公府自行请人耕种，及与壮丁养赡并留牧养外，可垦田土已属无余。惟上年划拔长岭子一带荒段共一百七十二井，尚未放竣，其迤西方面尚有荒段两处，约在两三万垧左右，应俟此项荒场放竣，再为斟酌办理等语，屡与公爷婉议，亦复如是云云。职道查该旗近年困苦，办理新政，力有未能，目睹情形，尚属实在。第该处人稀地旷，可垦之荒如塔胡城、色克集、七家子等处，实占多数，祗以此番奉命赴蒙，本以开通风气、劝令自强为宗旨，垦政能否兴修，似非职道所敢相强。谨就该旗现在情形，应及时组织各事务为目前必不可缓者计有六端，并将调查事项填注明晰，当即由彼启程遄返。路过宽城，复在南公租务处传集蒙民，带同翻译，亲将训词白话演说一通，观听之人尚有激动感情现象。匆匆就道，现于五月十二日旋抵吉垣。除将该旗全境舆图绘就另呈外，理合将调查事项及应请咨商举办各件，缮具清折，恭呈宪核等情前来。据此，除批示来禀及附呈清折二件均阅悉，所拟举办各条，候照会朱督办启钤知照，仍候吉林抚院批示缴印发外，应将该道所拟举办各条抄录一纸，照会贵督办查照可也。须至照会者。

计抄单一纸

右照会蒙务局督办朱

光绪三十四年六月　日

谨将调查郭尔罗斯公前旗蒙政就现在情形应及时组织事务酌拟办法六条，缮具清折，恭呈宪鉴。

一、蒙公宜出洋游历也。查该旗僻处偏隅，风气未开，推究其故，良由藩封坐拥于环球方面上，维新政治向不讲求，当此天演竞争优胜劣汰之时，如再故步自封，将有日就消极之势，应请咨商该旗蒙公出洋游历，使知借镜，参观以广见闻而资开化。

一、蒙汉界限宜亟化除也。查该旗狃于故习，种族关系分晰最严，向不准汉人携眷以往，与奉天蒙汉杂处情形迥不相同。推原其故，良由蒙汉并处，该旗恐有失权、碍牧之虞，当此列强窥伺之时，若不稍示变通，予以权限，团体何由而结，隔阂何自而出。应请咨商蒙公，凡蒙汉寻常民刑案件，由该旗自理，遇有特别重要刑事，仍照旧章送交民署审办，并准予汉人之佣耕者携眷同居，兼择其人烟稠密村区开设生理，破其禁例，以便交通，久之合同而化，互有观摩，俾渐除游惰之风，知共讲农商之业。

一、学堂宜速设立也。查该旗私塾虽现有四十余处，然读蒙文者占多数，而教习又不暗新学法理，欲其发达思想，势属万难，且素宗佛教，事涉虚无。亟应延聘普通蒙汉教员，设立蒙汉学堂，课以各种教科书，以启文明而破迷信。

一、防兵宜即招练也。查蒙古性情强悍，最耐苦寒崎岖，驰猎骁勇乃其所长，虽该旗现有额兵一千三百余名，按月以一百一十二名轮流更换，然皆漫无纪律，不讲操法，难资得力。应请咨商该旗择其年力富强者，酌量编练马步各军，教以新式操法，无事则保卫该旗，有事亦可藉资征调，一举而裨益良多，军旅不患无备矣。

一、蒙地宜续招垦也。查蒙旗荒地虽渐次勘放，而人稀地阔，闲旷尤多，此次调查所经之塔胡城、色克集、七家子等处，尚有可垦膏腴之田二十万余响，徒以垦政不兴，利弃于地，未免可惜。应请咨商该旗及早开放，除该本旗蒙人援照奉天办理札萨克蒙荒章程，台吉每户酌留两方，壮丁每户酌留一方，以资养赡外，余则准予汉人备价呈领，如此则旷土既开，民户日聚，而与蒙人生计亦不相妨矣。

一、实业并宜振兴也。查该旗东北两方面与松花江最为密迩，产鱼甚多，只以迷于佛家因果之说，恐伤阴骘，向未网取，兹值维新时代讲求实业之际，若径任其迷惑而自然之利源乌有。应请咨商该旗择其适中之区举办渔业，以尽水利，他如缸碱、面碱等物，所产尤多，如能会商并办，则蒙民之利益逐渐振兴，而新政所需当不难措理矣。

以上各条系就实地调查，易于举办而为目前所不可缓者，酌核拟议。至若牧畜宜改良也，树株宜栽植也，蚕桑宜早兴也。如蒙采择，俟以上各条办有端倪，并一切未尽事宜，再当禀请覆夺，渐次推行。谨此敬陈管见，是否有当，伏候钧裁，职道路槐卿谨呈。

调查郭尔罗斯公前旗蒙务事项清折

（蒙8号，光绪三十四年五月廿三日到）

一、蒙旗之民情风俗

性情习尚

查蒙民性情浑朴，不喜修饰，故步自封，毫无进取思想。其习尚佛教，喜为喇嘛，如一家男子三人，必有一二人为僧者。无论官民人家，凡遇婚丧及疾病等事，均延僧唪经代为禳祷，又用尺幅布横书蒙文，悬之门首，藉以祓除不祥。家家供佛，固不待言，并于村屯山巅以土作坟冢式，塑佛于内，曰奥保，每年六月初八日致祭一次。其不充喇嘛者，最喜驰马游猎，秋高马肥、冬雪载途之际，辄聚三五人或十余人，持旧砂枪,骑极快马,带成群猎犬,围猎于荒郊野甸之中,甚至四五月间亦有此举动。惟吸烟好赌之风,近今尚少,缘禁令甚严,彼族性质,向系服从故也。

生计职业

生计以畜牧为最要点,近数年来亦颇重农,然人多懒惰,不事耕作,除为公府充差及充当喇嘛之外,亦无多闲人,所以耕种一事,皆请汉人为之,名曰招青,收获后即遣散归家,不得携眷在彼居住。盖蒙汉界限素严,犹是无滋他族,实偪处此意也。至工艺,则向无为之者。

二、蒙古官吏办事习惯

官吏职掌

公爷现充十旗盟长,有管辖一切特别蒙政之权。以下则有协理两员,秩二品,非台吉不得充;正副印军各两员,三四品官为之,专司文事;吉革式一员,秩二品;梅伦两员,即协领;扎兰八员,每员名下应预备兵四名;章京二十四员,即佐领;坤都二十四员,即骁骑校;达官十二员,台吉充之,应预备兵八十名。以上各员,专司武备。包衣达两员,专司府内庶务;屯达三百名,专司村屯事务。

法令章程

事无巨细,公爷主之,协理、印军以下等官弁预之,公法多仿理藩部办理。

公文款式

蒙旗公文如上行、平行、下行等文亦如汉衙门之式,不过蒙文皆系左行耳。

三、蒙旗各绅办事习惯

所办公益事项

公益事项最重要者莫如修造庙宇,其次则在桥梁、乡团各项。

公益事项办法章程

修庙工程由大喇嘛监督,需用材料则购自新城、农安、长春等处,工匠均雇用汉人。团练归台吉管理,所用枪枝、毛瑟、火枪各半,此项练勇并无饷项,皆由各户抽丁,按月轮流更换。修架桥梁,皆无甚大工程。

经费筹法

凡关办理公益经费,或由公爷自筹,或由本旗蒙民均摊,亦有向各户劝募之时。

四、蒙旗民事商事之习惯

婚姻

重媒妁。完婚之期,富家最早,贫家较晚,惟蒙汉不得互相结亲。

嗣续

虽以近支为先,而择贤择爱与汉人同。

财产

牧养之外兼重地利,近年牧养顿行衰减,较之前十余年不过十之二三耳。

一切礼仪规则

官吏寻常见公爷跪安,年节行大礼。子弟外出,归则与父兄跪安。婚丧均送礼,量家道之有无,交情之轻重,然至多不过五六吊,至少亦须五百文。遇有特别应酬,亦有送马匹牛羊等类者。

商家行规

仅有小本营生,亦不多见。盖蒙人不善经纪,恐为人所愚弄,故无可以称为商者,其行规则更无之。

使用货币

银元、官帖两项,而银元占少数,官帖则系吉、江两省输入。

一切合同簿记

簿记偶亦有之,如汉人帐簿式合同尚未见也。

喜阅之小说

蒙人识汉文者少,小说翻译尤难得人,惟官吏则自京都购买蒙文东西汉、三列国等书阅之。

五、民间诉讼习惯

诉讼总类及手续

民事诉讼案件,由原、被告迳行控诉公府,或先诉明屯达,屯达如不能调处,然后送之公府审判。

听讼官吏职权

归协理、正副印军、吉革式、梅伦共理,讯明后必回明公爷,方能定案,皆无独立权限。

书差状况

书记共二十名(内有委笔帖式十三名),仅司缮写。差役则以壮丁为之,无定数。均无薪饷,其膏火出自旗下。

判断法

轻者两造具备,审其曲直,当堂省释,其案涉缪辖者,亦须证佐传齐,分别情节判断有差。至刑事,凡关蒙汉交涉者,送归民衙门审理,专系蒙人案件,归本旗自裁。其案情较重不能裁决者,由盟长送交理藩部裁判定夺。

刑事罪犯之种类

盗案居多,间有奸情、杀伤等件。

监狱

向无监狱名目,仅在头门旁之门房两间内看押盗犯十余名,有三犯荷一枷者,余皆锁镣。

刑具

跪锁、掌嘴、鞭刑、柳条、敲踝骨、枷锁、镣铐、钮。

六、蒙旗土地

辖境里数

南至伊通边门,北至塔胡城,计五百九十里。东至松花江,西至达尔罕旗,计三百六十里。现在南由伊通边门起,至农安迤北之八十里张家店止,已设有民官,归地方管辖。其张家店迤北属界,系蒙民居住,归公府自理。

村屯数目

大村九十处,其余零星小户散居各处。不成村落者,或三五家,或七八家不等,共二百十三处。

人口数目

台吉六百四十名,去岁军政添报及年十八岁台吉八十八名,向章台吉非至十八岁不入册报。其使令戈什六百四十五名,壮丁男妇共一万五千名,统计一万六千三百七十余名。

生荒

生荒居全境十分之七,除距村屯较近之区留为牧养外,其色克基、塔胡城、七家子等处,尚有膏腴大段生荒,约在二十余万垧,均未出放。

熟地

讯据该旗租务处声称,长春共四十二万垧有奇,农安二十余万垧已放,由汉人开垦成熟。至长岭子原拟勘放一百七十二井,仅卖出七十三井,尚未垦熟。其蒙境熟地均系养赡本旗壮丁,随便雇佣汉人耕种,因无租赋,从未捆丈,并无细数可稽。就此次足迹周历之区,核以方里,约有三四万垧。其间肥瘠参半,加以沙漠、碱卤,而肥者不如瘠者之多。

土性宜种

土性偏冷,相宜者惟谷子、高粱为最,元豆及黑红糜子次之,他如梗子、麦子、棉花等类,蒙人素不讲求,故无种之者。

七、蒙旗教育

识蒙文人数

识蒙文者约有五百余人,然真知文意者不过十之一二焉。

通汉文汉语人数

蒙汉界限素严,隔阂亦深,而民间通汉文者百不得一。惟公府文案书差中有通汉文者二人,仅能翻译交通文牍,若责以属事比辞,则仍多未逮。至通汉语者约有二千余人,均系乡村土语,而说得稍精者不过千人,均不甚活泼。

僧人数

　　该旗番僧共一千二百余人,内有佛喇嘛二人,正副大喇嘛各六人,外有总管喇嘛一人,秩二品,管理各庙喇嘛一切事务。

学堂

　　蒙旗开化最晚,学堂未立。

私塾

　　蒙界私塾共有四十七处,习汉文者六处,每塾八九人、十二三人不等,总计四百八十五人,年龄均在九岁以下〔上〕十六岁以上〔下〕。

教习

　　汉文教习六人,有安徽一人,其五人均系山东,余则蒙文教习,俱系本旗蒙人,间亦有外旗蒙人而教汉文者。

课程

　　先读蒙汉文四书,间亦讲习蒙古源流。

教堂寺院

　　蒙界向无教堂,寺院则阿拉噶两处,色克集两处,塔胡城一处,小庙子一处,共计寺院六处,以阿拉噶两处为最大。

八、蒙旗之畜牧事业

牧场

　　蒙旗地面辽阔,除已垦种外,余则均作牧场。

畜之种类

　　马、牛、羊、驴、骡、豕、鸡、犬等类。

畜之数目

　　马、牛、羊三种,户之大者,每种约二三百匹,小者五六十匹、三四十匹不等,全旗统计约有三万余匹,羊占多数,驴、骡甚少。豕、鸡、犬三类,户之大者,每种数十百计,小者五六十、二三十不等,豕占多数。

孳尾期

亦如内地之畜类。

监督方法

各家自管。除逐日需用之牛马按时喂以草料外，其余听其在外自食野草。冬日亦然。

数年盛衰之比较

比前十年递减至五六倍之谱。

渔猎事业

蒙境东北之松花江产鱼甚多，而蒙人迷信佛教，皆不敢取，盖恐伤好生之德故也。猎事近亦甚衰，种类无几，蒙公每年应贡野鸡各物，皆由京就近购办。至兽类，则狐、兔、狼三种居多。

九、蒙旗之物产

农产物之种类

以高粱、谷子、元豆为大宗，其次则杂粮、胡麻各类。

收获数

每上地一垧可得谷五六石之谱。

销路

凡有余粮，至长春、农安、哈喇、海城、新城等处出卖。

森林地

地皆平坦，尚无森林，间有闲旷之区，均作牧场。

树之种类

仅有榆、杨、柳，通三种，间有山杏、野李等，均不甚大。

交通

蒙旗界内有由农安、宽城赴新城、塔胡城各处之大路，界之东北又有松花江，上可至吉林省城，下可至哈尔滨、新城等处，时有帆船往来，间有五六丈长之小轮船。惟沿江一带均无集镇。

矿山地质

郭尔罗斯公旗均系平坦之地,惟公府后有小土岗,蜿蜒四十余里,然其性质多沙,并无可开之矿,仅有药材白芍、黄芪、蒲公英等数类。

十、蒙旗贸易工艺

市地处所

买大宗货物至宽城、龙湾、新城等处,如购零星物件,则至十合盛、札噶苏台、双城堡、哈拉海城、三盛永、高家店、靠山屯、郭家屯、朱家城子、东卡伦、大房身、三盛裕、伏龙泉各处。

商品种类

仅有红白糖、香蜡、烟酒、布匹、瓷器、纸张、油、盐及日用零星等物。

畅销物品

以香蜡、纸张、油、盐、布匹、洋火、烟叶、酒为最畅销。

价格

一切货物价格比宽城增加,以商家甚少,多一番脚力运费故也。

出产处

民间日用各物,均由宽城、农安运来。本旗所出之零星毛革,亦皆兑换货物,并无大宗出口。

蒙人喜用物品

其衣服官吏全尚灰蓝,妇女喜红绿各色,常时不着青衣,用粗布多而绸缎绝少,官界亦着绸缎,然均不甚精美。其食物品最喜膻肉、酪浆、黄烟、白酒等物。

蒙人自制之品

牛乳皮、乳油、乳干等物,以乳皮为最精。

价格

乳皮每斤二吊,乳干每斤不过数百文。

货物输入

以中国布匹占其多数,其次则中国所产之烟酒两宗,洋货殊不多见。

货物进口出口种类

进口寻常日用物件,自赴长春、农安、新城等处购买,出口高粱、谷子、元豆为大宗,间有牛马羊皮张,亦占少数,此外尚有面碱、缸碱、胡麻等货。

十一、蒙旗之交通事业

某地

大者赴长春、农安、新城三处,小者赴近处之集镇十余处,均详见市地。

山川险易

蒙旗地皆平坦,并无山川之险,惟公府后有土山,前有松花江,其余均无山川。

港湾

并无港汊,惟有江湾数处,均无停泊船只处所。盖蒙旗界内无交通事也。

铁道

蒙民所居境内尚无铁道,其长春、农安属境之日俄铁道虽亦系蒙地,而究非蒙公范围以内之地。

现在通行之大小道路

仅由宽城至新城大道一条,张家湾至公府,公府至伏龙泉有小道可通,其蒙屯虽均有小道,皆不能通行。

可以开辟之道路

由伏龙泉之西北可以开辟一路,迳达洮南府之安广县,此路如能开通,安设站道,则可与洮南直接矣。如由洮南之东北开一河道,经郭尔罗斯公之北境入松花江之新城,则船只可行,运道较易。

十二、军政

营数

虽名曰三营,实在长当差者不及一营,均归吉革式管理。

兵队统数

兵队共一千三百四十四名,均系马队,无步兵,按月轮流更换,每月仅有一百一十二名在府前之营房当差,其余之兵听其在家自便,遇有缓急,亦均可调遣。

旗帜号衣

旗帜其式三角,色用红。军衣则系红号坎,镶以青边,书有"南公马队"字样,大号、洋号与绿营同。

所用枪械

蒙旗所用之枪均系六米里。南公旗下共有六米里枪三千杆,每杆带子母三百粒,共子母九十万粒,其枪除兵用之外,皆发给蒙民,各保身家。每户领一杆,大户亦有领两杆者,枪弹均按枪配发。

军容

队兵之年岁均在二十左右,惟军容皆不甚整齐。

饷之所出

蒙旗军队由民间抽丁,轮流当差,并无饷项,其兵之火食、马之草料,均由旗下筹给。

操法

以围猎代之,并无新式操法。

乡团

团勇三处,七棵树十五名,盐厂二十五名,阿鲁屯十名,均归台吉管理。所用枪支,毛瑟、火枪各半。此项练勇并无饷项,皆由各户抽丁,按月轮流更换。

气候

蒙境以土旷人稀,寒度高而热度恒减,每至冬令则雪大酷寒,春末冰雪方融。雨则六七月较多,方四月初夏之候而春色未阑,余寒料峭。农田播种之期多在四月下旬或五月上旬,收获则在八月。惟霜来较早,晚田均不相宜。

以上各节系就现在情形据实填注,至外人尚无在蒙旗属境开设商店以及勘修道路、租买地段情事,理合登明。

[《东三省蒙务总局调查郭尔罗斯公前旗情形卷宗》(戊蒙字38号,宣统元年三月初十日重立),张霆威:《调查包公旗情形卷宗不分卷》。 上海图书馆藏。]

调查郭尔罗斯前旗委员王席珍报告册

（光绪三十四年七月）

计开

一、查郭尔罗斯前旗疆域，东界吉林府，西界图什业图旗，南界达尔罕旗，北界新城府，东北界吉林府，西北界札赉特、札萨克图色公等旗，东南界吉林伊通边门，西南界达尔罕旗。东西广三百五十余里，南北袤五百五十余里。长春府系本旗东南境，农安县系本旗正南境，新设长岭县，系本旗西南境。除该一府两县外，现净余旗地东西广二百四十余里，南北袤二百一十余里。松花江由东南来，绕该旗北面，嫩江由北来，至该旗西北之三岔口与松花江汇合，并东趋伊通河，自新立城入境，北流汇驿马河东北，流至红石磊子入松花江。余详于图。

二、查该旗喇嘛庙计五处，大庙在府北八里许山后，名曰札萨克喇嘛庙，管辖本旗喇嘛。本庙僧徒三百余名，熟地三千余垧。又正西二百里，名曰小新庙，僧徒不过百名，熟地百余垧。西北二百余里，名曰喇嘛苍，又名西北庙，僧徒四百余名，熟地二千余垧。又三里许，名曰黑旗庙，亦名西庙子，僧徒三百余名，熟地一千余垧。除各项牲畜列于第七条外，其租课每年每垧纳租二三斗，多至四五斗不等，以地有肥瘠也。其香资则新庙子称最，每至年节归掌教喇嘛分别僧徒勤劳劈给，上等每次可得中钱三百吊，次等百余吊，再次十余吊。此项出于本旗念经之家，如谢以牛马羊只，即易铸存储，至年节按股分劈，每年岁入约在六七万吊之谱。次则北庙喇嘛苍、黑旗庙，每庙香资最多者可进四五万吊。

再次则小新庙，每年不过数千吊，皆视年之丰歉，如遇旱涝，收数即少。各庙岁入多寡虽不一，而劈分之法则大概相同。统计五庙僧徒不过一千五百人，食租熟地一万余垧，各项牲畜二千数百条，每年香资不下二十余万吊。

三、查该旗属界土岗虽多而无大山大岭，其东北近江等处，有吉林防兵往来梭巡，南则农安、长春，北面新城府界亦常年驻兵，故东北、东南、正北等面向称安谧，至西北与江省之大赉厅，奉天洮南之安广县毗连，诸处刻亦设治练兵。惟西南地面空虚，与达尔罕旗接界之地，胡匪出没无常，次则大冈、套海、张店、深井子、白云花、灯笼库等处，系该旗人往来通衢，胡匪亦出没其间，其农安所属之新店、孤店左近村屯亦时有路劫之案，且十匪之内必有喇嘛蒙丁数人，内患不除，则勾结日众。上年江省军队擒获为匪之喇嘛蒙丁十余名，斩首枭示，亦毫无畏惧，此一带地方似应驻兵。

四、查该地现界分为四乡，每乡分设正副台吉三员，管辖蒙屯，兼理词讼。各屯派有屯长一名，清查户口，支应公差。统计阖旗大小蒙屯二百一十余处，每屯兼有刨青华民杂居其间，即以地名指呼屯名，但分前屯、后屯、上坎、下坎而已。该公府西北一带平房最多，次则半阴半阳窝棚，上用柳条、苇草铺盖，此时多有倒塌者，因吉林之新城府等处往来开垦之华民，希图租廉，可得厚利，承垦之人又不准携眷，所以该民冬去春来，来则补葺，去则弃之。当此风气渐开，华民日多，或以银钱酒食贿诱蒙丁，但得其欢心即可租基建房，故前项窝棚弃者颇众，屯名虽多，然无商业繁盛之市镇。就村落可观者言之，府西曰三家子、曰公营子，其西北曰达玛苏、曰郝老保、曰大官营子、曰台吉府、曰梅伦营子、曰营台，其左近曰卡伦木、曰七家子、曰吉拉吐、曰四家子、曰五塔胡、曰岔干吐莫、曰套海、曰深井子、曰乌拉架海、曰你红个力等处，户较繁富；次则西南、东南及沿江一带小屯，曰木吐西伯，其左近曰瓦房屯、曰北瓦房、曰腰瓦房、曰四格吉、曰两家子店、曰闷土坑、曰小城子、曰达婆苏；再次曰前猪沟子、曰后猪沟子、曰灯笼库等处。然均无殷商，即市镇形式略为街面者亦甚少，惟旅店及油、酒、盐、酱、果饼小担、往来铁炉、木匠而已。

五、查该旗扎萨克以下有协理二员，管旗章京一员，梅楞两员，蓝印札兰两员，此外则有闲散梅楞、掌案笔帖式、札兰分都等职。又每乡设有正副台吉三员，一正二副，且蒙兵之中亦有台吉充当者。又查哲里木盟十旗之兵,原额千名,现在该旗有兵五百名,系专为保卫公府差值,有事随时挨家抽调。查各蒙丁丁原无一定准数,该旗册档五年一造册,除流亡添注兵丁,兹查护府蒙兵现有三百余名,其常川在府供役者百名,亦系备用兵丁之数。所存枪械系理藩院核准,由京购买六米粒枪三百余杆,旧有毛瑟、开斯百余杆,私购连珠快枪三百余杆,共储子母三十余万粒。扎萨克庙喇嘛亦有护庙蒙兵百余名,连珠快枪二百余杆。各庙兵丁枪械亦约略相同,其余杂色快枪亦有四五百杆。该旗西北间有本旗台吉率领蒙兵二十名驻扎,塔胡、四格吉亦有新城府分防巡兵,若统计阖旗现在身穿号褂蒙兵不过一千余人,枪械二千数百杆而已。至该旗户口人民,最大蒙屯不过四十家,中屯二十余家,小屯十余家、五人家,亦有一二家者。大户二十余口,中户十余口,小户四五口不等。老少妇女均不列公府册档,惟男丁年至十八者始报明本管台吉转详公府注册,在册蒙丁约五千名。总计阖旗男妇大小不过二万人,外有刨青华民,较本蒙男丁约有十分之三,次则哈拉沁旗蒙丁亦有十分之二。近日该旗出入人民颇众,皆系开垦负担经营生计者,去留不常。

六、查该旗除长春府农安县外,已开、未开地亩,沿江二十里内至三四十里不等。所有开垦之地均系本旗台吉蒙丁私招外旗青户所垦,首则邻界华民,次则哈拉沁旗蒙丁。至公府附近至西北塔胡城左边一带现剩能垦之地,约计不过十分之二,其间沟洼草甸亦有华民包租,然所产多系柳条、苇子、蘑菇等类。间荒惟正西及西北最多,名曰胡里波泡,东西长一百六十余里,南北宽一百七十余里;又西大甸子一处,约计东西长五六十里,南北宽三四十里,此荒肥瘠不一,余皆零星。现在本旗地亩公府已开垦成熟者不下万垧,各庙约开万余垧,台吉及阖旗蒙丁约食租熟地极多之家亦有百垧,惟膏腴之地在塔胡城南百里内外及喇嘛北庙、小城子、木吐西伯为上,其东至七家子,南接灯笼库、张店者次之。至于西南界之长岭子即今之长岭县,其地多沙土,为尤次,三十年间此地拨归官放三十万垧,外有中地三万六千垧,迄今丈放无多。统计阖旗地亩除已开垦成熟者,其毛荒约有二百三十余万垧,连年似逐渐开垦。

七、查该旗各项牲畜,公府最多,约有牛马羊只千条,而羊居大半;则各庙有六七百匹,或二三百匹者,羊则居三分之二;再次则台吉蒙丁之家,所养多不过五百匹,少或数十匹,亦有十余匹,仅备耕种之用者。公府西北五十余里水龙坑牧放之牲畜约计牛马羊只不过六七百条,又距一百八十余里牧放之牲畜约计有二千余条,此外别无大群。闻该旗牲畜昔年固已无多,迨庚子乱后强邻入境,及甲辰年间日俄之战,溃兵胡匪之杀食,俄兵连年之购买,近来播种日繁,蒙人已知开垦得利,不事牧养,所以此旗牲畜较之他旗不过十分之一二。现在日俄铁路逼近,宰食日多,阖旗牲畜约计不过二十余万头,羊居牛马之大半。至牧养之地,惟现界西北水龙坑、旱龙坑、七颗树及府北喇嘛庙、前后猪沟子皆是最大牧场。其间零星沟洼不能开垦之处虽多,亦不甚大。若以此旗现有牲畜计之,足敷牧养之用。

八、查该旗土产以碱为大宗,产碱之处名曰达玛苏,有水泡一处,东西长三十余里,南北宽二十余里,亦有五六里者,所产之碱是白色,又有名岔干捞噜者,其间亦有水泡一处,方圆约有三十里,皆冰上生碱,而达玛苏所生最旺。各业户到冬时在冰上凿碱,其厚有三四寸,凿去一次,数日后复生如前,取之不尽。各属人民雇车自拉,每车任其所载定价中钱两吊余文,近来销路颇广,商贩日多,但取碱土一车,值价中钱三十余吊。再胡里波泡、灰落哈嘎、二玛哈嘎、达玛哈嘎等处,产红白二色碱,白碱可卖中钱四五吊,红碱较白碱价高一倍。统计现在碱锅十余处,据业户某称,碱地系在公府包租,每年能产十余万斤,询据附近屯民云旺处每年能产百余斤。查盐草即是碱草,惟达玛苏、达婆苏、达尔苏、岔干捞噜、灰拉哈嘎、二玛哈嘎、哈拉海、沱子等处所产最多,次则零星不成大片。此草喂马极肥,每捆不过四斤,每百捆价值中钱十六七吊。此草可作牧养、盖房、烧柴之用。查油包草出于沿江洼地,最盛之处两家子西北十余里,直接江沿,约计长二十余里,宽二三里不等,次则塔胡城、深井子、闷土坑左近。此草长于沟洼之地,发生在百草之前,放青时牲畜极爱食之,喂养易肥,若他草发青,此草遂硬,农人于五月杪六月初带青割之成小把,以备来春卖于油房,希图高价,每百斤可卖中钱四五吊,昂时加倍。此草作牧养、盖房、打油包饼之用。查得勒苏草,俗名达子筋草,最多之处为达玛苏、长岭子、西甸子、达婆苏、岔干吐莫等处,次则沿江四格吉、两家子、塔胡城附近洼荒,或于地边、沟边他草之内生出几株,惜无大片。其性极韧而白,询据农民云耕地绳索若断,即以此草纽之能接,若用盐水煮过纽成车套绳索,能使用一季。此草现有编作草帽者,若是所做不佳耳。查猪棕草产于沟洼水地,无最盛之处,此草亦可纽绳做车套,较之得勒苏草做出尤觉光美。查羊草除已开垦之地外,几于遍地皆出,以水龙坑、旱龙坑、西甸子、陈家窝棚、四家子、两家子、木吐西伯、吉拉吐等处所产为盛。查苇子生于水洼之地,此旗零落无几,二玛哈嘎、灰拉哈嘎、达婆苏等处,以及碱厂附近无碱之地即有碱草,水洼之处即有苇塘,惟不成大宗,除做窗簾外,均作烧柴卖。查柳条江边最多,前经公府给三盛永烧锅,沿江九十余里并无租价,其余零星无几,除做筐篮以外,余皆作烧柴卖。又查农安、新城、怀德等处烧柴皆恃此旗羊草、苇子,每车价值中钱二十余吊,柳条加增半倍。查红眼巴草,亦名小叶张,与上房草相等,但此草较之上房草稍长,惟旱龙坑、闷土坑、梅楞营子、套海、西甸子各处荒地所产极长,较之他草盖房可经久,产于水洼疙疸之上,亦与乌拉草相等,每车值价三十余吊。查蘑菇产于洼地,此旗沿江西大甸子、四格吉、木吐西伯、猪沟子、吉拉吐、营台、喇嘛苍各处皆产,但系花蘑,且亦不成大片。惟塔胡城西南三十余里所产名曰云盘蘑最大,亦有花蘑,若雨旱不均,则必腐烂于地,遇丰收之年,每年每人能拾二百余斤,每斤湿者值价中钱三四百文,干者价增数倍。查野杏此旗西南最多,其树最小,枝叶颇厚,结果亦不甚大,可以取油点灯,该旗各户佛灯向用此油。其熬油法,至秋后果熟摘之,用水煮油浮水面,随时取入别锅熬干水气,较之豆油、麻油点灯尤佳,但所产零落,不成大宗。查药材此旗产处最多如乌拉架海、营台、深井子、台吉府又名大老爷府、七颗树、达玛苏等处,产赤芍、白芍、知母、贝母、狼毒、麻黄、甘草、黄连、黄芩、远志、桔梗、透骨草、苦百合、防风、草乌、党参、细辛,又八岔沟子产〔产〕甘草、防风,府南与农安交界之花园东有土山,不甚高大,产鸡爪连、丁香、大黄、节骨草、桔梗、防风、甘草,此间民人于端午节时采少许以备家用,官店、套海、西大甸子产黄柏、甘草、赤芍、防风、麻黄、元参、苦参、地榆、桔梗、麦冬、黄芩、远志,又苏秦咀子产黄芪、党参,新城、农安药铺均多收买。每年有客租采,须与公府交纳镐头银两,此药行销内地以及农安、长春、怀德、康平各镇市。查鱼业以松花江江心为界,北岸鱼课归吉林收纳,南岸鱼课该旗历来包给华人,分别远近,先交一年租课方准打鱼。此旗江界系由青嘴子直接塔胡城沿江一带，每年设立网房，多寡不定，去年仅有十余处，每一网房每年租金不过二百两，亦有数十两者。查农安县界八家店绍姓房后产有火硝，地面不大，邻人不时私挖，近来本主知之，遂禁偷做。又附近之元宝洼产皮硝，此地有人开做，估计方圆不足十里，每年能产一二百万斤，每百斤可卖中钱二吊数百文。又波罗甸子有一水泡处，长三十余里，宽五六里不等，此泡常年不干，然丙午夏间干一次，遍生白菜，每颗有重十余斤者，该旗每车收中钱二百文，是年收中钱三百余吊。去年水干，遍产青麻，尤觉茂盛，每车仍收中钱二百文。水满之时则产鲇鱼、鲫鱼。查牛乳皮张，此旗因三面皆系府县，米面菜蔬易购，食物价廉，而本旗播种日繁，牛马价值又日增，故杀食者恒少，除公府每年杀食百余头外，余非大会倒毙，未有无故杀之者，所以各项皮张寥寥无几。羊皮多系自穿，如有牛皮、马皮，即在附近或农安、长春、怀德各市镇换货，并不出卖。牛乳皮每斤值价约在四吊上下，虽出亦无大宗。所生乳渣或做豆腐，或留自食。猪鬃、马尾出虽无多，价值甚昂，骨角大半弃置，诚为可惜。

九、查长春东南之石碑岭有煤矿两处，现归日人开挖。又水龙坑地方系该旗禁地，盟长每年亲诣行香一次，传言有矿，其确否，无实据。

十、查该旗森林无茂盛之处，长春所属各乡村屯往往栽有柳树数百株，农安属境林木亦稀，惟公府前后有榆树百余株，其形甚古，枝叶甚多，高不过一丈。旗界西北达玛苏左近各屯亦有榆树数株，黑沙岗、白沙岗两处当年原属树林，均被蒙丁偷伐累罄，此岗延接达尔罕旗界，本旗所管不过数十里。

十一、查该旗所属河流，惟松花江能通轮船，余俱细流，不能兴通航业。

十二、查该旗近日人情风俗与当年稍有不同，因华蒙杂处，言语渐通，耳目亦稍濡染，然亦有从旧者，如婚嫁一事，亲朋往来各带白巾一条，以为敬贺是也。该旗饮食衣履以及住屋均与华民相等，惟性情顽钝，一无所长，怠惰偷闲，依然如故。彼亦知开垦有益，而终不讲求，只因数百年来迷信佛教，趋向难移。奉佛教之外，尚不信奉他教。

十三、查该旗各屯学堂皆系家塾私课，如公营子、塔胡城、郭先生窝棚、台吉府各蒙屯，计共设学堂三十余处，每处学童约二十名，亦有五六名者。课读满蒙汉文，如家有识字之人,即亲诲其子弟,有止训一童者,然此种蒙童往往仅习蒙文,不识汉字。近来蒙员蒙丁亦颇有坚心学习汉文者,统计在学蒙童不过数百名,稍识汉字者不过百名。

十四、查该旗无翻译蒙俄报章等事,墙上间贴日俄文报章,据该处屯民云此系绘图洋人往来携带者。不但此种报章文字不识,即讲阅中国报章者亦甚寥寥。

十五、查该旗无蒙俄会话各书,只有俄文通事,系公府所雇者。此旗虽有学习俄文俄语之人,然亦无几。

十六、查该旗日、俄迭经派员测绘,去年日本步兵中佐守田利远面商盟长,订请蒙员教习一人,以资学习蒙文,该盟长荐去二人,刻在长春城住。俄员亦有与盟长常通函牍者,其确情不得而知。

[《东三省蒙务总局调查郭尔罗斯公前旗情形卷宗》(戊蒙字38号,宣统元年三月初十日重立),张霆威:《调查包公旗情形卷宗不分卷》。 上海图书馆藏。]

后 记

多年来我的一个主要研究方向就是探讨清末新政时期的习惯调查运动,承蒙黄兴涛老师和夏明方老师信任,邀请我加入国家社科基金重大项目"清末民国社会调查数据库建设"研究团队,并承担清末部分资料的搜集、整理和点校工作。

《清末社会调查资料丛编·初编》的"习惯卷",汇集了我经数年努力,在国家图书馆、上海图书馆、南京图书馆、湖南图书馆、北京大学图书馆、清华大学图书馆、中国人民大学图书馆、北京师范大学图书馆、中山大学图书馆、中国社会科学院法学研究所图书馆、中国社会科学院经济所研究所,以及台湾"中央研究院"近代史研究所郭廷以图书馆、日本京都大学人文科学研究所图书馆等海内外图书馆所搜集到的各种清末习惯调查资料,其中有不少是至今未曾公开出版过的珍稀文献。

由于清末资料在图书馆收藏系统中属于古籍文献类,使得这些习惯调查资料的抄本、刻本等复制价格高昂,基本工作都不得不在馆内录入,而这同时也增加了出版时校对工作的难度。受疫情影响,资料集核校工作开始后,除了个别委托高校内学生帮助补充录入、校对外,上海图书馆、湖南图书馆、中国社会科学院法学研究所图书馆等馆藏资料,都是由我亲自到馆核校的。因时间紧、任务重和其他条件的限制,不少地方图书馆无法亲至,或因馆藏古籍破损不能再行借阅等故,有些已知收藏单位的习惯调查资料,这次仍未能集中收录,不无遗憾。

为了尽可能多汇集清末习惯调查资料,我们还将《国家图书馆藏清代民国调查报告丛刊》《清代稿钞本》《西北民俗文献》《清代边疆史料抄稿本汇编》等影印文献中所收的部分习惯调查,也予点校收录。但个别资料因影印效果不佳,难以识别,只好暂时割舍。同时,本卷还收录了部分清末报刊所载调查资料,由于官报类报刊清末部分保存普遍不完整,查询录入时须借助《清末官报汇编》《晚清珍稀期刊汇编》等出版物参校互补,才能完工。另外,《徽州府六县民情风俗绅士办事习惯报告册》《调查川省诉讼习惯报告书》等几部习惯调查资料,此前学界已有过点校本,这次整理,又据原稿本或影印本重新校勘,并订正了前人整理本中的一些讹误或疏漏。

本卷的顺利出版,首先得感谢黄兴涛和夏明方老师的首倡和指导。书稿整理、点校工作主要由我完成,而初始环节,许多都需要将搜集到的海量电子文件首先转化为文档文字。此项基础工作主要由中国人民大学清史研究所林展教授、郑旦博士率领的袁喆、朱恩杰、朱毅、万学慧、徐筱婧、徐冉、井艺寰、王成伟、敖畅、钟同玲、丁思源、黄山、于磊、赵清琳、王颖、逄勃、阮泓华、耿浩楠、粟黎源等学生团队进行。本卷收录的日本所藏资料,由中国社会科学院近代史研究所彭鹏助理研究员留日期间协助影印;所录北京大学图书馆收藏的资料,由北京大学历史系研究生蒋康杰协助录入及审校;所录中国社会科学院法学研究所收藏的资料,则借助张生研究员的联络沟通得以整理。在手稿文字识别过程中,我还多次得到中国社会科学院近代史研究所卞修跃研究员、刘萍研究员、马忠文研究员、张海荣副研究员,以及历史理论研究所赵庆云研究员等诸位师友的帮助。这里均要一并志谢! 同时,我还要感谢广西师范大学出版社宾长初、鲁朝阳两位先生及其他编校同仁的努力和付出!

我们深知自己水平有限,在面临种种困难的情况下,对资料的整理、辨识肯定还存在遗漏、舛错之处,敬祈广大学界同仁惠予指正。

邱志红
2021 年 10 月 15 日